国家级中等职业改革示范校教材系列
编委会

主　任　潘筑华

副主任　平文英　　李小明　　商　莹　　王茂明

委　员　罗文刚　　谢代欣　　黄贵春　　王　刚
　　　　　李　崑　　李一帆　　吴　群　　李光奕
　　　　　郑　曦　　张世荣　　周　颖　　邱桂梅
　　　　　杨　逍　　陶晓晨　　王　璐　　翟　玮
　　　　　侯文亚　　宋容健　　蔡　凯　　马思策
　　　　　门占林　　李晓龙　　皮巧琴　　黄　珍
　　　　　曹姗姗　　孙既斌　　陈婧婧　　张英胜
　　　　　韩　勤　　韩庆靖　　董　晖

会计电算化

/ *Computerized Accounting* /

王茂明 马思策 / 主编

内 容 简 介

本书是国家级中等职业改革示范校教材,也是财经类专业的基础课程教材。全书包括两部分内容:第一部分是理论篇,以会计电算化的理论知识为起点,让学生理解和掌握基本的会计电算化理论知识;第二部分属于实训教案,旨在引导学生独立完成企业的初级电算化工作。

本书从实际实务出发,注重对学生动手能力的培养,适用范围广。全书在图文编排上简洁明了,新颖独到。

本书既可作为高职、高专、中职会计专业学生的教材,也可作为财经类专业学生的培训教材。

图书在版编目(CIP)数据

会计电算化/王茂明,马思策主编. —合肥:中国科学技术大学出版社,2014.8
ISBN 978-7-312-03525-8

Ⅰ.会… Ⅱ.①王… ②马… Ⅲ.会计电算化—中等专业学校—教材 Ⅳ.F232

中国版本图书馆 CIP 数据核字(2014)第 109408 号

出版	中国科学技术大学出版社
	安徽省合肥市金寨路 96 号,230026
	网址:http://press.ustc.edu.cn
印刷	安徽省瑞隆印务有限公司
发行	中国科学技术大学出版社
经销	全国新华书店
开本	710 mm×960 mm　1/16
印张	27.5
字数	506 千
版次	2014 年 8 月第 1 版
印次	2014 年 8 月第 1 次印刷
定价	48.00 元

序

　　为深入推进国家中等职业教育改革发展示范学校建设,努力适应经济社会快速发展和中等职业学校课程教学改革的需要,贵州省商业学校作为"国家中等职业教育改革发展示范学校建设计划"第二批立项建设学校,按照"市场需求,能力为本,工学结合,服务三产"的要求,针对当前中职教材建设和教学改革的需要,在广泛调研、吸纳各地中职教育教研成果的基础上,经过认真讨论,多次修改,编写了这套系列教材。

　　这套系列教材内容涵盖"电子商务""酒店服务与管理""会计电算化""室内艺术设计与制作"4个中央财政重点支持专业及德育实验基地特色项目建设有关内容,包括《基础会计》《财务会计》《成本会计》《会计电算化》《电子商务实务》《网络营销实务》《电子商务网站建设》《商品管理实务》《餐厅服务实务》《客房服务实务》《前厅服务实务》《AutoCAD 室内设计应用》《3Ds Max 室内设计应用》《室内装饰施工工艺与结构》《室内装饰设计》《贵州革命故事人物选》《多彩贵州民族文化》《青少年犯罪案例汇编》《学生安全常识与教育》共 19 本教材。这套教材针对性强,学科特色突出,集中反映了我校国家改革示范学校建设成果,融实用性与创新性、综合性与灵活性、严谨性与趣味性为一体,便于学生理解、掌握和实践。

　　编写这套系列教材,是建设国家示范学校的需要,是促进我校办学规范化、现代化和信息化发展的需要,是全面提高教学质量、教育水平、综合管理能力的需要,是学校建设职业教育改革创新示范、提高质量示范和办出特色示范的需要。这套教材紧密结合贵州经济社会发展状况,弥补了国家教材在展现综合性、实践性与特色教学方面的不足,在中职学校中起到了示范、引领和辐射作用。

编　者

2014 年 6 月

前　言

为了适应中等职业教育财经类相关专业教学改革的需要，促进职业教育为区域经济服务，同时也为了将贵州省商业学校建成国家改革发展示范校，我们精心策划并主编了各重点建设专业核心课程系列项目改革教材。本书主要根据目前会计从业资格考试"会计电算化"科目采用的金蝶 KIS 版本以及广大中等职业财经类考生的实际情况编写，同时为兼顾教育部每年组织的会计技能大赛电算化赛项，书中又特地增加了竞赛项目用友 T3 软件的教学使用过程。

编者希望通过本书的学习和使用，不仅能让学生参加考试、参加技能大赛，而且能促使学生勤动手、多动脑，通过"学中做，做中学"的方式掌握职业技能。

本书采用项目教学法，模拟了一家企业的背景资料，将所有的考核内容细化到每个流程及考点，共涵盖了初级会计电算化的"初始化、账务处理、报表、固定资产、工资管理、应收应付"六大功能点，包括了技能大赛的"财务业务供应链"所有竞赛指导要求模块。

本书采用两大部分的编写体例：第一部分是理论篇，以会计电算化的理论知识作为起点，让学生理解和掌握基本的会计电算化理论知识；第二部分属于实训教案，旨在引导学生独立完成企业的初级电算化工作。

本书从实际实务出发，注重对学生动手能力的培养，适用范围广。全书在图文编排上简洁明了，新颖独到。

本书由王茂明、马思策任主编，吴群、郑曦任副主编，江林、龚艳、张应健参与了教材的编写。在编写过程中，得到了贵州省商业学校领导和同仁的指导与帮助，同时本书参考了相关教学资料内容，在此向各位表示感谢。

由于时间紧迫，水平有限，经验不足，书中难免存在不足之处，希望读者不吝赐教！

编　者

2014 年 7 月

目　　录

序 ·· (i)
前言 ··· (iii)

第一部分　理论篇

项目一　什么是会计电算化? ·· (3)
　　任务一　会计电算化,你懂吗? ·· (3)
　　任务二　要想算得好,核算软件来帮忙 ··· (14)
项目二　走进计算机的旖旎世界 ·· (26)
　　任务一　那些年,我们不能忘记的计算机知识 ·· (26)
　　任务二　看得见的硬件设备 ·· (31)
　　任务三　绚丽多彩的软件世界 ··· (33)
　　任务四　计算机网络,连接你我他 ·· (38)
　　任务五　不能让你的计算机"裸奔":安全知识很重要 ·· (43)
项目三　武功秘籍——电算化的基本要求 ·· (52)
　　任务一　懂点法规很重要 ··· (52)
　　任务二　那些你要谨记的:核算软件要求 ··· (54)
　　任务三　站好你的岗,明白你的权限职责 ··· (60)
　　任务四　计算机替代手工记账的那点事儿 ··· (64)
　　任务五　"根据地"很重要:会计电算化的档案管理 ··· (70)

第二部分　实践篇

项目一　案例导入 ·· (79)
项目二　系统初始化 ··· (80)
　金蝶专业版 ··· (82)
　　任务一　入门技巧:账套管理 ··· (82)
　　任务二　传授要点:企业基础资料设置 ·· (89)

  任务三 老虎的屁股摸不得：期初余额录入很重要 ················· (120)
 用友标准版 ··· (127)
  任务四 实践操作：账套设置 ·· (128)
  任务五 实战演练：企业基础资料设置 ································ (141)
  任务六 奋战"沙场"：期初余额录入 ·································· (161)
项目三 核心要素掌握——账务处理 ·· (168)
 金蝶专业版 ··· (169)
  任务一 知识宝典秘籍之一：凭证处理 ································ (169)
  任务二 知识宝典秘籍之二：账簿处理 ································ (179)
  任务三 知识宝典秘籍之三：期末处理 ································ (183)
 用友标准版 ··· (184)
  任务四 留下你的痕迹：凭证的录入 ···································· (184)
  任务五 签字与审核，缺一不可！ ······································ (189)
  任务六 知识大盘点：科目汇总、记账和结账 ·························· (192)
  任务七 如何管好你的"菜"？——凭证管理 ···························· (195)
  任务八 工作好帮手：账簿查询 ·· (198)
  任务九 证明你的存在：账簿打印 ······································ (201)
项目四 你的钱很重要，把好出纳关——出纳管理 ···························· (204)
 金蝶专业版 ··· (205)
  任务一 现金日记账 ·· (206)
  任务二 银行日记账 ·· (210)
  任务三 论现金日报表的重要性 ·· (211)
  任务四 银行对账，让你的账单更清晰 ································ (212)
  任务五 支票管理，让你的钱多飞一会 ································ (217)
 用友标准版 ··· (221)
  任务六 现金日记账 ·· (222)
  任务七 银行日记账 ·· (225)
  任务八 资金日报，你的贴心小助手 ·································· (227)
  任务九 银行对账，你不得不知道的事儿 ······························ (228)
  任务十 支票管理，省力又省心 ·· (232)
项目五 你的工资，hold得住么？——工资管理 ································ (234)
 金蝶专业版 ··· (236)

任务一　经营好你的钱,把好初始的关 ……………………………… (236)
　　任务二　做工资有心人:日常业务处理 ……………………………… (243)
　用友标准版 ……………………………………………………………… (254)
　　任务三　工资初始化操作,其实没那么难 …………………………… (254)
　　任务四　工资日常管理 ………………………………………………… (263)
　　任务五　工资报表,让你的数据"活"起来 …………………………… (269)
　　任务六　你的凭证你做主 ……………………………………………… (271)
　　任务七　打好"期末处理"这张牌 …………………………………… (272)
　　任务八　其他功能,你不能不知道的秘密 …………………………… (273)

项目六　硬汉形象展示——固定资产管理 …………………………………… (275)
　金蝶专业版 ……………………………………………………………… (276)
　　任务一　"硬汉"起步:固定资产管理系统的初始设置 ……………… (277)
　　任务二　固定资产管理系统的日常业务处理 ……………………… (280)
　用友标准版 ……………………………………………………………… (294)
　　任务三　固定资产管理系统的初始化 ………………………………… (294)
　　任务四　"硬汉"受损:固定资产折旧 ………………………………… (301)
　　任务五　"硬汉"动态呈现:固定资产的增加和减少 ………………… (303)
　　任务六　"硬汉"没那么简单:固定资产变动 ………………………… (307)
　　任务七　"硬汉"的证据:固定资产凭证管理 ………………………… (308)
　　任务八　"硬汉"的谢幕:固定资产管理的期末处理 ………………… (309)

项目七　花点心思——财务报表的编制 ……………………………………… (314)
　金蝶专业版 ……………………………………………………………… (315)
　　任务一　巧用报表模板,财务报表好编制 …………………………… (315)
　　任务二　发挥创意,自定义会计报表 ………………………………… (320)
　用友标准版 ……………………………………………………………… (327)
　　任务三　拉开电算化会计报表的帷幕 ………………………………… (328)
　　任务四　一枝独秀:取数函数 ………………………………………… (330)
　　任务五　携手共进:计算公式和审核公式 …………………………… (331)
　　任务六　编好你的财务报表 …………………………………………… (333)

项目八　讲原则,重信誉——应收应付管理 ………………………………… (341)
　　任务一　初始化设置:应收应付管理 ………………………………… (343)
　　任务二　应收应付的那些事儿:日常业务处理 ……………………… (350)

项目九　打好你的算盘——用友购销存管理 (360)
任务一　购销存和核算系统的操作员及权限设置 (361)
任务二　敲开芝麻的门:如何基础设置 (363)
任务三　采购子系统的知识讲解 (367)
任务四　销售子系统的知识体系 (368)
任务五　库存子系统的任务描述 (371)
任务六　核算子系统的情况概览 (373)

项目十　捂好你的钱袋——用友采购业务处理 (377)
任务一　什么是采购订单？ (378)
任务二　如何处理单货同到采购业务？ (380)
任务三　如何处理暂估采购业务？ (382)
任务四　处理在途采购业务秘诀 (383)
任务五　采购子系统的其他功能 (384)

项目十一　你的企业,离不开销售——用友销售业务处理 (387)
任务一　盈利的关键:销售订单 (388)
任务二　幸福的等待:货款两清 (392)
任务三　有借有还:赊销与应收款 (395)
任务四　论配角的重要性:销售子系统的其他功能 (396)

项目十二　"公司大管家"——用友库存业务及核算处理 (399)
任务一　验货:商品入库业务 (400)
任务二　出货:商品出库业务 (402)
任务三　定期摸"家底":盘点 (404)
任务四　"不走寻常路":其他入库/出库业务 (407)
任务五　出入有凭据:库存单据和账表 (408)
任务六　神器在手,天下我有:库存工具 (411)
任务七　沧海遗珠:核算子系统的其他功能 (412)

项目十三　再也不怕"期末"——用友多模块电算化系统的期末处理 (415)
任务一　手工月结的福音:多模块电算化系统期末处理 (416)
任务二　工资管理系统的年末结转 (418)
任务三　购销存和核算系统的月末处理 (419)
任务四　年终大"盘点":年度结转 (424)

第一部分

理论篇

第一章

绪论

项目一　什么是会计电算化？

 任务目标

- 了解会计电算化的发展过程。
- 掌握会计电算化及会计核算软件的含义、会计电算化核算软件的分类及其与手工会计核算的区别。

人类21世纪最伟大的发明之一就是电子计算机的发明。自计算机诞生以来，它的应用从开始的单一的科学计算领域逐步扩展到了通讯、商业、企业管理、教育、娱乐等人类生产、生活的各个方面，并且与网络通信技术相结合，极大地提高了人类的工作效率和生活质量。计算机在会计工作中的应用，也极大地改变了会计工作的方式，开创了会计电算化工作的崭新模式。

任务一　会计电算化，你懂吗？

 情景导入1

沫沫的爸爸在两年前成立了一家电子零件加工公司，但随着业务的逐渐增多，处理财务数据的烦恼也逐渐增多。这天爸爸与正在学会计的沫沫聊到了这个问题。

爸爸："沫沫，最近公司的张会计每天加班到晚上十一点，你以后当会计会不会也这么辛苦？"

沫沫："爸爸，张会计这么辛苦，是不是因为公司还在用手工记账？"

爸爸："对呀，我看张会计每天都要填凭证、登日记账，特别是月末出财务报表

的时候,忙得团团转。"

沫沫:"爸爸,现在许多企业可都是用电脑做这些事情了,凭证是在电脑里录入的,然后直接打印,报表也是自动生成的,省了不少劲儿呢!"

爸爸:"真的吗? 我还以为电脑只能用来看新闻。"

沫沫:"当然是真的,这就是会计电算化!"

爸爸:"会计电算化? 给爸爸介绍一下吧!"

沫沫:"那给您介绍一下会计电算化的四大发展阶段吧!"

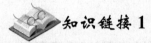

模拟手工记账的探索起步阶段

会计是管理工作的重要组成部分,它以货币为计量单位,应用一套自身特有的方法,从价值方面对生产经营活动进行反映和监督。因此,在会计工作中,通过采集、传输和存储取得大量的数据,并对此进行分类、汇总和系统处理,为经营管理提供有用的信息。在历史上,随着生产的发展和生产规模的逐步社会化,会计也随之发展变化。经过人们的长期实践,会计逐步由简单到复杂,至今已形成一套完整的体系。与此同时,会计数据处理的技术也在不断地发展变化,经历了手工操作、机械化和电算化等几个阶段,逐步形成了一套会计数据处理理论和方法论,在会计工作中发挥着越来越重要的作用。

我国第一台计算机诞生于 1958 年,从那时起到 20 世纪 70 年代中期,计算机主要用于科学技术工作中。1979 年,财政部拨款 500 万元用于长春第一汽车制造厂的会计电算化试点工作。1981 年 8 月,在财政部、第一机械工业部、中国会计学会的支持下,中国人民大学和长春第一汽车制造厂联合召开了"财务、会计、成本应用电子计算机专题讨论会"。1979 年是中国会计电算化的发展元年。

从 1979 年至 1988 年,会计电算化从无到有,逐渐在中国生根发芽。行政部门如财政部、机械工业部、铁道部、兵器工业部等,纷纷在全国各地做探索性的试验,全国各高等院校也加入了研究的行列,这个阶段属于探索发展阶段。但从整个国家从事会计电算化的情况来讲,基本上是各自为政,国家各职能部门都在"摸着石头过河",摸索适合自身需要的解决方案。这个阶段的中国会计电算化水平不高,会计软件功能单一且不通用,还没有形成大规模的商品化会计软件市场。

1983 年以后,微型计算机在国内市场上大量出现,多数企事业单位已经具备了配备微机的能力,这为计算机在会计领域的应用创造了良好的条件。与此同时,企业也有了开展电算化工作的愿望,纷纷组织力量开发会计软件。但是在这一时期,由于会计电算化工作缺乏统一的规范和指导,加之计算机在我国经济管理领域的应用同样处于发展的初级阶段,多数企业和会计人员对"电算化"的理解是设计一个专门的账务处理程序来模拟替代手工记账算账,利用电子计算机来处理会计账务。

1988年,中国会计学会首届会计电算化学术讨论会在吉林市召开。在这次会议上,与会专家达成共识:发展通用会计软件和引入市场机制是中国会计电算化发展的出路。同年,财政部在上海召开了会计电算化工作会议,对制订各省计算机应用规划、实施对会计软件的评审工作作了统一部署。

这一阶段的基本特征是各单位、各部门都在大胆探索会计电算化的开展方法,在软件上主要通过模仿手工会计的处理,逐步探索走向标准化、规范化。

"会计电算化"一词是1981年中国会计学会在长春市召开的"财务、会计、成本应用电子计算机专题讨论会"上提出来的。它是指将电子计算机技术应用到会计业务处理工作中,用计算机来辅助会计核算和管理,通过会计软件指挥计算机替代手工完成或手工很难完成的会计工作,即电子计算机在会计应用中的代名词。与此同义的词还有"电脑会计"、"EDP会计"、"计算机会计信息系统"、"电算化会计系统"、"会计信息化"等。

会计电算化的概念,从广义上讲,是指与实现会计工作电算化有关的所有工作,包括会计电算化软件的开发和应用、会计电算化人才的培训、会计电算化的宏观规划、会计电算化的制度建设、会计电算化软件市场的培育与发展等。

会计电算化在我国从起步到现在已有30余年,取得了较大的成效,包括实施会计电算化的企业数量逐步上升、商品化通用软件产业的形成以及政府管理机构宏观管理和调控作用的发挥等,无不体现了会计电算化带来的新思想、新方法、新作用,使会计工作的作用和地位得到了很大的提高。

你知道吗?
会计电算化就是对计算机在会计工作中的应用的简称。

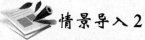
情景导入2

爸爸:"原来可以用电脑来代替手工记账,这样张会计就能轻松点了。"

沫沫:"不只是张会计,您的很多管理层的职员也能轻松点了呢!"
爸爸:"喔,此话怎讲?"
沫沫:"这是因为会计电算化第二阶段的发展结合了许多其他的业务。"

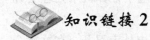

知识链接2

与其他业务结合的推广发展阶段

在广泛征求各方意见的基础上,1989年12月9日财政部发布了《会计核算软件管理的几项规定(试行)》。中国会计电算化在财政部的统一部署、管理和强有力的推动下获得了长足的发展,大大小小的会计软件厂商如雨后春笋般地涌现出来,先锋、用友、金蜘蛛、万能、润嘉等是这个时期的典型代表。

在1989年至1998年期间,会计软件逐步通用化、商品化,市场上出现了数百家会计软件公司。这一时期的中国会计电算化发展得非常迅速,会计软件依托DOS平台,功能上也基本属于核算型。从1994年开始,Windows会计软件逐步被重视,但其真正普及是在1998年以后。

这十年中,企业对会计电算化有了更深的理解和更高的要求,信息技术的发展也为会计电算化的推广和发展提供了更好、更经济的软、硬件保证。企业将单项会计核算业务电算化整合扩展为全面电算化,将企业内部的信息"孤岛"与企业连接起来。在这一阶段,企业积极研究对传统会计组织的业务处理流程的重新调整,从而实现企业内部以会计核算系统为核心的信息集成化,并在两者之间实现无缝连接,使会计信息和业务信息能够做到你中有我,我中有你,实现了信息数据的共享。

在财政部及各省财政厅(局)的推动下,一方面,商品化会计软件逐步走向成熟,市场竞争机制逐步完善,通过市场竞争机制使会计软件生产厂家从几百家逐渐向十余家集中,实现了会计软件标准化和规范化,由此走向了商品化的道路;另一方面,从初期的账务、报表、工资、固定资产几个模块,发展到采购、销售、库存等模块,并与业务结合起来,逐渐得到了广泛的应用。商业化会计电算化软件的发展,为推动我国民族会计软件产业的大发展奠定了基础。

情景导入3

沫沫:"爸爸,您看,会计电算化的功能很强大吧?"
爸爸:"那确实,难怪会计电算化能发展得如此之快。接下来还经历了哪些阶段?"

沫沫:"接下来就是渗透融合阶段了,请听我娓娓道来。"

爸爸:"我已经迫不及待了!"

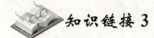

引入会计专业判断的渗透融合阶段

会计软件在发展初期,主要是实现凭证的录入、记账、查账和编制报表。通过一段时间的发展,会计业务的处理、判断逐渐融入会计软件中。会计软件从总体上讲还是一个人机系统,在业务处理上需要会计人员作相关的业务判断。随着会计软件的发展,逐渐将一些专业判断融入软件中,也使得软件更加智能化、自动化。

企业纷纷建立了以会计电算化为核心的管理信息系统和 ERP 系统。借助会计准则与会计电算化系统的渗透融合,企业具备了进一步优化重组其管理流程的能力。一些大型企业大幅减少了核算层次,规范了资金账户管理,缩短了提交财务会计报告的时间,甚至改革了内部财务会计机构设置,真正使会计人员从繁琐、低效的重复性工作中解放出来,投入到加强内部控制等工作中去。

在这一时期,企业初步引入了会计信息系统和 ERP 的概念,虽然会计电算化逐步完成了由单机应用向局域网应用的转变,但由于内部控制等相关的研究刚刚起步,企业在构建 ERP 系统时的指导思想还不清晰,因此仍停留在构建会计信息系统的初中级阶段。

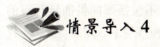

爸爸:"这样看来,我得赶紧送张会计去参加会计电算化的培训了。"

沫沫:"不仅仅是张会计,爸爸您也可以去学一学如何使用 ERP 系统呢!"

爸爸:"ERP 系统又是什么?"

沫沫:"这得说到会计电算化最后的集成管理阶段了。"

爸爸:"那沫沫你赶紧给爸爸上上课,等公司的业绩一上去,爸爸就给你这个大功臣买新衣服!"

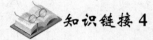

知识链接 4

与内控相结合建立 ERP 系统的集成管理阶段

1. ERP 的发展过程与思想

20 世纪 40 年代,由于计算机系统还没有出现,为了解决库存控制问题,人们提出了订货点法。到了 20 世纪 60 年代,随着计算机的出现和发展,短时间内对大量数据的复杂运算成为可能,人们为解决订货点法的缺陷提出了一种库存订货计划方法,即物料需求计划(Material Requirement Planning,简称时段式 MRP,或称基本 MRP 阶段)。

20 世纪 70 年代,随着人们认识的加深及计算机系统的进一步普及,MRP 的理论范畴也得到了发展。为了加强对采购、库存、生产、销售的管理,人们提出了生产能力需求计划、车间作业计划以及采购作业计划理论,闭环 MRP(Closed-loop MRP)作为企业的一种生产计划与控制系统出现了。

20 世纪 80 年代,随着计算机网络技术的发展,企业内部信息得到了充分共享,闭环 MRP 集合了采购、库存、生产、销售、财务、工程技术等子系统,发展成为 MRP Ⅱ 理论,即制造资源计划(Manufacturing Resource Planning,为了区别于基本 MRP 而记为 MRP Ⅱ),成为一种企业经营生产管理信息系统。

20 世纪 90 年代,随着计算机网络技术的迅猛发展,统一的国际市场已经形成。针对国际化的销售和采购市场以及全球的供需链环境,企业 MRP Ⅱ 面临着需求的挑战。由于 MRP Ⅱ 系统仅仅包括制造资源,而不包括面向供需链管理的概念,因此无法满足企业对资源全面管理的要求。在这种环境下,20 世纪 80 年代 MRP Ⅱ 主要面向企业内部资源全面计划管理的思想,逐步发展成为 90 年代怎样有效利用和管理整体资源的管理思想,企业资源计划(Enterprise Resource Planning,ERP)随之产生。

ERP 是由美国加特纳公司(Gartner Group Inc.)在 20 世纪 90 年代初期首先提出的,是一种面向企业供需链的管理,可对供需链上的所有环节进行有效的管理,这些环节包括订单、采购、库存、计划、生产制造、质量控制、运输、分销、服务与维护、财务管理、人力资源管理等。

ERP 的核心管理思想是供需链管理。供需链管理的基本思想就是以市场需求为导向,以客户需求为中心,以核心企业为龙头,以提高市场占有率、提高客户满意度和获取最大利润为目标,以协同商务、协同竞争和双赢原则为运行模式,通过运用现代企业管理思想、方法和手段，达到对供需链上的信息流、物流、资金流、价值流和工作流的有效规划和控制，从而将客户、分销商、供应商、制造商和服务商连成一个完整的网链结构，形成一个极具竞争力的战略联盟。供需链管理是通过前馈的信息流（需方向供方流动，如订货合同、加工单、采购单等）和反馈的物料流与信息流（供方向需方的物料流及伴随的供给信息流，如提货单、入库单、完工报告等），将供应商、制造商、分销商、零售商及最终用户连成一个整体的模式。供需链既是一条从供应商到用户的物流链，又是一条价值的增值链。

ERP 所包含的管理思想是非常广泛和深刻的，这些先进的管理思想之所以能够实现，同信息技术的发展和应用是分不开的。ERP 不仅面向供需链，体现精益生产、敏捷制造、同步工程的精神，而且必然要结合全面质量管理以保证质量和客户满意度，要结合准时制生产以消除一切无效劳动与浪费、降低库存和缩短交货期，还要结合约束理论来定义供需链上的瓶颈环节、消除制约因素来扩大企业供需链的有效产出。

2. ERP 的基本模块

ERP 是将企业的所有资源进行整合集成管理，简单地说，是将企业的三大流（物流、资金流和信息流）进行全面一体化管理的管理信息系统。在企业中，一般的管理主要包括三个方面的内容：生产控制（计划、制造）、物流管理（分销、采购、库存管理）和财务管理（会计核算、财务管理）。这三大系统本身就是集成体，它们之间互相有相应的接口，能够很好地整合在一起对企业进行管理。另外，随着企业对人力资源管理的重视，已经有越来越多的 ERP 厂商将人力资源管理纳入 ERP 系统。因此，生产控制、物流管理和财务管理三大系统集成一体，再加上人力资源系统，就构成了 ERP 系统的基本模块。

3. ERP 与会计信息系统的关系

总的来说，会计信息系统是 ERP 软件的一部分，但同时又分为多种情况，使它们之间存在很大差别。就小单位而言，会计软件是指账务、报表、工资、固定资产等最基本的模块，一般称为会计核算软件。在规模稍大一点的单位，则要用到购销存模块和应收应付模块的软件，但这里的购销存主要还是立足于财务角度，一般把账务、报表、工资、固定资产、购销存、应收应付等一起叫作财务软件或会计软件。ERP 软件则还要包含生产制造等模块，因此 ERP 软件也被称为企业管理软件。

实际上，独立的会计软件和 ERP 软件在设计思想、功能、技术、实施、应用、维护等方面存在很大不同，对管理的提升也大不相同。会计软件与 ERP 模块之间的关系如图 1.1.1 所示。

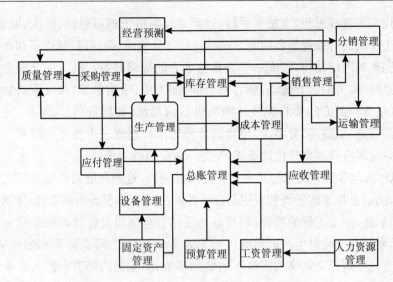

图 1.1.1　会计软件与 ERP 模块之间的关系图

1) 从 ERP 软件的发展来看

分为两种情况：一种是首先做生产管理方面的软件，然后加入会计软件，形成 ERP 软件；另一种是先做会计软件，然后再扩展到生产管理等模块，形成 ERP 软件，如用友、金蝶、金算盘等就属于这种类型。

2) 从范围上来看

会计软件是 ERP 软件的一部分。ERP 软件一般按照模块可以分为财务管理、销售管理、后勤管理（采购管理、售后服务管理和库存管理）、生产管理和人力资源管理等。因此，ERP 涵盖的管理范围比会计软件涵盖的管理范围广，它对企业的整个资源进行有效的整合，使企业的资源能够得到最有效的利用。会计软件是 ERP 中的一个组成部分，可以单独使用或与其他模块紧密集成使用。

3) 从工作原理的角度来看

会计软件因为主要是针对企业业务进行核算和管理的，因此其核算前提是对各项业务单据编制凭证手工输入系统，之后系统再进行汇总和分析。会计人员大部分的时间仍然要面对繁琐的凭证录入工作而无法将时间用在管理工作上。ERP 中的企业业务是以流程为导向，会计模块通过 ERP 中的自动凭证制作系统将这些流程紧密地集成在一起，针对不同的业务类型自动触发会计业务事件。而这些会计业务事件对应的凭证已经预先定义会计科目和相关参数，所以当业务发生时，系统自动产生会计凭证并自动记录有关账簿。会计人员的工作内容就是对这些凭证进行审核或由系统自动审核,这样就大大减轻了会计人员的工作量,将时间集中在管理工作方面。

4) 从会计软件与 ERP 核心的角度来看

会计软件的核心是总账,以此为中心设置了许多分类账,如往来账、存货账、销售账等,它从财务的角度将企业的活动资金化。财务信息十分重要,它是经营的成果数据,体现了一个企业的业绩和价值。财务信息的"结果"来源于供、产、销等活动。制造企业的核心价值是将低价值的原料通过生产加工,产出较高价值的、符合市场需求的产品,通过市场的分销渠道以适当的营销方式使用户接受其产品。制造企业通过物流的增值来体现自身的价值,围绕整个物流增值过程的供应链管理的核心基础是产品的属性(有关生产、计划、成本、财务、库存等)、产品的结构(Bill of Material,BOM)和产品的生产工艺。ERP 软件正是以此为核心,进行整个供应链的管理和规划,并通过凭证接口等方式与财务集成,将供、产、销等业务数据及时、准确地转化为会计上所需要的信息,从而对企业的经营过程进行控制。

5) 从功能上来看

目前,会计软件以核算为基本目的,主要满足企业的会计核算要求。但是从深层次和管理角度来看,管理人员或决策高层更需要的是对各项业务进行分析,如对于财务提供的销售收入、成本和销售毛利等数据,他们希望能从多角度(如客户类型、产品、销售流向区域、销售部门、业务员业绩、计划等)来分析销售情况,而这样单纯地对会计数据进行加工就无法完全满足他们的要求。ERP 软件则是以业务流程为导向,使发生的各种会计数据能够与业务联系在一起,进行不同层次的分析。

6) 从实施角度来看

会计软件实施相对来说较为简单,一般由开发商的分支机构或代理实施,或者由使用单位直接实施,实施周期也短,单体企业一般一两个月就可完成;而 ERP 的实施则很复杂,一般由咨询服务机构等第三方实施,实施时间少则几个月,多则半年、一年,甚至几年,实施费用很高,甚至往往超过购买 ERP 软件本身的费用。从实施的风险角度来看,会计软件由于规范性较强、变化相对较小,所以实施的成功率很高,一般只存在应用深度问题,而不存在无法应用的问题;但 ERP 软件则不同,由于涉及企业的各种业务,而且关联性非常强,业务的变化往往引起整个应用模式的变化,实施的风险就很大,即使应用了,由于市场、业务、管理的变化也可能导致 ERP 软件无法运行下去。当然,ERP 软件也在发展,如在 ERP 中提供工作流设计、数据扩展、展示等二次开发和配置的基础平台正在逐步成熟,这在一定程度上能够动态地适应客户不断变化的要求。

会计软件和 ERP 软件在实施中遇到的阻力也不同。由于会计制度很规范,涉及的部门、人员较少,在实施过程中遇到的阻力不大。但 ERP 在调研、培训、实施过程中将遇到很大的阻力,因为 ERP 涉及使用单位内部诸多部门的利益,甚至危及一些部门的存在,或需要企业内部的业务流程重组等。

7) 从应用角度来看

会计软件一般是区间性要求,如一天、一月、一年;而 ERP 软件则是实时性要求,如生产是 24 小时的连续生产,则要求各环节也同步。会计软件和 ERP 软件在实际应用过程中对人员的要求也不一样。会计软件涉及的人员较少,要求操作人员对计算机和自己的业务比较熟悉就可以了;而 ERP 则基本上涉及整个企业的员工,还要求使用者对企业的整体情况有所了解,才能实现内部的协同工作。在应用成本上,会计软件主要是消耗材料费和较少的服务费,而 ERP 软件一般有按年收取的软件更新费用,服务费用也比会计软件高得多。

从不同的角度可以分析会计软件与 ERP 软件的异同,但在具体工作中还要根据自己的应用深度、规模大小、使用的软件情况等不同来作更深入的分析,以适应从会计软件到 ERP 软件的升级转换。

4. 与内控相结合建立 ERP 系统的集成管理

所谓内部控制,是指一个单位为了实现其经营目标·保护资产的安全完整,保证会计信息资料的正确可靠,确保经营方针的贯彻执行·保证经营活动的经济性、效率性和效果性而在单位内部采取的自我调整、约束、规划、评价和控制的一系列方法、手续与措施的总称。

内部控制的目标基本涵盖了企业经营活动的全部内容,而 ERP 作为信息系统,是为企业经营目标服务的。ERP 实施前要求有关组织重新设计和改进其业务流程,进行业务流程再造,再造后的流程成为组织必须遵循的共同标准。在流程再造的设计过程中,设计人员集成某些管理思想,体现有效控制和高效配置企业资源的信息化优势。所以在 ERP 流程再造的设计过程中,可以把相关的部分内部控制要求加以考虑,以致这些要求最终成为组织内部所共同遵守的标准。

内部控制系统随着时间、环境条件、所应用的控制方法的变化而不断变化,ERP 就是在内部控制系统发展历程中某个时点上的一种相对完美的控制工具和手段。内部控制五要素中,控制活动的手段可以分为人工控制和自动控制,通过 ERP 实施控制活动就是典型的自动控制。对于一些不能通过自动控制来实现的控制活动,还要应用人工控制,如难以量化、需要以职业判断为主的"危险信号"以及不在 ERP 线上的其他信息系统等。

项目一　什么是会计电算化？　　13

你知道吗？

ERP,即企业资源计划,是指建立在信息技术基础上,以系统化的管理思想为企业决策层及员工提供决策运行手段的管理平台。

边学边用

1.(单选题)下列各项中,不属于模拟手工记账阶段会计信息化工作出发点的是(　　)。

A.减轻会计人员工作量

B.提高会计信息输出速度

C.提高会计工作劳动效率

D.主动作为企业信息化建设的重要组成部分

2.(单选题)企业开始将单项会计核算业务电算化统合扩展为全面电算化的阶段是(　　)。

A.探索起步阶段

B.渗透融合阶段

C.推广发展阶段

D.集成管理阶段

3.(多选题)下列有关会计信息化渗透融合阶段、会计标准建设的表述中,正确的有(　　)。

A.会计准则体系引入了会计专业判断要求

B.企业会计标准进行了重大改革

C.会计准则体系没有适度审慎地引入公允价值计量基础

D.建立了与国际准则不同的企业会计准则体系

4.(判断题)在会计信息化渗透融合阶段,传统的会计软件已不能完全满足单位会计信息化的需要,会计软件逐步向流程管理的企业资源计划方向发展。(　　)

答案:1.D　2.B　3.AB　4.×

任务二　要想算得好，核算软件来帮忙

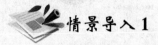 情景导入1

这天沫沫来到爸爸办公室，遇见了正打算报名会计电算化培训的张会计，他们就公司即将实行会计电算化一事聊了起来。

张会计："沫沫，听说你给你爸爸介绍了会计电算化，他很想在公司推行呢！年轻人的想法果然不一样！"

沫沫："哈哈，我们要紧跟时代的脚步嘛！"

张会计："对对对！那么我去学习会计电算化是学习怎么用电脑做账吗？"

沫沫："更准确地说，是学习如何使用会计核算软件。"

张会计："会计核算软件？"

沫沫："是的，我为您简单介绍下吧！"

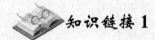 知识链接1

会计核算软件的概念和演进

会计核算软件是指专门用于会计核算工作的计算机应用软件，包括采用各种计算机语言编制的用于会计核算工作的计算机程序。凡是具备相对独立完成会计数据输入、处理和输出功能模块的软件，如账务处理、固定资产核算、工资核算软件，均可视为会计核算软件。

会计核算软件的发展分为人工管理、文件管理系统和数据库系统三个阶段。

1) 人工管理阶段

主要是对会计业务的单项处理。模仿手工会计数据处理方式和程序，着重解决数据量大、计算简便、重复次数多的单项会计业务，比如工资计算等。各单项会计核算软件没有有机地集成起来。

2) 文件管理系统阶段

将会计部门内的各单项软件进行整合，形成一个处理会计业务的、完整的会计信息系统，实现了会计部门内各项工作的集成。但只是会计部门专用的信息系统，在物理上仍是独立于其他部门的信息系统,无法有效地进行事中控制。

3) 数据库系统阶段

数据库系统阶段,就是 ERP 系统的推广和应用。ERP 的重要思想就是集成,要求数据"来源唯一,实时共享";ERP 系统集成了会计信息系统,并与业务系统融为一体。ERP 系统中的会计信息系统包括财务会计和管理会计两个子系统。ERP 系统中用于处理会计核算数据部分的模块也是会计核算软件的范畴。

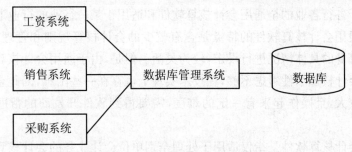

图 1.2.1　会计数据与数据库的关系

你知道吗?

计算机软件是指挥计算机正常工作的一组程序及其附属的数据和文档,分为系统软件和应用软件两类。

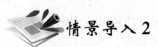 情景导入 2

张会计:"原来这就是会计核算软件,功能真多!"

沫沫:"是的,所以现在大多数企业都在使用会计核算软件呢!"

张会计:"那是不是这些企业都用一种会计核算软件啊?这么多类型的企业,一种软件可以涵盖所有行业的账务处理吗?"

沫沫:"不是的,会计核算软件有很多种类型,而且现在市面上的会计核算软件也不止一种。这里面可有讲究了!"

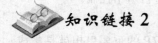

会计核算软件的分类

1. 通用和专用会计核算软件

通用会计核算软件是指在某一特定范围内普遍适用的会计核算软件,通常又分为适用于各行各业的全通用会计核算软件和适用于某一行业的行业通用会计核算软件。通用会计核算软件的特点是含有较少的会计核算规则和管理方法,需由单位根据自身的具体情况进行设定,较为灵活。但是,由于通用会计核算软件对不同用户的会计核算个性考虑不够,在技术实现上也存在一些困难,因此企业初始化的工作量较大,且操作起来有一定的难度,需要得到软件开发商的帮助才能顺利实施。

专用会计核算软件是指仅适用于处理个别单位会计业务的会计核算软件。专用会计核算软件通常是由企业根据自身会计核算和经营管理的特点自行开发或委托他人开发研制的,将会计核算规则和管理方法固化在程序中。其优点是适合本单位会计电算化工作的需要,针对性强。但其灵活性较差,如果会计政策变更,就需要通过修改程序来满足会计工作的需求。

2. 单用户和多用户会计核算软件

1) 单用户和多用户会计核算软件的含义

单用户会计核算软件就是在同一时刻只能由一个用户使用的会计核算软件,一般又叫作单机版的会计核算软件。

多用户会计核算软件就是可以由多人同时在多台机器上共同使用同一个软件处理会计业务的会计核算软件。要支持多用户,就要设立一台机器为服务器(主机),其他用户的数据放在该服务器里,各个用户之间能够实现实时共享。

2) 会计电算化的物理组织模式

(1) 单机组织模式。

单机组织模式是指在一台计算机上运行会计信息系统。这种模式的优点是维护简单,投资很少,适用于业务量不大的单位。该模式的缺点比较多,概括如下:每次仅能一人上机处理数据,不方便;不能同时处理多项业务,实时性差;已生成的会计信息仅能在一台计算机上利用,信息的共享性差;一台计算机能处理的会计业务项目、会计业务有限,对业务量大或需要有许多项会计业务开展会计电算化的单位不可行。

(2) 多用户组织模式。

多用户组织模式是以一台高档计算机为主机（也可用大中型计算机），另外，根据需要连接若干终端以实现数据的集中处理。其网络结构如图1.2.2所示。

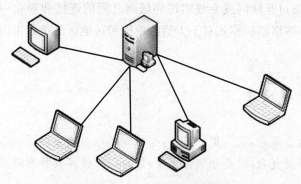

图1.2.2　多用户组织模式

这种模式的优点是维护简单，可靠性高，投资也较少，能够实现会计数据的实时处理。其缺点是运行效率受主机影响很大，连接的终端数量有限，而且只要主机有问题，系统就会全部瘫痪。这种模式适用于业务处理量不是很大的单位。如果主机采用大中型计算机，就能实现大中型规模应用，但相应的投资和维护费用就会大大提高。

(3) 网络组织模式。

网络组织模式是以一台高档计算机为服务器，另外根据需要连接若干工作站。其物理组织的逻辑模式如图1.2.3所示。

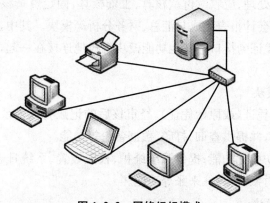

图1.2.3　网络组织模式

这种模式的缺点是投资相对较高，维护难度相对较大。其优点是处理的所有数据都存放在服务器内,可以共享;可多人同时操作,对一项业务或多项业务进行处理,实时性好;可将会计业务之间的联系体现在一套会计软件系统中,充分体现了会计是一个信息系统的特点;处理业务的终端数量可以达到几百,甚至上千个,适应性较强;可通过互联网或专线实现局域网之间的连接和建立一个较大的网络数据处理系统。网络组织模式对于大型的单位和跨地区的单位来说是一种比较好的组织模式。

张会计:"这么复杂,我一把年纪了,也不知道能不能学会。"

沫沫:"虽然说复杂,但是非常值得学,因为会计核算软件有好几个实用的功能模块!"

张会计:"功能模块?"

沫沫:"对,会计核算软件的财务处理、报表处理、工资核算等功能模块都能大大地减轻您的工作呢!"

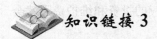

会计核算软件的功能模块

1. 会计核算软件的构成

通常分为账务处理、应收应付款核算、工资核算、固定资产核算、存货核算、销售核算、成本核算、会计报表生成与汇总、财务分析等模块。其中,账务处理模块是核心模块,以记账凭证为接口与其他功能模块有机地连接在一起,构成一个完整的会计核算系统。

1) 账务处理模块

通过输入记账凭证(或原始凭证),经审核后的记账凭证由系统自动过账到相应的明细账和总账,并提供查询、打印、数据备份等功能。

同时,它提供初始化功能;提供系统维护、权限设置、系统日志功能;还提供记账凭证汇总、银行对账、清理往来账等功能。

2) 报表处理模块

其功能是定义报表格式和数据来源(定义取数公式)与报表的钩稽关系,自动生成报表。

3) 应收应付账款核算模块

其功能是对应收应付账款进行日常登记,编制记账凭证;处理结算票据,进行账龄分析,自动勾对往来账款。

4) 工资核算模块

其功能是完成职工工资的计算,完成工资分配的入账等工作。

5) 固定资产模块

其主要有两个功能:固定资产增减变动情况的登记;根据各种折旧计算方法计算折旧。同时,还包括固定资产卡片定义和折旧方法定义功能、折旧计算和折旧入账功能。

2. 账务处理模块与主要核算模块间的联系

财务处理模块与主要核算模块间的联系如图 1.2.4 所示。

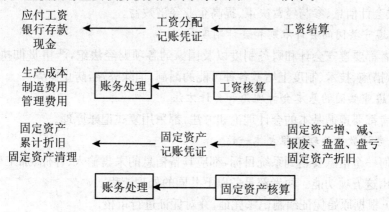

图 1.2.4　账务处理模块与主要核算模块间的联系

你知道吗?

具有相对独立的会计数据输入、处理、输出功能的各个组成部分(一组程序)叫作会计核算软件的功能模块。

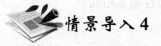

情景导入 4

张会计:"我做了快三十年的手工账了,现在要用会计核算软件,可能很难上手吧。"

沫沫:"不会的,张会计,其实会计核算软件和手工会计核算有很多相似的地方呢,您这么多年的会计经验可是很宝贵的!"

张会计:"真的吗? 有哪些相同的地方呢?"

沫沫:"等您明白了它们的异同,您一定会发现会计电算化的魅力的!"

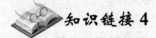

知识链接 4

会计核算软件与手工会计核算的异同

1. 会计核算软件与手工会计核算的相同点

1) 目标一致

两者都对企业的经济业务进行记录和核算,最终的目标都是为了加强经营管理、提供会计信息、参与经营决策、提高企业经济效益。

2) 遵守共同的会计准则和会计制度

两者都要遵守会计和财务制度以及国家的各项财经法纪,严格贯彻执行会计法规,从措施、技术、制度上堵塞各种可能的漏洞,消除弊端,防止作弊。

3) 遵守共同的基本会计理论和会计方法

两者都要遵循基本的会计理论和方法,都采用复式记账原理。

4) 会计数据处理流程大体一致

任何一个信息要达到系统目标,都应具备信息的采集输入、存储、加工处理、传输和输出这五项功能。两者都具备以下共同的处理流程:

(1) 根据原始凭证编制记账凭证,并对凭证进行审核。

(2) 根据记账凭证登账。手工和计算机登记账簿时,均根据输入并审核过后的凭证生成账簿,实质上都是为了存储记录和资料。

(3) 对数据进行加工处理。具体表现为手工核算操作时的大量过账分录业务,在电算化操作时由计算机程序自动执行;手工汇总对于对账的操作,在会计核算软件中则是由计算机完成各种运算及查询的。

根据实际情况,由于采用了计算机处理,账账核对及账证核对等手工核算中的步骤取消了。但会计核算软件的数据处理流程,从本质上讲还是通过模仿手工会计核算的流程来实现的,因此,我们说两者的会计数据流程基本相同。

2. 会计核算软件与手工会计核算的区别

1) 会计核算工具不同

会计电算化的方式是以计算机为计算工具,数据处理代码化、速度快、精度高。通过计算机代替人工来记录和处理数据,对系统原始数据采用编码的方式,以压缩数据项的长度、减少数据占用的存储空间,从而提高了会计数据处理的速度和精度。在手工处理方式下,则以算盘为主要运算工具,效率低且工作量大。

2) 会计信息载体不同

手工处理以纸为载体,占用空间大,不易长久保存,且查找困难。计算机处理以用存储介质保存数据文件为主,以计算机输出的纸质证、账、表为辅。存储介质的优点是占用空间小,可以长期保存,能更丰富、更完整、更长久地保留会计信息。但存储介质保存的数据文件具有无形性,容易复制、篡改与删除,且不留痕迹。

3) 记账规则不完全相同

手工核算中账簿记录的错误要用划线更正法或红字更正法进行更正;账页中的空行、空页要用红线划销等。而在会计电算化下,一切数据均以文件形式存于机器内部,登账只是一个沿用的旧名词;而且文件也并不一定按日记账、总账、明细账分别设置,有些系统甚至只设置一个凭证文件,根本就不存在机内日记账、总账和明细账;各种信息可直接从凭证文件中处理出来,划线更正法或红字更正法根本就不存在,代之以负数方式的更正。实际上,只要凭证输入正确,机器处理就是准确无误的。即使由于凭证数据有错或变更而导致机内账的结果有错,也不能直接进行修改,只能通过记账凭证去更正。

4) 账务处理流程类型存在差别

手工会计采用不同的会计核算形式,常用的有记账凭证核算形式、科目汇总表核算形式、汇总记账凭证核算形式、日记账核算形式等,对业务数据采用分散收集、分散处理、重复登记的操作方法。通过多人员、多环节进行内部牵制和相互核对,目的是为了简化会计核算的手续以减少舞弊和差错。在手工条件下,各单位根据其自身的规模、数量、业务特点、管理要求及核算的繁简程度等因素,可以选择一种较好的实用记账方式。但无论采取何种方式,都避免不了重复转抄,随之而来的是会计人员和处理环节的增多,若不加强内部牵制和核对,难免会发生差错和舞弊现象。在会计电算化中常用的是日记账文件核算形式和凭证文件核算形式。在一个计算机会计系统中,通常只采用其中一种核算形式对数据进行集中收集、统一处理和数据共享。

计算机处理可以采用科学的账务处理程序和核算方法,整个处理过程分为输入、处理、输出三个环节,并都在系统内自动完成。需要的处理结果或任何中间资料都可通过打印或查询获得,避免了重复处理,实现了数据处理一体化,有利于会计工作标准化,同时给上级部门进一步处理数据创造了条件。

5) 内部控制方式不同

在计算机处理环境下,原来的内部控制方式部分被取消或改变,如原来账证核对、账账核对、账表核对的控制方式已被更加严密的输入控制所替代,原来通过签字、盖章等方式实现的控制已被权限控制所替代。它们之间主要的不同点如下所述:

(1) 会计电算化后的控制内容及形式与手工会计系统存在差异。

在传统的手工系统下,控制的内容主要是针对经济事项本身的交易,一项经济业务的每个环节都要经过某些具有相应权限人员的审核和签章,控制的方式主要是通过人员的职务相分离、职权不相容的内部牵制制度来实现的。而在电算化系统下,业务处理全部以电算化系统为主,出现了计算机的安全及维护、系统管理及操作员的职责分工、计算机病毒防治等新内容。另外,电算化功能的高度集中导致了职责的集中,业务人员可利用特殊的授权文件或口令获得某种权利或运行特定程序来进行业务处理,由此引起失控而造成损失。

(2) 内部控制的对象发生了变化。

在电算化系统下,会计信息的核算及处理的主体发生了变化,控制的对象也发生了变化。控制对象原来为会计处理程序及会计工作的相容性等,会计资料由不同的责任人分别记录在凭证账簿上以备查验,是以对人的控制为主;而在电算化系统下,会计数据一般集中由计算机数据处理部门进行处理,而会计人员往往只负责原始数据的收集、审核和编码,并对计算机输出的各种会计报表进行分析,这样,内部控制的对象转变为以人与计算机二者为主。

(3) 内部控制的实现方式发生了变化。

手工会计系统的内部控制以人工控制来实现,电算化会计系统的内部控制则具有人工控制与程序控制相结合的特点。电算化系统的许多应用程序中包含了内部控制功能,这些程序化的内部控制的有效性取决于应用程序,如果程序发生差错,由于人们对程序的依赖性以及程序运行的重复性,就会导致差错反复发生的可能性增大,使得失效控制长期不被发现,从而使系统在特定方面发生错误或违规行为的可能性加大。

(4) 电算化会计信息系统缺乏交易处理痕迹。

手工会计系统中严格的凭证制度在电算化会计系统中逐渐减少或消失。凭证所起到的控制功能弱化,使部分交易几乎没有"痕迹",给控制带来一定的难度。

(5) 电算化会计系统中会计信息存储电磁化。

电算化系统下,原先会计业务处理过程的凭证、汇总表、分类表等书面档案资料被计算机自动生成的会计信息以电磁信号的形式存储在磁性介质中(如光盘、硬盘等),是肉眼不可见的,很容易被不留痕迹地删除或篡改;另外,电磁介质易受损坏,使会计信息丢失或毁坏的风险加大。

（6）网络的迅猛发展及其在会计中的进一步应用带来了许多新问题。

目前，会计软件的网络功能主要包括：远程报账、远程报表、远程审计、网上支付、网上催账、网上报税、网上采购、网上销售、网上银行等。要想实现这些功能，就必须有相应的控制，从而催生出电算化会计信息系统内部控制的新问题。

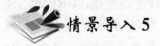

情景导入 5

沫沫："不仅如此，现在的会计电算化与企业管理活动相互结合，形成了企业管理信息系统的一个重要的子系统。"

张会计："沫沫，看来你会计电算化学得非常好啊！"

沫沫："谢谢您的夸奖，我想到爸爸的公司就不由自主地对这块感兴趣了，我觉得公司的管理人员都可以学学 ERP 系统，以后可以更高效地管理公司。"

张会计："你爸爸有你这位军师可以说是如虎添翼了！那么，ERP 系统是什么呢？"

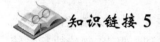

知识链接 5

ERP 介绍

1. 概念简介

ERP 是由美国计算机技术咨询和评估集团 Gartner Group Inc. 提出的一种供应链的管理思想。企业资源计划是指建立在信息技术基础上，以系统化的管理思想为企业决策层及员工提供决策运行手段的管理平台。ERP 系统支持离散型、流程型等混合制造环境，应用范围从制造业扩散到了零售业、服务业、银行业、电信业、政府机关和学校等事业部门，通过融合数据库技术、图形用户界面、第四代查询语言、客户服务器结构、计算机辅助开发工具、可移植的开放系统等对企业资源进行了有效的集成。

它汇合了离散型生产和流程型生产的特点，面向全球市场，包罗了供应链上所有的主导和支持能力，协调企业各管理部门围绕市场导向，更加灵活或"柔性"地开展业务活动，实时地响应市场需求。为此，重新定义供应商、分销商和制造商相互之间的业务关系，重新构建企业的业务和信息流程及组织结构，使企业在市场竞争中有更大的能动性。

ERP 是一种主要面向制造行业进行物质资源、资金资源和信息资源集成一体化管理的企业信息管理系统。ERP 是一个以管理会计为核心，可以提供跨地区、跨部门,甚至跨公司整合实时信息的企业管理软件,针对物质资源管理(物流)、人力资源管理(人流)、财务资源管理(财流)、信息资源管理(信息流)集成一体化的企业管理软件。

ERP 的提出与计算机技术的高度发展是分不开的,用户对系统有更大的主动性,作为计算机辅助管理所涉及的功能已远远超过 MRP II 的范围。ERP 的功能除了包括 MRP II(制造、供销、财务)外,还包括多工厂管理、质量管理、实验室管理、设备维修管理、仓库管理、运输管理、过程控制接口、数据采集接口、电子通讯、电子邮件、法规与标准、项目管理、金融投资管理、市场信息管理等。它将重新定义各项业务及其相互关系,在管理和组织上采取更加灵活的方式,对供应链上供需关系的变动(包括法规、标准和技术发展造成的变动),同步、敏捷、实时地作出响应;在掌握准确、及时、完整的信息基础上,作出正确决策,能动地采取措施。与 MRP II 相比,ERP 除了扩大管理功能外,同时还采用了计算机技术的最新成就,如扩大用户自定义范围、面向对象技术、客户机/服务器体系结构、多种数据库平台、SQL 结构化查询语言、图形用户界面、4GL/CASE、窗口技术、人工智能、仿真技术等。

2. 功能模块

ERP 系统包括以下几个主要功能:供应链管理、销售与市场、分销、客户服务、财务管理、制造管理、库存管理、工厂与设备维护、人力资源、报表、制造执行系统(Manufacturing Executive System,MES)、工作流服务和企业信息系统等。此外,还包括金融投资管理、质量管理、运输管理、项目管理、法规与标准和过程控制等补充功能。

ERP 是将企业所有资源进行整合集成管理,简单地说,是将企业的三大流(物流、资金流、信息流)进行全面一体化管理的管理信息系统。它的功能模块不同于以往的 MRP 或 MRP II 的模块,它不仅可用于生产企业的管理,而且许多其他类型的企业(如一些非生产、公益事业的企业)也可导入 ERP 系统进行资源计划和管理。

在企业中,一般的管理主要包括三个方面的内容:生产控制(计划、制造)、物流管理(分销、采购、库存管理)和财务管理(会计核算、财务管理)。这三大系统本身就是集成体,它们之间互相有相应的接口,能够很好地整合在一起来对企业进行管理。另外,要特别一提的是,随着企业对人力资源管理重视的加强,已经有越来越多的 ERP 厂商将人力资源管理纳入了 ERP 系统,成为其中一个重要的组成部分。

3. 特点

ERP 把客户需求和企业内部的制造活动以及供应商的制造资源整合在一起,形成企业一个完整的供应链,其核心管理思想主要体现在以下三个方面:① 体现对整个供应链资源进行管理的思想;② 体现精益生产、敏捷制造和同步工程的思想;③ 体现事先计划与事前控制的思想。

ERP应用成功的标志是:① 系统运行集成化,软件的运作跨越多个部门;② 业务流程合理化,各级业务部门根据完全优化后的流程重新构建;③ 绩效监控动态化,绩效系统能即时反馈以便纠正管理中存在的问题;④ 管理改善持续化,企业建立一个可以不断自我评价和不断改善管理的机制。

ERP具有整合性、系统性、灵活性、实时控制性等显著特点。ERP系统的供应链管理思想对企业提出了更高的要求,是企业在信息化社会、在知识经济时代繁荣发展的核心管理模式。

 边学边用

1. (多选题)下列各项中,属于会计核算软件发展阶段的有( )。
   A. 文件管理系统阶段
   B. 会计信息系统阶段
   C. 数据库系统阶段
   D. 人工管理阶段

2. (多选题)下列各项中,属于会计核算软件功能模块的有( )。
   A. 固定资产核算模块
   B. 成本费用核算模块
   C. 会计报表生成汇总模块
   D. 成本费用核算模块

3. (单选题)下列关于ERP系统的表述中,不正确的是( )。
   A. ERP尚未成为现代企业的运行模式
   B. ERP是为企业决策层及员工提供决策运行手段的管理平台
   C. ERP系统是信息技术、网络技术和先进管理思想的结合体
   D. ERP是企业资源计划的简称

4. (判断题)会计核算软件按硬件结构分类,可分为通用会计核算软件和专用会计核算软件。( )

5. (判断题)会计核算软件的会计核算方法与手工会计处理方法在会计原理方面是一致的。( )

答案: 1. ACD 2. ABCD 3. A 4. × 5. ×

项目二　走进计算机的旖旎世界

任务目标

- 了解会计电算化的工作环境。
- 掌握计算机的一般知识,懂得计算机的硬件、软件、网络及安全防范知识。

世界上第一台电子数字式计算机于1946年2月15日在美国宾夕法尼亚大学正式投入运行,它的名称叫ENIAC(埃尼阿克),是Electronic Numerical Integrator and Computer(电子数值积分计算机)的缩写。ENIAC奠定了电子计算机的发展基础,开辟了一个计算机科学技术的新纪元。目前,计算机的应用已扩展到社会的各个领域,极大地影响和改变了人们的生活,有力地推动了整个社会的进步。

任务一　那些年,我们不能忘记的计算机知识

情景导入1

张会计在听过沫沫对会计电算化的介绍之后,对会计电算化有了很大的兴趣,但是又担心自己年龄大了不能很快适应信息时代,于是找上了公司的网管小纪,以下是他俩的对话。

张会计:"小纪,幸好你在办公室!"

小纪:"张会计,办公室网络出问题了吗?"

张会计:"不是,是以后公司可能要推行会计电算化,这不来找专家了解一下计

算机!"

小纪:"专家倒不敢当,张会计您才是名副其实的财会专家,这回要用计算机做账,真是如虎添翼啊!"

张会计:"说得那么轻松,我可是对计算机一窍不通啊!"

小纪:"别着急,我们这就来通通窍,从计算机的种类开始。"

张会计:"好!"

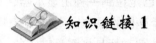

计算机的概念及其种类

计算机是一种能够按照指令对各种数据和信息进行自动加工和处理的电子设备,它具有极高的处理速度、很强的储存能力、精确的计算和逻辑判断能力。作为一种接收、处理和提供数据的装置,计算机由多个零部件组成,如中央处理器、主板、内存、电源、显卡等。

计算机可按多种标准分类:

1. 根据计算机中信息的表示形式和处理方式划分

可将计算机分为电子计算机、模拟电子计算机和数字模拟混合式计算机三类。其中,在数字电子计算机中,信息都用由"0"和"1"两个数字构成的二进制的形式表示。

2. 根据计算机的用途划分

可将计算机分为通用机和专用机两种。其中,通用机能解决多种类型的问题,一般的数字电子计算机都属于此类;专用机是为解决某个特定问题而专门设计的计算机。

3. 根据计算机系统的功能和规模划分

可将计算机分为巨型机、大型机(也称主机)、中型机、小型机和微型计算机。一般来说,机型大的计算机结构复杂,运算速度快,字长长,存储容量大,指令丰富,输入、输出处理方式多种多样,信息吞吐量大,外围设备齐全,软件配置丰富,价格较高。

4. 根据用户应用的角度划分

一般可将计算机分为微型计算机(也称个人计算机)、服务器和终端计算机等。

微型计算机,也称个人计算机或 PC 机。PC 机的特点是体积小、功耗低、价格便宜且易于使用。PC 机分为 IBM PC 机和苹果 PC 机。IBM PC 机是由 IBM 公司开发的、面向小型和个人用户的电子计算机。苹果电脑公司的苹果 PC 机是 IBM PC 机的竞争对手。由于 IBM PC 机的广泛流行,已经使 IBM PC 机成了 PC

机的代表,也成了 PC 机的标准。

服务器用来帮助大量用户访问同一数据或资源。服务器可以是高效率的电脑、专用超级服务器、中档服务器,甚至还可以是大型机。服务器必须具有出色的可靠性,必须具备可用性和可扩充性。客户机/服务器系统中的服务器具有许多不同的用途。但是,大致可以分为以下四类:文件服务器、打印服务器、数据库服务器和应用服务器。

传统终端是指一种计算机外部设备,现在的终端概念已定位到一种由显示器、控制器及键盘合为一体的设备,它与我们平常指的微型计算机的根本区别是没有自己的中央处理单元(CPU),当然也没有自己的内存,其主要功能是将键盘输入的请求数据发往主机(或打印机)并将主机运算的结果显示出来。而随着因特网的发展,目前对于"终端"一词又引入了新的含义。对因特网而言,终端泛指一切可以接入网络的计算设备,如个人电脑、网络电视、可上网手机、PDA 等。

未来计算机将向着巨型化、微型化、多媒体化和智能化方向发展。

你知道吗?
只有硬件而没有软件的计算机称为"裸机"。
硬件系统的五个组成部分是输入设备、输出设备、运算器、存储器和控制器。

情景导入 2

张会计:"想不到这个机器种类这么多,我还以为只有办公室里那一种。"
小纪:"不仅是机器种类,计算机的性能指标也很多!"
爸爸:"喔,有哪些呢?"
沫沫:"一一道来的话太多了,我就说几个主要的吧!"

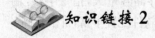

知识链接 2

计算机的主要性能指标

计算机的性能指标是一个复杂的问题,目前主要考虑的因素有以下几个方面。

1. 主频

主频指的是 CPU(中央处理器)在单位时间内的平均运行次数,是一个重要的性能指标。它在很大程度上决定了计算机的运行速度。主频的单位为吉赫兹

(GHz)。现在中高档计算机的主频一般在 2 GHz 以上。随着计算机制造技术的发展,CPU 的主频还在不断提高。

2. 字长

字长一般与运算器所含的二进制数据的位数相等,计算机字长有 8 位、16 位、32 位、64 位之分。下面一些参数和字长有关。

(1) 运算精度:字长越长,精度越高。

(2) 指令长度:机器字长决定了指令的信息位长度,适宜的信息位长度可以保证指令的处理功能。

(3) 存储单元长度:通常存储单元长度等于字长或字长的整数倍,字长越长,寻址范围越大。

3. 内存容量

内存容量是指计算机系统所配置的内存总字节数,CPU 可直接访问这部分存储空间。很多的复杂软件只有具备了足够大的内存空间,才能运行。目前,普遍的内存容量为 2 GB,随着技术的发展,内存容量也在不断地扩大。内存的性能指标是存储容量和存取速度。计算机采用二进制的形式来存储信息,二进制中只能有两个不同的数码——0 和 1。二进制中的一个位就是 bit,这是计算机中数据的最小单位。8 位二进制位组成 1 个字节,是计算机中数据的最基本单位。存储容量是指存储器可容纳的二进制位信息量。度量存储容量的常用单位还有千字节(KB)、兆字节(MB)和吉字节(GB)等。

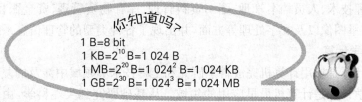

你知道吗?
1 B=8 bit
1 KB=2^{10} B=1 024 B
1 MB=2^{20} B=1 024^2 B=1 024 KB
1 GB=2^{30} B=1 024^3 B=1 024 MB

4. 可靠性

可靠性通常用平均无故障工作时间来表示。这里的故障主要是指计算机的硬件故障,而不是指由于软件误操作而引起的故障。

5. 外设配置

外设就是计算机的外部设备,其配置的好坏直接影响到计算机的使用性能。因此,一定要注意选择与计算机相兼容的、性能优良的外部设备。

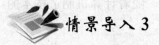 情景导入3

小纪:"张会计,如果您要买电脑的话,可得好好考虑这几个性能指标呢!"
张会计:"对,如果要买电脑我就带上你一起好好考虑!"
小纪:"没问题!"
张会计:"可是我买了电脑除了做账还能做别的事情吗?"
小纪:"当然可以啊,计算机除了数据处理,还能用于其他许多方面呢!"

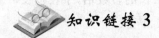 知识链接3

计算机的应用领域

计算机已经应用于国民经济的各个领域,并迅速地改变着现代社会人们的工作方法和生活方式,已经成为社会进步的强大推动力量。根据计算机的主要特点,计算机的应用可以划分为以下几大类。

1. 数据处理

数据处理就是计算机对输入的各种数据进行存储、分类、排序、合并、统计、整理、传输、打印输出等加工处理。利用计算机进行数据处理主要是一种非数值的计算,是计算机应用史上的巨大飞跃,也是信息社会的主要特征。数据处理着重表现在图像处理技术、人员档案管理、图书资料管理、库存物资管理、资金账目管理、报表统计、卫星图像以及文字处理等方面,并出现了各种类型的管理信息系统。

2. 科学计算

科学计算是指用计算机完成科学研究和工程技术等领域中涉及的复杂的数据运算。科学计算是计算机最早应用的领域。从基础研究到尖端科学,由于采用了计算机,使许多人难以完成的复杂计算迎刃而解。现在,虽然科学计算在整个计算机的应用中所占的比重在逐步下降,已不足10%,但随着科学技术的不断发展,需要解决的问题的复杂性、计算量、精度和速度要求在不断提高,科学计算在现代科学研究中的地位也在不断提高。

3. 过程控制

过程控制是指利用计算机对一个正在发生的过程进行控制,如炼钢过程的计算机控制、导弹自动瞄准系统、飞行控制系统等。

4. 辅助工程

辅助工程是指使用计算机在与设计人员的交互作用下,实现最佳化设计判定和处理。

5. 计算机通信

计算机通信是计算机技术与通信技术相结合而产生的一个应用领域,把计算机利用通讯设备和线路连接起来,就形成了计算机网络。计算机网络是计算机通信应用领域的典型代表。随着互联网和多媒体技术的迅速普及,网上会议、远程医疗、网上银行、电子商务、网络会计等计算机通信活动进入了人们的日常生活。

6. 人工智能

人工智能是计算机科学的前沿,它是研究利用计算机模拟人类的某些智能行为,如感知、推理、学习和理解等的理论与技术。其研究的主要领域是模式识别、景物分析、自然语言理解、博弈问题、专家系统和机器人等。

你知道吗?

人工智能(Artificial Intelligence, AI)是指利用计算机模拟人类的智能活动,如判断、理解、学习和问题求解等。

任务二　　看得见的硬件设备

 情景导入

张会计在小纪的办公室请教了一番计算机知识之后,觉得很抽象,于是请求小纪为自己介绍一些看得见、摸得着的东西。

张会计:"小纪,你能为我介绍一下计算机里的各个部件吗?"

小纪:"您说的是硬件吧,当然能,其实看似精密复杂的计算机,硬件系统主要是五大部分。"

张会计:"哪五个部分?"

小纪:"就是运算器、控制器、存储器、输入设备和输出设备,请听我一一为您介绍!"

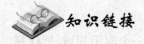

计算机硬件系统

计算机的硬件系统是由运算器、控制器、存储器、输入设备和输出设备五大部分有机连接而成的,如图 2.2.1 所示。

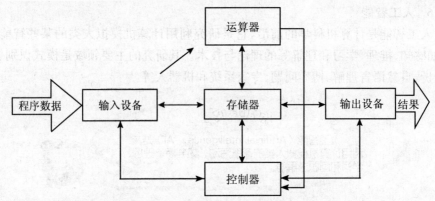

图 2.2.1　计算机硬件系统组成示意图

1. 输入设备

输入设备(Input Unit)用于计算机中各种信息的输入,是计算机信息的入口。让计算机执行指定的任务就必须向计算机提供相应的数据和信息,不同的输入设备将有不同的信息表现形式(如数字、字符、图形、图像、声音),并将它们转换成计算机能识别的形式(如电信号、二进制编码)存放在内存中。

计算机的输入设备种类很多,如键盘、鼠标、扫描仪、光笔、触摸屏、数码相机、摄像机、语音录入装置等。

2. 输出设备

输出设备(Output Unit)是将计算机中的数据信息向外部传送的设备,是计算机信息的出口。输出设备是将计算机中的二进制编码信息转换成人们需要的信息形式(如字符、曲线、图像、表格和声音),使人们得以利用。计算机的输出设备种类很多,如显示器、打印机、绘图仪、音响装置等。

3. 运算器

运算器(Arithmetical Unit)在控制器控制下,完成加减乘除、逻辑判断等运算。在运算过程中,运算器不断从存储器中获取数据,并把所求得的结果送回到存储器。运算器技术性能的高低直接影响着计算机的运算速度和整机性能。

4. 控制器

控制器(Control Unit)是计算机的指挥控制部件，也是计算机的神经中枢和指挥控制中心。其主要功能是通过向计算机的各个部分发出控制信号，使整个机器自动、协调地进行工作。执行程序时，控制器先从内存中按顺序逐条取出指令，并对指令进行分析，然后根据指令向各个部件发出控制信号。

运算器和控制器统称为中央处理器，即 CPU(Central Processing Unit)，它是计算机硬件的核心。

5. 存储器

存储器(Memory)是用来存放程序和数据的记忆装置，是计算机各种信息存放和交流的中心。计算机中的全部信息，包括输入的原始信息、初步加工的中间信息、最后处理的结果信息以及如何输入信息进行加工处理的指令程序都记忆在存储器中。

存储器分为内存储器(简称内存)和外存储器(简称外存)两类。内存位于计算机主机中，容量小，速度快，可直接与 CPU 和输入/输出设备交换信息，一般只存放急需处理的数据或正在运行的程序。外存位于外设中，容量大，速度慢，不能直接与 CPU 交换信息，只能和内存交换数据，用来存放运行时暂时不用的程序和数据，一旦要用时才调入内存，用完后再放回外存。常用的外存有硬盘、光盘和 U 盘等。

任务三　绚丽多彩的软件世界

情景导入 1

张会计："计算机真是麻雀虽小，五脏俱全！"

小纪："是的，所以它才有如此大的魅力。可是您知道计算机更大的魅力在哪里吗？"

张会计："在哪里？"

小纪："在于计算机里种类繁多的软件！"

张会计："不要卖关子了，快给我说说！"

小纪："这样吧，先介绍下基本的系统软件。"

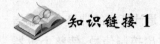知识链接1

系 统 软 件

计算机系统在"裸机"的基础上,通过一层层软件的支撑后,向用户呈现出友好的使用界面和强大的功能。用户、软件和硬件的关系如图 2.3.1 所示。

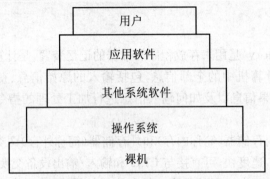

图 2.3.1 用户、软件和硬件的关系

从计算机软件的角度来划分,软件可分为系统软件和应用软件两大类。系统软件是指用于管理、控制和维护计算机硬件资源和软件资源,分配和协调计算机各部分工作,增强计算机功能的程序。系统软件主要包括操作系统、语言处理程序、数据库系统和实用程序。

1. 操作系统

操作系统(Operating System,OS)是用于管理、操纵和维护计算机,使其正常高效运行的软件。它是计算机软硬件资源的管理者和软件系统的核心。操作系统在计算机系统中占有特殊的重要地位,所有其他系统软件和应用软件都是建立在操作系统的基础上,并得到它的支持和服务。操作系统是用户和计算机之间的软接口,任何其他程序只有通过操作系统获得必要的资源后才能运行。因此,在计算机启动时,必须首先将操作系统调入内存,由它去控制和管理在系统中运行的其他程序。

计算机常用的操作系统有 Windows 2000/XP/7、Linux、UNIX 等。在网络上,还需要网络操作系统管理。网络操作系统除了具有普通操作系统的功能外,还增加了网络管理模块。其主要功能是支持计算机与计算机、计算机与网络之间的通信,提供各种网络服务,保证网络上的资源共享和信息通信。

2. 语言处理程序

语言处理程序一般由汇编程序、编译程序、解释程序和相应的操作程序等组成。它是为用户设计的编程服务软件,其作用是将高级语言源程序翻译成计算机能识别的目标程序。

3. 数据库系统

数据处理在计算机应用中占很大比例,对于大量的数据如何存储、利用和管理,如何使多个用户共享同一数据资源,是数据处理中必须解决的问题。为此,20世纪60年代末产生了数据库系统(Database Systems,DBS),80年代,随着计算机的普及,数据库系统得到了广泛的应用。近年来,较流行的数据库系统有Oracle、SQL Server、DB2、Sybase、Access 等。

4. 实用程序

实用程序是一些工具性的服务程序,便于用户对计算机的使用和维护。主要的实用程序有编辑程序、连接装配程序、打印管理程序、测试程序、诊断程序等。

软件是指为运行、管理和维护计算机所编制的各种程序的总和。软件是计算机的重要组成部分。

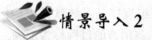

张会计:"也就是说,计算机只有安装了系统软件才能正常运行,是吧?"
小纪:"正确! 张会计您果然头脑转得快!"
张会计:"哈哈,过奖过奖!"
小纪:"接下来介绍程序设计语言,就不知道您头脑是否能转得快了!"

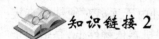

程序设计语言

计算机程序设计语言(Program Design Language)是人与计算机之间进行交流、沟通的语言。计算机软件一般通过计算机程序设计语言编制。会计核算软件也是用相应的计算机程序设计语言编写出来的。语言处理系统包括机器语言、汇编语言和高级语言。这些语言处理程序除个别常驻在只读内存(Read-only Memory,ROM)中可独立运行之外,其他都必须在操作系统的支持下运行。ROM 是一种只能读出事先所存数据的固态半导体存储器。其特性是一旦储存资料就无法再将之改变或删除。通常用在不需经常变更资料的电子或电脑系统中,存入的资料不会因为电源关闭而消失。

1. 机器语言

机器语言是直接用二进制代码指令表达的计算机语言,指令是用 0 和 1 组成的一串代码。它们有一定的位数,并分成若干段,各段的编码表示不同的含义。不同的机器,指令的编码不同,含有的指令条数也不同,因此,机器指令是面向机器的。指令的格式和含义是设计者规定的,一旦规定好之后,硬件逻辑电路就严格根据这些规定设计制造,所以制造出的机器也只能识别这种二进制信息。用机器语言编写的程序,计算机能识别,可以直接运行。

2. 汇编语言

汇编语言是面向机器的程序设计语言,是一种功能很强的语言,也是利用计算机所有硬件特性并能直接控制硬件的语言。汇编语言作为一门语言,需要一个"汇编器"来把汇编语言源文件汇编成机器可执行的代码。在汇编语言中,用助记符代替操作码,用地址符号或标号代替地址码。这样用符号代替机器语言的二进制码,就把机器语言变成了汇编语言。因此,汇编语言亦称为符号语言。

使用汇编语言编写的程序,机器不能直接识别,要由一种程序将汇编语言翻译成机器语言,这种起翻译作用的程序叫作汇编程序。汇编程序是系统软件中的语言处理系统软件。汇编语言编译器把汇编程序翻译成机器语言的过程称为汇编。

汇编语言比机器语言易于读写、调试和修改,同时具有机器语言的全部优点。但在编写复杂程序时,相对于高级语言来说代码量较大。而且,汇编语言依赖于具体的处理器体系结构,因此不能直接在不同处理器体系结构之间移植。

3. 高级语言

由于汇编语言依赖于硬件体系,且助记符量大难记,于是人们发明了更易用的高级语言。这种语言的语法和结构更类似于普通英文,且由于远离对硬件的直接操作,使得一般人经过学习之后都可以编程。高级语言对机器依赖性低,是适用于各种机器的计算机语言。高级语言通常按其基本类型、代系、实现方式、应用范围等分类。常用的高级程序设计语言有以下几种:

(1) PASCAL:严谨式结构化语言,适于教学使用。

(2) FORTRAN:适用于数值计算,是最早出现的高级程序设计语言。

(3) BASIC:易学易用,具有实际使用价值,适于初学者。常用的有功能强大的 Visual Basic、Visual Basic.NET。

(4) C:适用于编写系统软件,C 语言具有数据类型丰富、语句精炼、灵活、效率高、表达力强、可移植性好等许多优点。

(5) C++：是 C 语言的超集，是 C 语言面向对象的扩充，即它除了能编制过程式程序的所有语法机制以外，又增加了类和实例、继承、重载运算符、虚函数、内联等支持面向对象程序设计的机制。常用的有 Visual C++ 系列。

(6) C#：是一种安全的、稳定的、简单的、由 C 和 C++ 衍生出来的、面向对象的编程语言。

(7) JAVA：是跨平台分布式程序设计语言，集成了众多程序设计语言的优点，具有如面向对象、多线程处理、动态链接等特点，是网络应用开发的一种功能强大的设计语言。

用高级语言编写的程序称为高级语言源程序，与汇编语言类似，计算机也不能直接识别和执行用高级语言编写的程序。因此，要经语言处理程序翻译后才能变成计算机可执行的机器程序语言。高级语言程序的翻译方式有两种，分别是编译方式和解释方式，相应的语言处理系统分别为编译程序和解释程序。

张会计："这个确实复杂多了！不过 C 语言我听我的侄儿说过，他好像考计算机方面的资格证需要考。"

小纪："对，如今很多人不当程序员也学程序语言了！这方面您了解一下就好了，接下来的这些软件您肯定很有兴趣！"

张会计："什么软件？"

小纪："各有千秋的应用软件！"

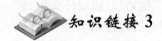

应 用 软 件

应用软件是为了解决实际问题而设计的程序，如图书管理程序、人力资源管理程序、办公自动化软件、会计软件等。

应用软件可在市场上购买，也可以自己开发。常用的应用软件有：

(1) 文字处理软件，如 Word、WPS 等。

(2) 电子表格软件，如 Excel 等。

(3) 绘图软件，如 AutoCAD、Photoshop 等。

(4) 课件制作软件，如 PowerPoint、Authorware 等。

(5) 适应不同单位使用的各种会计软件等。

从不同的角度,会计软件可以分为不同的类型:
(1) 按适用范围划分,可分为通用会计软件和专用会计软件。
(2) 按功能层次划分,可分为核算型会计软件和管理型会计软件。
(3) 按并发用户数量划分,可分为单用户会计软件和多用户(网络)会计软件。

任务四　　计算机网络,连接你我他

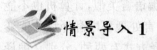
情景导入1

小纪:"张会计,您虽然不用计算机,那您的家人用吧?"

张会计:"用的,我儿子在家里就抱着平板电脑了,一会儿看电影,一会儿和朋友聊天,一会儿查查资料,和我们当年的休闲方式大不一样了!"

小纪:"当然了,时代在发展嘛!您儿子能用电脑和朋友聊天,正是运用了计算机网络。"

张会计:"什么是计算机网络?"

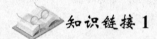
知识链接1

计算机网络的概念和主要功能

计算机网络是现代计算机技术与通信技术相结合的产物,它是以硬件资源、软件资源和信息资源共享以及信息传递为目的,在统一的网络协议控制下,将地理位置分散的许多独立的计算机系统连接在一起所形成的网络。

计算机网络的主要功能有以下几点:
(1) 资源共享硬件、软件。
(2) 信息传送,如数据交换、信息检索、消息发布、邮件传送等。
(3) 分布处理,即通过网络将一件较大的工作分配给网络上多台计算机去共同完成。一个计算任务分解成若干相对独立的部分后,可在分布处理机上并行地运行,从而提高计算速度。

计算机网络的功能还包括增加资源的可靠性、提供远程控制操作和信息系统的集中管理。

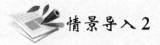情景导入 2

张会计:"难怪网络这么吸引人!"
小纪:"是的,网络可没有那么简单,它的种类还挺多的!"
张会计:"噢?网络还分好几种?"
小纪:"请听我简单地介绍一下网络的分类。"

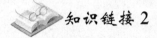知识链接 2

计算机网络的分类

按照不同的分类标准,计算机网络可以分为不同的类型:
(1) 按地理有效范围划分,计算机网络可分为广域网、局域网和城域网。
(2) 按通信媒体划分,计算机网络可分为有线网和无线网。
(3) 按使用范围划分,计算机网络可分为公用网和专用网。
(4) 按配置划分,计算机网络可分为同类网、单服务器网和混合网。
(5) 按对数据的组织方式划分,计算机网络可分为分布式数据组织网络系统和集中式数据组织网络系统。

虽然网络类型的划分标准各异,但是从地理有效范围划分是一种大家都认可的、通用的网络划分标准。

局域网是一种在小区域内使用的由多台计算机组成的网络,一般是方圆几千米以内。局域网可以实现文件管理、应用软件共享、打印机共享、工作组内的日程安排、电子邮件和传真通信服务等功能。局域网是封闭型的,可以由办公室内的两台计算机组成,也可以由一个公司内的上千台计算机组成。它的主要特点是数据传输距离较短、数据传输率高、传送误码率低、网络结构规范(常为星型和总线型)等。

广域网也叫远程网,是由相距较远的计算机系统或局域网互联而成的计算机网络,通常跨越很大的物理范围,所覆盖的范围从几十公里到几千公里,它能连接多个城市或国家,或横跨几个洲,并能提供远距离通信,形成国际性的远程网络。广域网的主要特点是传输距离长、传送速率低、网络结构不规范、可根据用户需求随意组网等。

小纪:"接下来为您重点介绍下 Internet!"
张会计:"因特奈特?这是什么?"
小纪:"哈哈,前两个字您说对了,正是因特网,又称互联网。"
张会计:"就是现在的互联网时代的互联网吧,看来我也能顺应一回潮流了!"

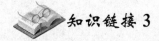

因 特 网

因特网(Internet)也称互联网,是当今世界上最大的国际性计算机互联网络,是广域网的一种。从网络通信技术的观点来看,Internet 是一个以 TCP/IP(传输控制协议/互联协议)通信协议连接各个国家、各个部门、各个机构计算机网络的数据通讯网。

1. TCP/IP(传输控制协议/互联协议)通信协议

TCP/IP 协议定义了电子设备(比如计算机)如何连入因特网,以及数据如何在它们之间传输的标准,是互联网中的基本通信语言或协议,解决了不同网络之间难以互联的问题,实现了异网互联通信。

2. 因特网的应用

因特网的主要应用领域包括电子邮件、远程登录、文件传输、新闻组、万维网和电子公告板等。从使用者的角度来看,因特网的主要应用领域有浏览网页信息、运行网络应用软件和收发电子邮件等。

1)电子邮件

电子邮件又称为 E-mail,是由 Internet 提供的使用最普遍的服务之一。它为计算机网络用户提供了方便、快速、廉价的现代化通讯手段。

2)远程登录

远程登录协议(Telnet)是一种能够使本地计算机暂时成为远程计算机终端的一种通信协议,能允许用户在本地计算机与远地计算机上的服务器建立通信连接,可以用自己的鼠标和键盘使用远程计算机的开放资源。

3)文件传输

文件传输协议(File Transfer Protocol,FTP)是用于在网络上进行文件传输的一套标准协议。文件传输功能是用户获得 Internet 上资源的一个重要方法。它可以允许网络用户将一台计算机磁盘上的文件传输到另一台计算机上,而且不限文件类型,如二进制文件、文本文件、图像文件、声音文件、视频文件、压缩文件等,都可以进行传送。

4) 新闻组

因特网上有上千台新闻服务器,分布在世界各地,它能够随时更换消息,任何一条发送到新闻组服务器上的消息,在几分钟后就能传遍全球,所以最新的资料及动态新闻往往都出自新闻组(News Group)。参加了新闻组之后,不仅可以阅读新闻,还可以选择你感兴趣的话题进行发言,讲述自己的意见。新闻组提供的服务完全是交互性的。

5) 万维网

万维网(World Wide Web,WWW)是由支持特殊格式文档的服务器组成的系统。万维网可以让 Web 客户端(常用浏览器)访问浏览 Web 服务器上的页面。万维网提供丰富的文本、图形、音频、视频等多媒体信息,将这些内容集合在一起,并提供导航功能,使得用户可以方便地在各个页面之间进行浏览。由于万维网内容丰富,浏览方便,已经成为互联网最重要的服务。

6) 电子公告板

电子公告板(Bulletin Board System,BBS)提供一块公共电子白板,每个用户都可以在上面书写,可发布信息或提出看法。传统的电子公告板(BBS)是一种基于 Telnet 协议的 Internet 应用,与人们熟知的 Web 超媒体应用有较大的差异. 提出了一种基于 CGI(通用网关接口)技术的 BBS 系统实现方法,并通过网站来运行。

电子公告板是一种发布并交换信息的在线服务系统,可以使更多的用户通过电话线以简单的终端形式实现互联,从而得到廉价的、丰富的信息,并为其会员提供进行网上交谈、发布消息、讨论问题、传送文件、学习交流和游戏等的机会和空间。

3. 网址

Internet 网址是因特网的重要标志,浏览网页信息、运行网络应用软件都必须输入 Internet 网址。Internet 网址主要有以下几种表示方法:

1) IP 地址

互联网连接了无数台网络服务器,为了明确区分每一台主机,就要为每一台入网主机分配一个 IP 地址。IP 地址用一个 32 位二进制数表示,为阅读方便可将其分成四组十进制表示,组间用圆点分隔。

例如,二进制表示的 IP 地址为 00001010000000000000000000000001,转换成十进制则表示为 10.0.0.1。

又例如,61.135.231.97 代表中华人民共和国财政部主机服务器的 IP 地址。

2）域名

由于 IP 地址不便记忆，所以一般采用与其相对应的域名来表示网址。域名一般用通俗易懂的缩写字表示，其格式如下：

www.〈用户名〉.〈二级域名〉.〈一级域名〉

一级域名：也叫顶级域名，代表该地址所属的国家或地区，如 cn 表示中国，jp 表示日本。

二级域名：一般为该主机所属的行业，如 edu 表示教育机构，com 表示商业机构，net 表示网络支持中心，gov 表示政府部门，mil 表示军事组织，int 表示国际组织，ac 表示科研机构，org 表示非营利组织。

例如，中华人民共和国财政部网页的域名为 www. mof. gov. cn。其中，cn 是一级域名，表示中国，每个国家都有唯一的一级域名；gov 是二级域名，是政府部门的网站或网页；mof 是用户名，是中华人民共和国财政部的英文缩写。

3）网络文件地址

网络上的所有数据信息，包括文字信息和应用软件，都视为网络文件。为了便于查找，每个网络文件都有唯一的地址，网络文件地址的格式如下：

〈协议〉://〈服务器类型〉.〈域名〉/〈目录〉/〈文件名〉

例如，http://kjs. mof. gov. cn/ zhengwuxinxi/。

(4) 电子邮件地址

每个收发电子邮件的用户都必须有一个电子邮件地址，它类似于真实生活中用户的姓名和邮寄地址。电子邮件主要用来标志电子邮件用户，以便处理用户的电子邮件业务。电子邮件的一般格式如下：

〈用户名〉@〈电子邮件服务器域名〉

例如，momo@sina.com，表示一个电子邮件地址。其中，momo 是电子邮件用户名，sina.com 是电子邮件服务器地址。

> 你知道吗？
> 因特网协议——TCP/IP 协议（Transmission Control Protocol/Internet Protocol），是用于实现同构计算机与网络之间、异构计算机与网络之间通信的协议。

任务五 不能让你的计算机"裸奔":安全知识很重要

情景导入1

沫沫爸爸的公司为张会计配了新电脑,但是没过几天张会计就发现电脑运行得很慢,张会计郁闷地叫来了小纪帮忙。

张会计:"小纪,这个电脑是我们一起挑的,硬件和软件你也查看过的,怎么就不好用了!"

小纪:"让我看看,张会计您先等等。"

张会计:"得去找商家理论理论!"

小纪:"这不是商家的问题,是电脑中病毒了!"

张会计:"怎么回事?我没做什么呀?"

小纪:"计算机存在很多安全隐患,您以后要多加小心呢!"

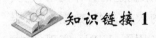知识链接1

计算机安全隐患

随着计算机和网络的日益普及,计算机安全问题也越来越突出。Internet 的迅速普及促进了科学技术以及信息全球化的飞速发展,随之产生的计算机安全问题也让一个单位系统的内部问题上升为全社会的问题。目前,计算机安全作为影响国家大局和战略利益的大问题,已受到各国政府的高度重视。下面主要从单位计算机应用角度简要讨论计算机的安全隐患及保证计算机安全的对策。

1. 影响计算机系统安全的主要因素

1) 系统故障风险

系统故障风险是指由于操作失误,计算机硬件、软件、网络本身出现故障而导致系统数据丢失,甚至瘫痪的风险。

计算机在使用过程中难免会出现各种硬件老化、软件及网络故障等问题。另外,操作人员也会不经意地出现一些误操作,这些都可能导致系统故障、数据丢失,影响计算机的正常使用。

特别是互联网/内联网结构的会计信息系统,由于其分布式、开放性、远程实时处理的特点,系统的一致性、可控性降低,一旦出现故障,影响面更广,数据的一致性保障更难,系统恢复处理的成本更高。

2) 内部人员道德风险

内部人员道德风险主要指企业内部人员对信息的非法访问、篡改、泄密和破坏等方面的风险。传统的单机和局域网计算机系统在物理和逻辑上与外界是隔离的,因此除系统故障风险以外,另一个主要的风险来源就是企业内部人员的道德风险。随着计算机网络的建立和普及,互联网供应链系统不仅与企业内联网完全融合,而且与整个互联网相连,因此其内部人员道德风险远远超过了以往的范畴。从地域上看,风险已从企业内部扩展到企业外部,即风险不但有可能从企业内部进入供应链系统,还有可能从企业外部的互联网进入供应链系统。

3) 系统关联方道德风险

系统关联方道德风险是指企业关联方非法侵入企业内部网,以剽窃数据、破坏数据、搅乱某项特定交易或事业等所产生的风险。企业关联方包括银行、供应商、客户等与企业有关联的单位和个人。在互联网条件下,为适应竞争发展的需要,企业与关联方就需要建立统一的外联网(Extranet)。企业外联网是指用企业内联网的技术和标准,把外部特定的交易地点和合作企业连接起来构造的合作网络,它实际上是一个虚拟企业应用平台。在外联网内,企业之间的数据查询、数据交换、服务技术可通过互联网实现(松散型关系),也可通过虚拟专用网(VPN)实现(紧密型关系)。因此,无论是从业务联系上还是从网络联系上看,我们都可把外联网范围内的企业看成是一种特殊的内部关系。特殊的内部联系也使相互间道德风险的发生成为可能,尤其是像软件供应商或开发商这样的关联方,由于其对企业内联网的控制结构很清楚,在接受网上技术支持和维护的同时,实际上也给对方以控制系统的机会,因此系统关联方的道德风险问题也就产生了。

4) 社会道德风险

社会道德风险是指社会上的不法分子通过互联网对企业内部网的非法入侵和破坏。目前,互联网社会道德风险主要来自网上的信息仿冒、窃听、黑客入侵、病毒破坏等,尤其是黑客攻击和病毒破坏,已成为全球普遍存在的问题,这是目前媒体报道最多的风险类型。由于互联网是一个开放的世界,没有国界和时空的限制,来自社会上的道德风险几乎不可避免。

随着社会信息化程序的不断提高,会计信息系统的应用风险问题将会日益突出。要解决这些问题,对社会来说,需要不断加强和完善法律,不断创新安全技术产品;而对企业来说,则需要不断提高管理和控制的有效性。

2. 保证计算机安全的对策

保证计算机的安全对个人、家庭及企业都非常重要,其对策主要有以下几个方面:

(1) 安装正版杀毒软件。

(2) 安装防火墙软件。

(3) 防范间谍软件。

(4) 警惕"网络钓鱼"的诱骗。

(5) 不下载来路不明的软件及程序。

(6) 定期备份数据。

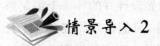

张会计:"是因为我不会用引起的,唉!"

小纪:"别担心!我已经在帮您杀毒了,以后一定要防范计算机病毒。"

张会计:"要怎么防范呢?"

小纪:"我可以告诉您一些方法。"

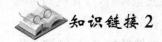

计算机病毒及防范措施

计算机病毒(Computer Virus)在《中华人民共和国计算机信息系统安全保护条例》中被明确定义,病毒是指"编制或者在计算机程序中插入的破坏计算机功能或者破坏数据,影响计算机使用并且能够自我复制的一组计算机指令或者程序代码"。

1. 计算机病毒的特点

1) 寄生性

计算机病毒一般寄生在其他程序之中,当执行这个程序时,病毒就会起破坏作用,而在未启动这个程序之前,它是不易被人察觉的。

2) 传染性

计算机病毒不但本身具有破坏性,更有害的是其具有传染性,一旦病毒被复制或产生变种,其传播速度之快令人难以预防。传染性是病毒的基本特征。计算机病毒会通过各种渠道从已被感染的计算机扩散到未被感染的计算机,在某些情况下造成被感染的计算机不能正常工作,甚至瘫痪。另外,只要一台计算机感染病毒,如果不及时处理,病毒就会在这台机器上迅速扩散,计算机的大量文件(一般是可执行文件)就会被感染。被感染的文件又成了新的传染源,在与其他机器进行数据交换或通过网络接触的过程中,病毒会继续传播。

正常的计算机程序一般是不会将自身的代码强行连接到其他程序之上的,病毒却能使自身的代码强行传染到一切符合其传染条件的未受到传染的程序之上。计算机病毒可通过各种可能的渠道,如 U 盘、计算机网络等,传染给其他的计算机。

3) 潜伏性

有些病毒像定时炸弹一样,让它什么时间发作是预先设计好的。一个编制精巧的计算机病毒程序,进入系统之后一般不会马上发作,可能在几周或者几个月内,甚至几年内隐藏在合法文件中,不断对其他系统进行传染而不被发现。潜伏性越好,其在系统中存在的时间就越长,病毒的传染范围就会越大。如"黑色星期五"病毒,不到预定时间一点都察觉不出来,等到条件具备的时候一下就爆发开来,对系统进行破坏。

潜伏性的第一种表现是病毒程序不用专用检测程序是检查不出来的。第二种表现是计算机病毒的内部往往有一种触发机制,不满足触发条件时,计算机病毒除了传染外不做其他什么破坏;但触发条件一旦得到满足,有的在屏幕上显示信息、图形或特殊标志,有的则执行破坏系统的操作,如对数据文件做加密、封锁键盘以及使系统锁死、删除文件等。

4) 隐蔽性

计算机病毒具有很强的隐蔽性,有的可以通过杀毒软件检查出来,有的根本就查不出来,有的则时隐时现,这类病毒处理起来通常很困难。

5) 破坏性

计算机中毒后,可能会导致正常的程序无法运行,也可能删除或不同程度地损坏计算机内的文件。

6) 可触发性

病毒既要隐蔽又要维持杀伤力,它必须具有可触发性。病毒具有预定的触发条件,这些条件可能是时间、日期、文件类型或某些特定数据等。病毒运行时,触发机制会检查预定条件是否满足,如果满足,则启动感染或破坏动作,使计算机受到感染或攻击。

保障计算机安全的对策包括:不断完善计算机安全立法,不断创新计算机安全技术,不断加强计算机系统内部控制与管理。

在会计电算化条件下,加强内部控制和管理是保障会计电算化系统安全的最有效途径。

2. 计算机病毒的分类

按照科学、系统、严密的方法,可将计算机病毒作如下分类:

1) 按计算机病毒存在的媒体进行分类

按计算机病毒存在的媒体进行分类,可分为网络病毒、文件病毒和引导型病毒。

网络病毒通过计算机网络传播,感染网络中的可执行文件;文件病毒感染计算机中的文件;引导型病毒感染启动扇区(BOOT)和硬盘的系统引导扇区(MBR);还有这三种情况的混合型,如多型病毒(文件和引导型)感染文件和引导扇区两种目标,这样的病毒通常都具有复杂的算法,它们使用非常规的办法侵入系统,同时使用了加密和变形算法。

2) 按计算机病毒传染的方法进行分类

按计算机病毒传染的方法进行分类,可分为驻留型病毒和非驻留型病毒。

驻留型病毒感染计算机后,把自身中这一部分程序挂接系统调用并合并到操作系统中,一直到关机或重新启动都处于激活状态。非驻留型病毒在得到机会激活时并不感染计算机内存,一些病毒在内存中留有小部分,但是并不通过这一部分进行传染。不驻留内存的病毒是一种立即传染的病毒,每执行一次带毒程序,就主动在当前路径中搜索,查到满足要求的可执行文件即进行传染。该类病毒不修改中断向量,不改动系统的任何状态,因而很难区分当前运行的是一个病毒还是一个正常的程序。

3) 按计算机病毒的破坏能力进行分类

按计算机病毒的破坏能力进行分类,可分为无害型、无危险型、危险型和非常危险型病毒。

其中,无害型病毒除了传染时减少磁盘的可用空间外,对系统没有其他影响;无危险型病毒仅仅是减少内存、显示图像、发出声音等影响;危险型病毒会使计算机系统操作产生严重的错误;非常危险型病毒会删除程序、破坏数据、清除系统内存区和操作系统中的重要信息。这些病毒对系统造成的危害并不是本身的算法中存在危险的调用,而是当它们传染时会引起无法预料的和灾难性的破坏。

4) 按计算机病毒的链接方式进行分类

按照计算机病毒的链接方式进行分类,可分为源码型病毒、嵌入型病毒、外壳型病毒和操作系统型病毒。

（1）源码型病毒。这种病毒可以在高级语言所编写的程序编译前插入到源程序中，经编译成为合法程序的一部分。

（2）嵌入型病毒。这种病毒是将自身嵌入现有的程序中，把计算机病毒的主体程序与其攻击的对象以插入的方式链接。这种计算机病毒是难以编写的，一旦侵入程序体后也较难消除。如果同时采用多态性病毒技术、超级病毒技术和隐蔽性病毒技术，将给当前的反病毒技术带来严峻的挑战。

（3）外壳型病毒。这种病毒将其自身包围在主程序的四周，对原来的程序不作修改。这种病毒最为常见，易于编写，也易于发现，一般通过测试文件的大小即可发现。

（4）操作系统型病毒。这种病毒用它自己的程序意图加入或取代部分操作系统进行工作，具有很强的破坏力，可以导致整个系统的瘫痪。

3．防范计算机病毒的有效方法

计算机病毒虽然是一些小程序，但具有很强的破坏能力，并且能够迅速地传播。计算机病毒防范体系的建设是一个社会性的工作，不是一两个人、一两家企业能够实现的，需要全社会的共同参与，充分利用所有能够利用的资源，形成广泛的、全社会的计算机病毒防范体系网络。防范计算机病毒的最有效方法是切断病毒的传播途径，主要应注意以下几点：

（1）不用非原始启动盘或其他介质引导机器，对原始启动盘实行写保护。

（2）不随便使用外来盘或其他介质，对外来介质必须先检查、后使用。

（3）做好系统软件、应用软件的备份，并定期进行数据文件备份，供系统恢复使用。

（4）计算机系统要专机专用，避免使用其他软件，如游戏软件，减少病毒感染机会。

（5）接收网上传送的数据要先检查、后使用，接收邮件的计算机要与系统用计算机分开。

（6）定期对计算机进行病毒检查，对于联网的计算机应安装实时检测病毒软件，以防止病毒侵入。

（7）如发现有计算机感染病毒，应立即将该台计算机断网，以防止病毒蔓延。

4．计算机病毒的检测和清除

目前，病毒的破坏力越来越强，几乎所有的软、硬件故障都可能与病毒有关连，所以当操作时发现计算机有异常情况，首先应考虑的就是病毒在作怪，而最佳的解决办法就是用杀毒软件对计算机进行一次全面的清查。为防止计算机病毒的侵害,一方面要预防,另一方面还要经常检测和消除病毒。

检测和消除病毒的方法有两种:一是人工检测和消除,二是软件检测和消除。

(1) 人工检测和消除:由计算机专业人员进行,可通过找出有病毒的内容并将其删除或用正确的内容将其覆盖来消除病毒。该方法难度大,技术复杂。

(2) 软件检测和消除:使用杀毒软件进行检测和消除。该方法操作简单,使用方便,适用于一般计算机用户。

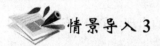
情景导入 3

小纪:"看来这次电脑是被黑客攻击了!"
张会计:"什么!黑客为什么要攻击我的电脑?"
小纪:"因为电脑上漏洞比较多,让他们有机可乘了!"
张会计:"那以后有没有办法防着他们?"
小纪:"有的!"

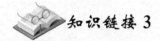
知识链接 3

计算机黑客及防范措施

计算机黑客是指通过计算机网络非法进入他人系统的计算机入侵者。黑客大体上应该分为正、邪两类。正派黑客依靠自己掌握的知识帮助系统管理员找出系统中的漏洞并加以完善,而邪派黑客则是通过各种黑客技能对系统进行攻击、入侵或者做其他一些有害于网络的事情。

1. 黑客的常用手段

黑客的行为主要有以下几种:

1) 伪装自己

黑客的一举一动都会被服务器记录下来,所以黑客必须伪装自己,使得对方无法辨别其真实身份,这需要有熟练的技巧来伪装自己的 IP 地址、使用踏板逃避跟踪、清理记录扰乱对方线索、巧妙躲开防火墙等。

2) 发现漏洞

漏洞对黑客来说是最重要的信息。黑客要经常学习别人发现的漏洞,努力寻找未知的漏洞,并从少量的漏洞中寻找有价值的、可被利用的漏洞进行试验,当然他们的最终目的是通过漏洞进行破坏或者修补这个漏洞。

3) 利用漏洞

对于正派黑客来说,漏洞要被修补;对于邪派黑客来说,漏洞要用来搞破坏。而他们的基本前提是利用漏洞,黑客利用漏洞可以做以下一些事情。

(1) 获得系统信息:有些漏洞可以泄漏系统信息,暴露敏感资料,从而进一步入侵系统。

(2) 入侵系统:通过漏洞进入系统内部,取得服务器上的内部资料或完全掌管服务器。

(3) 寻找下一个目标:一个胜利意味着下一个目标的出现,黑客应该充分利用自己已经掌管的服务器作为工具,寻找并入侵下一个系统。

(4) 有利的行为:正派黑客在完成上面的工作后,就会修复漏洞或者通知系统管理员做一些维护网络安全的事情。

(5) 破坏性行为:邪派黑客在完成上面的工作后,会判断服务器是否还有利用价值。如果有利用价值,他们会在服务器上植入木马或者后门,便于下一次来访;而对没有利用价值的服务器他们绝不留情,系统崩溃反而会让他们得到快感。

2. 防范黑客的措施

防范黑客的措施主要有以下几个方面:

(1) 通过制定相关的法律加以约束。

(2) 建立防黑客扫描和检测系统,一旦检测到被黑客攻击,就应迅速采取应对措施。

(3) 在网络中采用防火墙、防黑客软件等防黑产品。

(4) 对数据加密、加强身份认证、建立完善的访问控制策略等。

你知道吗?

因为邪派黑客所从事的事情违背了《黑客守则》,所以他们真正的名字叫"骇客"(cracker)而非"黑客"(hacker)。

边学边用

1. (单选题)微机中的中央处理器(CPU)的功能是( )。

    A. 存储数据   B. 输出数据

　　　　C.进行运算和控制　　　　　　　D.输入数据
2.(单选题)Internet 的地址有两种表示方式,下面地址中表示不正确的是(　　)。
　　　　A.199.60.103.1　　　　　　　　B.12.267.34.1
　　　　C.davinci.renaissoft.com　　　　D.davinci.renaissoft.com.cn
3.(多选题)程序设计语言按其对硬件的依赖程度划分,可分为(　　)。
　　　　A.机器语言　　　　　　　　　　B.汇编语言
　　　　C.高级语言　　　　　　　　　　D.编码语言
4.(判断题)外存上的信息可以直接进入CPU被处理。(　　)
5.(判断题)资源共享包括硬件资源、软件资源和数据资源的共享。(　　)

答案:1.C　2.B　3.ABC　4.×　5.√

项目三　武功秘籍——电算化的基本要求

任务目标

- 了解会计电算化的基本要求。
- 掌握会计电算化相关的法规制度、会计核算软件的要求、会计电算化岗位及其权限设置的基本要求、计算机替代手工记账的基本要求、会计电算化档案管理的基本要求。

会计软件是一种特殊的软件产品,它一方面要满足会计核算的功能要求,另一方面又必须符合会计制度的规定。所以,会计电算化法规制度的制定,对规范会计软件起到了极大的指导作用。可以说,我国电算化之所以有今天的局面,很大程度上正是得益于这些法规制度。

任务一　懂点法规很重要

情景导入

沫沫的表哥小俊正在准备考会计从业资格证,由于平时对计算机很感兴趣,且清楚计算机的各种功能,所以他对会计电算化这门考试很有信心。这天小俊到沫沫家做客,聊到了会计证的问题。

小俊:"沫沫,听说你会计证考过了!"

沫沫:"对呀,听说你也要考,有没有好好准备啊? 不会还天天玩游戏吧?"

小俊:"其他几门我不敢说,但会计电算化我还是有点信心的,不知道你表哥我对电脑已经轻车熟路了吗?"

沫沫:"只对电脑轻车熟路是不够的噢!我来考考你吧!"
小俊:"好啊,只要是有关会计电算化的问题尽管问!"
沫沫:"你知道我们国家有哪些与会计电算化相关的会计制度吗?"
小俊:"……"

会计电算化法规制度

会计核算必须执行一系列的规章、制度和方法,这在手工方式下是靠会计人员具体执行的,由上级部门、审计部门、税务部门等进行检查的。会计电算化后,原来进行数据处理的环节由计算机代替,而且由程序自动处理,十分隐蔽。为此,我国经过多年的探索,建立了会计软件的基本评估体系,已通过的《中华人民共和国会计法》(以下简称《会计法》)以法律的形式规定:使用电子计算机进行会计核算的,其软件及生成的会计凭证、会计账簿、财务会计报告和其他资料必须符合国家统一的会计制度规定;会计账簿的登记、更正应当符合国家统一的会计制度规定。

1996年6月17日,财政部发布了《会计基础工作规范》,其中有多个条文对会计电算化工作做了具体规范。

1998年8月21日,财政部制定了《会计档案管理办法》,其第十二条规定:采用电子计算机进行会计核算的单位,应当保存打印出的纸质会计档案条件的,由国务院主管部门统一规定,并报财政部、国家档案局备案。

为了配合我国会计电算化工作的顺利开展,财政部从1989年起便先后为会计电算化制定了一系列具体的管理规章。1994年6月,财政部为了进一步加强对会计电算化工作的管理,促进我国会计电算化事业的健康发展,根据《会计法》的有关规定,在前面试行文件的基础上正式制定了《会计电算化管理办法》、《会计核算软件基本功能规范》和《商品化会计核算软件评审规则》。1996年,财政部为了规范企业会计电算化工作又专门制定了《会计电算化工作规范》。

上述各种法律、法规、制度和办法等有关规定涉及会计核算软件的开发、评审、使用以及计算替代手工记账的审批、会计电算化后的会计档案生成与管理等诸多方面,对单位使用会计核算软件、软件生成的会计资料、采用电子计算机替代手工记账、电算化会计档案保管等与会计电算化工作相关的内容做出了具体的规范,对提高会计软件的质量和会计电算化的规范化水平,确保会计电算化事业的健康发展具有重要意义。

> **你知道吗?**
> 与会计电算化相关的法规制度有《会计法》、《会计电算化管理办法》、《会计核算软件基本功能规范》、《会计电算化工作规范》、《会计基础工作规范》和《会计档案管理办法》。

任务二　那些你要谨记的：核算软件要求

小俊:"你刚刚问的问题简直是脑筋急转弯!"

沫沫:"哪里,看来你没有好好看书呢!不仅如此,其实我国的法律法规还对会计核算软件提出了基本要求。"

小俊:"是吗?"

沫沫:"唉,让我来给你补补课吧,记得买礼物给我噢!"

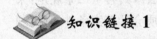

会计核算软件的基本要求

根据《会计法》和国家统一的会计制度规定,会计核算软件的设计、应用和维护应当符合以下基本要求:

(1) 会计核算软件的设计应当符合我国法律、法规、规章的规定,保证会计数据合法、真实、准确、完整,有利于提高会计核算的工作效率。

(2) 会计核算软件应当按照国家统一会计制度的规定划分会计期间,分期结算账目和编制会计报表。

(3) 会计核算软件中的文字输入、屏幕提示和打印输出必须采用中文,可以同时提供少数民族文字或者外国文字对照。

(4) 会计核算软件必须提供人员岗位及操作权限设置的功能。

(5) 会计核算软件应当符合 GB/T 19581—2004《信息技术 会计核算软件数据

接口》国家标准的要求。

（6）会计核算软件在设计性能允许的使用范围内，不得出现由于自身原因造成的死机或者非正常退出等情况。

（7）会计核算软件应当具有在机内会计数据被破坏的情况下，利用现有数据恢复到最近状态的功能。

（8）单位修改、升级正在使用的会计核算软件，改变会计核算软件运行环境，应当建立相应的审批手续。

（9）会计核算软件开发销售单位必须为使用单位提供会计核算软件操作人员培训、会计核算软件维护、版本更新等方面的服务。

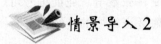
情景导入 2

小俊："我不服气，你再问我一个问题。"

沫沫："好吧。那你说说使用会计核算软件时，输入的数据有哪些类型和要求呢？"

小俊："输入的数据有初始数据、记账凭证数据和原始凭证数据，对吧？"

沫沫："输入的基本要求呢？"

小俊："这……"

沫沫："还是让我来告诉你吧！"

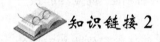
知识链接 2

会计数据输入功能的基本要求

会计电算化条件下，会计数据的输入方式包括键盘手工输入、软盘输入和通过网络线路传输等形式。输入的数据主要有三大类：初始数据、记账凭证数据和原始凭证数据。

1. 初始数据输入的基本要求

会计软件必须具备初始化功能，主要包括以下几个功能：

（1）输入会计核算所必需的期初数据及有关资料，包括科目名称、编号、年初数、期初数累计发生额及有关数量指标。

（2）输入需要在本期进行对账的未达账项（银行对账）。

（3）选择会计核算方法，包括固定资产折旧方法、存货计价方法、成本核算方法等。

(4) 定义自动转账凭证，包括会计制度允许的自动冲回凭证等。

(5) 用户设置，包括设置每个用户的登录名、登录密码、姓名、操作权限等。

上述初始化功能也可以在程序中加以固定，初始化功能运行结束后，会计软件必须提供必要的方法对初始数据进行正确性校验。由于初始化工作是对账务数据的直接输入和修改，因此，初始化工作结束并经确认后应该关闭初始化输入窗口，以防止用户平时绕过凭证输入窗口直接对账务数据进行修改。

2. 记账凭证输入的基本要求

会计核算软件必须具备输入记账凭证的功能，输入项目的内容包括：记账凭证日期、记账凭证编号、业务摘要、科目名称或编号、金额、附件张数等。凭证编号可以手工输入，也可以由软件自动生成。会计软件应对记账凭证编号的连续性进行控制。

在输入记账凭证过程中，会计软件必须提供以下提示功能：

(1) 正在输入的记账凭证编号是否与已输入的机内记账凭证编号重复。

(2) 以编号方式输入会计科目的，应当提示该编号所对应的会计科目名称。

(3) 正在输入的记账凭证中的会计科目借贷双方金额不平衡的，或没有输入金额的，应予以提示并拒绝执行。

(4) 正在输入的记账凭证有借方会计科目而无贷方会计科目或者有贷方会计科目而无借方会计科目的，应予以提示并拒绝执行。

(5) 正在输入的收款凭证借方科目或付款凭证贷方科目不是"现金"或"银行存款"的，应予以提示并拒绝执行。

(6) 会计核算软件应提供对已经输入尚未记账的记账凭证进行修改和审核的功能，审核通过后即不能再提供对机内凭证的修改。对同一张记账凭证，应当具有权限控制功能。

3. 原始凭证输入的基本方法

原始凭证的输入可采取以下两种方法：

(1) 在输入记账凭证的同时，输入相应原始凭证。如果输入的有关原始凭证汇总金额与输入的记账凭证相应金额不等，软件应当给予提示并拒绝。软件在对已经输入的记账凭证进行审核的同时，应对输入的所附原始凭证进行审核。输入的记账凭证通过审核或登账后，对输入的相应原始凭证不能直接进行修改。

(2) 在记账凭证未输入前，直接输入原始凭证，由会计软件自动生成记账凭证。会计软件应当提供对已经输入但未审核的原始凭证修改和审核的功能，审核通过后，即可生成相应的记账凭证。记账凭证审核通过或者登账后，对输入的相应原始凭证不能直接进行修改。

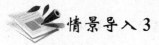

沫沫："小俊哥哥，那你对会计输出数据有什么了解呢？"
小俊："会计数据输出包括屏幕查询输出、打印输出、通过软盘输出等。"
沫沫："这些倒记得挺清楚。可是它们各自的基本要求也是至关重要的呢！"
小俊："知道了，那你快告诉我有哪些基本要求吧！"

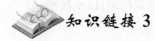

会计数据输出功能的基本要求

会计电算化条件下，会计数据输出包括屏幕查询输出、打印输出、通过软盘输出和利用网络线路传输输出等多种形式。其中，软盘输出多用于数据的备份或上报数据（尤其是会计报表）的输出；利用网络线路传输输出一般多于企业分支机构向总公司报账、报表输出。查询和打印则是会计数据最基本的输出形式。

1．屏幕查询输出的基本要求

由于在会计电算化条件下，不可能每天将会计账务数据打印输出，平时的查账需求只能通过屏幕查询解决。因此，会计软件必须提供对机内会计数据的查询功能。

对数据查询功能没有统一的格式和内容要求，总的要求是满足用户对会计数据的日常需求，主要包括以下内容：

（1）查询机内总分类会计科目和明细分类会计科目的名称、编号、年初余额、期初余额、累计发生额、本期发生额和当前余额等项目。

（2）查询本期已经输入并登账和未登账的机内记账凭证、原始凭证；查询机内本期和以前各期的总分类账和明细分类账簿。

（3）查询往来账款项目的结算情况等。

（4）查询到期票据的结算情况。

（5）查询出来的机内数据如果已经结账，屏幕显示应给予提示。如果需要，也可对查询数据打印输出。因此，软件一般应提供与屏幕查询同步的打印功能。

2．打印输出的基本要求

对会计软件打印输出的要求主要包括以下内容：

(1) 会计软件应当提供打印输出原始凭证、记账凭证、日记账、明细账、总账、会计报表的功能,有关凭证、账簿、报表的格式和内容应当符合国家统一会计制度的规定。

(2) 在总账和明细账的直接记账依据完全相同的情况下,总账可以用总分类账户本期发生额、余额对照表替代。

(3) 在保证会计账簿清晰的条件下,打印输出的会计账簿中的表格线条可以适当减少。

(4) 对于业务量较少的账户,提供会计账簿的满页打印输出功能。

(5) 另外,打印输出的机内会计账簿、会计报表如果是根据未结账数据生成的,则应当在打印输出的会计账簿、会计报表上打印一个特殊标记,以示区别。

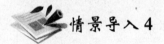

情景导入4

小俊:"你这么熟悉这些要求,难怪能通过会计证的考试!"
沫沫:"熟悉这些要求,不仅仅是为了考试,对以后从事会计工作也有好处呢!"
小俊:"有道理。还有什么要求,你都告诉我吧,得给你买个惊喜礼物了!"
沫沫:"那太好了! 接下来是数据处理功能的基本要求。"

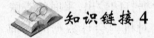

知识链接4

会计数据处理功能的基本要求

1. 会计核算软件应当具有记账功能

会计核算软件应当提供根据审核通过的机内记账凭证及所附原始凭证登记账簿的功能。在计算机中,账簿文件或者数据库可以设置一个或者多个。

(1) 根据审核通过的机内记账凭证、计算机自动生成的记账凭证或者记账凭证汇总表登记总分类账。

(2) 根据审核通过的机内记账凭证和相应的机内原始凭证登记明细分类账。

(3) 总分类账和明细分类账可以同时登记或者分别登记,可以在同一个功能模块中登记或者在不同的功能模块中登记。

(4) 会计软件可以提供机内会计凭证审核通过后直接登账或成批登账的功能。

(5) 机内总分类账和明细分类账登记时,应当计算出各会计科目的发生额和余额。会计软件应当提供自动进行银行对账的功能,根据机内银行存款日记账与输入的银行对账单,以及适当的手工辅助,自动生成银行存款余额调节表。

2. 会计核算软件应当提供自动进行银行对账的功能

由于企业与银行的账务处理和入账时间不一致,企业和银行之间经常会出现"未达账项"。为了能够准确掌握银行存款的实际余额,企业必须定期将银行存款日记账与银行出具的对账单进行核对,并编制银行存款余额调节表。

银行对账是货币资金管理的主要内容。在账务系统中,银行对账的科目在科目设置时应定义为"银行"辅助账类的科目性质。

要进行银行对账,就需要输入银行对账期初数据和银行对账单。

银行对账可以采用自动对账与手工对账相结合的方式。自动对账即由会计软件根据对账依据将银行日记账未达账项与银行对账单进行自动核对和勾销。手工对账是对自动对账的补充。在自动对账后可再通过手工对账进行调整。在对银行账进行两清勾对后,会计软件自动整理汇总未达账和已达账,生成银行存款余额调节表,用户可直接查询或打印输出。

3. 会计核算软件应当提供按照规定的会计期间结账的功能

会计核算软件应当提供机内会计数据按照规定的会计期间进行结账的功能。结账前,会计核算软件应当自动检查本期输入的会计凭证是否全部登记入账,只有在全部登记入账后,才能结账。

(1) 机内总分类账和明细分类账可以同时结账,也可以由处理明细分类账的功能模块先结账、处理总分类账的功能模块后结账。

(2) 机内总分类账结账时,应当与机内明细分类账进行核对,如果不一致,总分类账不能结账。

(3) 结账后,上一会计期间的会计凭证就不能再输入,下一个会计期间的会计凭证才能输入。

4. 会计核算软件应当具有自动编制符合国家统一会计制度规定的会计报表的功能

通用会计软件应当提供会计报表的自定义功能,包括定义会计报表的格式、项目、各项目的数据来源、表内和表间的数据运算和核对关系等。

5. 会计核算软件应当有必要的加密式保护措施

会计核算软件应当采取加密存储、用户身份验证等多种手段来确保会计数据的安全保密,防止对数据的未授权访问、复制、篡改和删除。对存储在磁性介质或者其他介质上的程序文件和相应的数据文件,会计核算软件应当有必要的加密或者其他保护措施,以防止被非法篡改。一旦发现程序文件和相应的数据文件被非法篡改,应当利用标准程序和备份数据来恢复会计核算软件的运行。

任务三 站好你的岗,明白你的权限职责

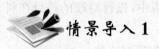
情景导入1

张会计参加了会计电算化的培训之后,来到沫沫家里准备和沫沫爸爸讨论公司推行会计电算化的计划。沫沫刚好回到家,和张会计聊了起来,以下是他们的对话:

张会计:"沫沫!好久不见!"

沫沫:"张会计,欢迎来我家!"

张会计:"我前一阵子去参加了会计电算化的培训,了解到会计电算化的推行不能只有我行动,好多管理层也得动起来呢!"

沫沫:"是的,电算化会计岗位可划分出来不少!"

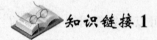
知识链接1

电算化会计岗位的划分及职责

1. 电算主管

电算主管的职能是负责协调计算机及会计软件系统的运行工作,需要具备会计和计算机知识,以及相关的会计电算化组织管理经验。电算主管可由会计主管兼任,采用大型、中型、小型计算机和计算机网络会计软件的单位,应该设立此岗位。系统管理人员的权限很大,一般可调用所有的功能和程序,但不能调用系统的源程序及详细的技术资料。系统管理人员不能由软件的开发人员(包括分析员、设计员、编程人员)担任,根据实际情况也可以将有关职能分配给其他的人员负责。

其主要职责如下:

(1)负责电算化系统的日常管理工作,监督并保证系统的有效、安全、正常运行,在系统发生故障时,应及时到场,监督与组织有关人员恢复系统的正常运行。

(2)协调系统各类人员之间的工作关系。

(3) 负责组织和监督系统运行环境的建立,以及系统建立时的各项初始化工作。

(4) 负责系统各有关资源(包括设备、软件、数据及文档资料等)的调用、修改和更新的审批。

(5) 负责检查系统操作运行的安全性、正确性和及时性。

(6) 负责检查与审批计算机输出的账表、凭证数据的正确性和及时性。

(7) 负责做好系统运行情况的总结,提出更新软件或修改软件的需求报告。

(8) 负责规定系统内各使用人员的权限等级。

(9) 负责系统内各类人员的工作质量考评,以及提出任免意见。

2. 软件操作

负责输入记账凭证和原始凭证等会计数据以及输出记账凭证、会计账簿、报表和进行部分会计数据处理工作,要求具备会计软件操作知识,达到会计电算化初级知识培训的水平。此岗位一般由基本会计岗位的会计人员兼任。操作员是系统运行中的关键人员,不能由系统开发人员担任,不能调用非自己权限内的功能。

其主要职责如下:

(1) 负责本岗位业务的录入、处理与输出。

(2) 严格按照系统操作说明进行操作。

(3) 系统操作过程中发现故障,应及时报告系统管理员,并做好故障记录及上机记录等事项。

(4) 做到当日账当日清。

(5) 按规定打印系统所有的明细账、总分类账和会计报表,以及自动转账凭证。

3. 审核记账

负责对输入计算机的会计数据(记账凭证和原始凭证等)进行审核,操作会计软件登记机内账簿,对打印输出的账簿、报表进行确认。此岗位要求工作人员具备会计和计算机知识,达到会计电算化初级知识培训的水平,可由主管会计兼任。

其主要职责如下:

(1) 负责对输入数据凭证的审核工作,包括各类代码的合法性、摘要的规范性和数据的正确性。

(2) 负责对输出数据正确性的审核工作。

(3) 对不真实、不合法、不完整、不规范的凭证退还有关人员更正、补齐,再行审核。

(4) 对不符合要求的凭证和不正确的输出账表数据,不予签章确认。

4. 电算维护

负责保证计算机硬件、软件的正常运行,管理机内会计数据。此岗位要求工作人员具备计算机和会计知识,经过会计电算化中级知识培训。采用大型、中型、小型计算机和计算机网络会计软件的单位,应设立此岗位,此岗位在大中型企业中应由专职人员担任。因为软件维护员十分了解所用的软件,所以其不能同时从事系统的任何操作使用工作。

其主要职责如下:

(1) 定期检查软、硬件设备的运行情况。
(2) 负责系统运行中的软、硬件故障的排除工作。
(3) 负责系统的安装和调试工作。
(4) 负责与有关会计人员一起,利用软件提供的通用功能,生成满足新需求的操作维护工作。

5. 电算审查

负责监督计算机及会计软件系统的运行,防止利用计算机进行舞弊,要求具备计算机和会计知识,达到会计电算化中级知识培训的水平。采用大型、中型、小型计算机和大型会计软件的单位,可设立此岗位。此岗位可由会计稽核人员兼任。

其主要职责如下:

(1) 协助制定有关的内部控制措施和制度。
(2) 对有关数据及现象进行分析,发现线索。
(3) 进行日常检查。

6. 数据分析

负责对计算机内的会计数据进行分析,并提交有关分析报告。要求工作人员具备计算机和会计知识,达到会计电算化中级知识培训的水平。采用大型、中型、小型计算机和计算机网络会计软件的单位,可设立此岗位。此岗位可由主管会计兼任。

其主要职责如下:

(1) 协助建立日常的分析制度和规范。
(2) 提交有关的常规分析报告。
(3) 完成领导下达的有关分析任务。

7. 会计档案保管

负责保管各类数据和会计档案,应具备计算机常识,如 U 盘、光盘的使用与保护等,一般应由能做好安全保密的人员担任。

其主要职责如下:

(1) 负责系统的各种开发文档、各类数据 U 盘、光盘及各类账表、凭证、资料的备份和存档保密工作。

(2) 做好各类数据、资料、账表、凭证的安全保密工作,不得擅自借出。

(3) 按规定期限向各类有关人员催交备份数据及存档数据。

沫沫爸爸:"张会计,关于设立会计电算化岗位和职责,你有什么想法吗?"

张会计:"由于公司是中小企业,有关键的几个方面要注意!"

沫沫爸爸:"哪些方面?"

张会计:"还是让冰雪聪明的沫沫告诉你吧!"

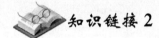

中小企业实行会计电算化后的岗位设置

对会计电算化人员岗位的设置应按照"责、权、利相结合"的基本管理原则,明确系统内各类人员的职责、权限并尽量将其与各类人员的利益挂钩,即建立、健全岗位责任制。这样一方面可以加强内部控制,保护资金财产的安全;另一方面可以提高工作效率,充分发挥系统的运行效率。

在设立各种会计电算化岗位及其责任时,关键在于以下几个方面。

1. 软件维护人员与业务操作人员职务要分离

如果既是维护人员又是系统操作人员,则非法篡改系统和程序的风险极大。因为维护人员对程序的逻辑关系及相关控制了解较多,如果他们同时也是业务操作人员,则完全可以在系统验收批准并投入使用后,再利用操作处理之便篡改某些关键环节,为其达到某些不正当的目的提供了机会。

2. 中小企业会计电算化岗位的设置

会计电算化岗位的设置除要考虑会计人员的工作规则外,还受到单位电算化系统模式、规模的制约,这种制约甚至是决定性的,单位采用的系统大小、复杂程度都对岗位设置产生重要影响。

一般来讲,大型单位分工细,可以设置各种专门岗位;而中小企业一般会根据会计人员的数量,将很多岗位进行合并,但在合并时,要注意关键环节的内部牵制。

任务四　计算机替代手工记账的那点事儿

情景导入 1

张会计:"沫沫,你说我能彻底放下手工记账,用电脑记账吗?"

沫沫:"张叔叔,您要有信心啊!"

张会计:"虽然说代替手工记账是会计电算化的目标之一,但是多年的习惯怕改不过来了!"

沫沫:"别担心,电算化的条件一旦具备了,您就会感觉如虎添翼的!"

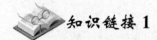知识链接 1

替代手工记账的任务和条件

1. 替代手工记账是会计电算化的目标之一

采用计算机替代手工记账,是指应用会计软件输入会计数据,由计算机对会计数据进行处理,并打印输出会计账簿和报表。计算机替代手工记账是会计电算化的目标之一。

计算机替代手工记账的过程是会计工作从手工核算向电算化核算的过渡阶段,由于计算机与手工并行工作,会计人员的工作强度比较大,各单位需要合理安排财务会计部门的工作,提高工作效率。

计算机与手工并行工作期间,可采用计算机打印输出的记账凭证替代手工填制的记账凭证,根据有关规定进行审核并装订成册,并据以登记手工账簿。如果计算机与手工核算结果不一致,要由专人查明原因并向本单位领导书面报告。一般来讲,计算机与手工并行的时间在三个月左右。

在实施计算机替代手工记账后,应该加强运行中的管理工作,使系统达到会计工作管理的需要。

2. 替代手工记账的条件

1) 配置了适用的会计软件和相应的计算机硬件设备

硬件的工作方式有单机系统、多机系统、多用户系统、计算机局域网系统。各单位可根据实际情况和工作状况进行选择并配置相应的系统软件平台,逐步建立起从单台普通计算机到高档客户机/服务器网络体系结构。

2) 配备了相应的会计电算化工作人员

开展会计电算化工作后,会计人员必须掌握必备的计算机知识和会计软件的应用技能,同时还应取得财政部门的初级会计电算化上岗证。

3) 建立了严格的内部管理制度

内部管理制度包括岗位分工制度、操作管理制度、机房管理制度、会计档案管理制度、会计数据与软件管理制度等。

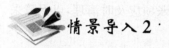

情景导入 2

张会计:"听培训的老师说,电算化替代手工记账还需要一个过程。"

沫沫:"确实是这样,尽管实行了电算化,但是还是有些步骤需要人工的。"

张会计:"是么?老师还没讲到这一块,沫沫你给我预习一下吧!"

沫沫:"好的。"

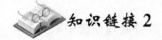

知识链接 2

替代手工记账的过程

1. 整理手工会计业务数据

1) 重新核对各类凭证和账簿,做到账证、账账、账实相符

由于会计记录经过多人重复转抄,或多或少存在一定的误差,在将基础数据移至计算机之前,必须对会计数据按会计软件的要求进行整理和分类。

会计业务处理要按照会计科目的统驭关系,凭证与各级明细账、总分类账之间,总分类账与下级明细分类账、相关辅助明细账之间,各类明细分类账、总分类账与实物库存记录之间,应完全相符,金额、数量应完全一致。但在许多单位,由于历史遗留问题,会计业务处理长期存在不规范行为,常出现账证、账账、账实不符现象,这将导致电算化会计系统数据处理的错误。例如材料采购和材料差异等科目,如果结转材料计算成本不及时,将造成差异科目出现偏差,分配差异时再加入人为因素,便造成差异科目与材料科目之间比例失调,二者之和不反映实际价格,导致成本数据不准确。

2) 整理各账户余额

如果是在年初建账,只需整理各账户期初余额;如果是在年中某月建账,需整理以前各账户发生额。

3）清理往来账户和银行账户

手工方式下，各单位对往来账户的管理方法有所不同。有些会计部门将往来账户涉及的单位、个人作为往来账户的明细科目；而有些会计部门将其作为辅助账，进行单独核算和管理。由于会计软件对往来账户的管理方式不同，在将往来账移至计算机内之前，必须预先确定往来账的管理方式，并选择相应的会计软件。基于我国目前的状况，往来账存在大量呆账、坏账，所以应在将其移至计算机之前，按会计制度要求及时处理和冲销。同样道理，银行账一般均有未达账项，在采用计算机处理前，应及时核对银行账，对于未及时核销的未达账项应及时清理，以保障采用计算机进行银行对账时初始金额的正确性。

2. 建立会计账户体系并确定编码

会计账户体系是会计核算的基础，整个会计核算系统都是以会计账户体系为基础建立的。建立会计账户体系从一级会计科目开始，逐级向下设置明细科目。设置会计科目时应遵循以下原则：

（1）符合财政部和有关管理部门的规定。

（2）满足本单位会计核算与管理的要求。

（3）满足会计报表的要求，凡是报表所用数据需要从账务处理系统中取数的，必须设立相应科目。

（4）保持体系完整，不能只有下级科目而没有上级科目。

（5）保持相对稳定。

（6）要考虑与核算模块的衔接，凡是与其他核算模块有关的科目，在整理时应将各核算大类在账务处理模块中设为一级科目。

为了便于反映会计科目间的上下级关系、便于计算机识别和处理、减少输入工作量、提高输入速度、促进会计核算的规范化和标准化，必须对会计科目进行编码。会计科目编码设计合理与否，直接关系到系统运行的可靠性，编码会影响系统内信息的收集、汇总、存储、检索、传输等各种操作。目前，各种会计软件中编码设计水平相差较大，对多级科目、物码、部门码、人员码都要有系统考虑，要选择与现有的管理水平和管理需要相适应的编码。编码时，一级会计科目编码按财政部会计制度规定，明细科目编码按照具体编码规则设置。通常，会计科目编码采用科目全编码方案，即本级科目全编码＝上一级科目全编码＋本级科目编码。

情景导入3

沫沫:"如果公司推行会计电算化的话,还有许多规范的工作要做呢!"
张会计:"你是说要规范各类账、证、表格?"
沫沫:"正是如此!"
张会计:"但这是磨刀不误砍柴工的工作啊!"

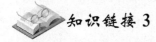
知识链接3

规范各类账、证、表格

在手工方式下,会计人员按规定设置总账、明细账、日记账,按会计制度要求填制记账凭证,登记明细账、日记账、总账。在电算化方式下,这种账务处理过程仍旧保持着,但部分会计资料格式要重新设计或部分修改,以便在电算化方式下处理。在电算化前,要全面考虑各类会计资料的规范性,分清必须修改与保留的内容,使重新确认的会计账、证、表格式更适于电算化工作。例如,记账凭证的类别,可以采用一种记账凭证或收、付、转三种凭证的形式;也可以在收、付、转三种凭证的基础上,按照经济业务和会计软件功能模块的划分进一步细化,以方便记账凭证的输入和保存。记账凭证的格式要按会计软件的要求进行统一规定,凭证格式是否适用最终影响系统的使用效果。凭证的主要信息有日期、凭证类别、凭证号、摘要、会计科目代码、借贷方金额等,常常还要增加一些特殊需要的信息,如数量、单价、外币、汇率、支票号、发票号等。

在电算化方式下,会计核算过程自动化程度很高,这要求会计部门预先确定各项工作的数据传递次序,以充分发挥计算机的优势。不同模块间,如材料核算、账务处理、成本核算等模块,需要预先确定数据传递次序。同一模块要事先确定录入、审核、记账次序,尤其对操作人员执行录入—审核—记账,或录入—审核—录入—审核—修改的时间与责任,应作明确规定。

除上述几项会计规范化工作外,会计部门还要适应计算机的特点重新确定各种会计核算方法,如成本计算方法、折旧计提方法、工资分类汇总口径等,充分体现计算机的特点。例如,在手工方式下,直线法提取折旧均采用综合折旧率,这是出于能够节约工作量的考虑;而在电算化方式下,能够单项计算固定资产的折旧额,可用个别折旧率进行计算,以便提高计算精确度。

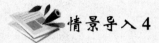 **情景导入 4**

沫沫:"还有一个工作也是磨刀不误砍柴工呢!"
张会计:"哪一个?"
沫沫:"会计核算软件的初始化!"
张会计:"对对对!好的开始是成功的一半!"

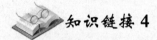 **知识链接 4**

会计核算软件初始化

会计核算软件初始化是确定会计软件的核算规则与输入基础数据的过程,即根据使用单位的业务性质,对会计软件进行具体的限定以及输入基础数据等一系列准备工作,来完成将通用会计软件转化为适合本单位实际情况的会计软件的过程,并从手工处理方式转换成会计电算化方式。

例如,账务处理初始化的主要过程包括设置系统总体参数(设置核算单位、启用日期、编码规则等)、设置凭证类别、设置会计科目、输入期初余额、设置自动转账分录以及其他初始设置。工资核算初始化的主要过程包括设置部门编码、设置职工类型、设置工资项目、设置运算关系。固定资产初始化的主要过程包括设置固定资产类型、输出期初固定资产卡片、输出初始的固定资产和累计折旧余额。成本核算初始化的主要过程包括设置产品目录代码、输入期初在产品成本、定额资料。报表处理初始化的主要过程包括报表注册、设置报表格式、设置计算公式和审核公式等。

情景导入 5

沫沫爸爸:"张会计,公司开始推行电算化你应该可以轻松点了!"
沫沫:"可是推行的最初阶段他会很累的!"
张会计:"是的,最初阶段需要人工和计算机同时进行会计处理呢!"
沫沫爸爸:"为什么需要计算机与手工并行呢?"
沫沫:"爸爸,这可是很有必要的!"

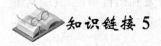

知识链接 5

计算机与手工并行

计算机与手工并行是指会计软件使用的最初阶段人工与计算机同时进行会计处理的过程。在此阶段的主要任务是：检查建立的电算化会计系统是否充分满足要求，使用人员对软件的操作是否存在问题，对运行中发现的问题是否还应进行修改，并逐步建立比较完善的电算化内部管理制度。

在试运行阶段，会计人员要进行双重劳动，但这是十分必要的。在此期间，通过进行手工与计算机处理结果的双向对比与检验，能够考查会计软件数据处理的正确性，考查相关人员的操作熟练程度和业务处理能力，并建立电算化后的内部管理制度。应该说，这是手工会计系统移至电算化会计系统的试验阶段，也是手工系统与计算机系统相互适应的阶段。它的顺利进行是此后一定阶段电算化会计系统持续正常运行的前提。

试运行的时间应放在年初、年末、季初、季末等特殊会计时期，这样才能最全面地比较人机数据。一旦出现问题，要及时采取措施，进行防错纠错。在试运行阶段，前期以人工为主、计算机为辅，后期则以计算机处理为主。会计单位只有假设计算机在处理实际账务，才会充分考虑可能发生的问题，促进操作熟练程度的迅速提高。

计算机与手工并行工作期间，可以采用计算机打印输出的记账凭证替代手工填制的记账凭证，原始凭证应附在相关记账凭证的背面，根据有关规定进行审核并装订成册，作为会计档案保存，并据以登记手工账簿。如果计算机与手工核算结果不一致，要查明原因并提出解决方案。

在试运行阶段，人工与计算机数据对比时，要进行如下工作：

（1）检验各种核算方法。对电算化方式下采用的各种核算方法进行检验，发生偏差时及时调整。

（2）检查会计科目体系的正确性和完整性。通过数据对比，检查初始化阶段建立的会计科目体系的完整性、合理性，看其能否适应核算要求、报表要求、管理要求和会计制度要求。

（3）考查操作熟练程度。通过数据对比发现差错时，如属于人为原因，要确定责任人，及时纠正操作错误。

（4）纠正会计软件程序错误或业务处理错误。通过数据对比发现错误时，若属于软件设计错误或系统缺陷,则要及时通知会计软件开发和销售单位,责令其迅速调整或改进功能。尤其当软件存在严重违反会计制度规定的业务处理功能或人机数据不符时,必须暂停会计软件试运行。

并行实施一个阶段后,开始建立各项管理制度,并根据实际运行中出现的问题不断改进和完善。对上岗操作人员的权限分配,应在申请替代手工记账前按规定设置完毕,进入正常工作状态。对替代手工记账后会计人员的岗位职责也应有明确的要求和岗位考核。

此外,并行期间还要注意以下问题:

(1) 适当安排实施进度,试运行期间及时总结、定期检查。实施效果不理想时,要向软件实施方咨询,修订实施方案,及时发现和解决试运行中存在的问题,尽量缩短手工与计算机并行工作的时间。

(2) 实施复杂的大系统时,应向有关方面的专家、顾问咨询,或向有经验的单位学习经验,尽量少走弯路。

(3) 作好替代手工账前的准备工作,对可能出现的问题设计解决预案。

任务五 "根据地"很重要:会计电算化的档案管理

沫沫爸爸:"我很好奇,如果公司推行了电算化,那么都用不着纸质凭证了吗?"
沫沫:"不是,好像电子档案要打印出来保存的。"
张会计:"沫沫你记得没错,各种账表有各自的打印要求。"
沫沫:"张会计您快把这些要求告诉爸爸吧!"

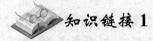

保存打印出的纸质会计档案

1. 现金日记账和银行日记账的打印

现金日记账和银行存款日记账的打印,由于受到打印机条件的限制,可采用计算机打印输出的活页账页装订成册。如果每天业务较少,不能满页打印的,可按旬打印输出。

2. 明细账的打印

会计账簿是指打印出总账、明细账、日记账等的会计账簿。根据人员的职责规定,各类业务的会计账簿由各业务经办人打印,分别保管。

年度终了时,必须将一年的会计账簿都打印出来统一整理,与档案管理员办理存档手续。档案管理员应检查打印的会计账簿是否按序号打印,是否有残缺、遗漏。然后,将各账簿按照会计科目排列,加封面后装订成册。会计账簿封面的有关内容要写全:"单位名称"要写全称,"账簿名称"要写账簿的全称,不要写科目代码;"账簿页数"要写账的有效页数;会计主管人员和记账员都要盖章或签字;卷脊上必须写上"××年度××账",以便保存和利用。

会计凭证是会计档案的重要组成部分,是记载经济活动的书面证明,是会计核算的重要依据,因此对凭证要做到装订整齐、完整、牢固并妥善保管,以便查阅。首先,要把所有应归档的会计凭证收集齐全,按凭证顺序号和本号检查有无短缺,机制凭证和手工凭证是否齐全,剔除不属于会计档案范围和没必要归档的一些资料,补充遗漏的必不可少的核算资料。其次,与负责凭证打印、装订工作的数据管理员办理存档手续。再次,根据适当厚度按本统一装订,避免装订过厚或过薄。过厚则不好保管,容易散失。为克服凭证过多堆积,可规定凭证隔月装订。最后,认真填好会计凭证封面,封面各记事栏是事后查找有关事项的最基础的索引和依据。年度和月份要写全;汇总本号要写清第××本至第××本;凭证号也要注明第××号至第××号是本月的第××本以及连续的第××号都要填写清楚。

3. 总账的打印

会计电算化后,在所有记账凭证数据和明细账数据都存储在计算机内的情况下,总账一般用"总分类科目余额、发生额对照表"替代,"总分类科目余额、发生额对照表"一般要求每月打印一次。

4. 会计报表的打印

会计报表是指由计算机根据主管部门统一规定设计格式打印出的外部报表。根据人员职责的规定,由主管报表的人员统一收集、整理和保存。会计报表每月打印一次进行保管,年终,将全年的会计报表与档案管理员办理存档手续。在检查无误后,按时间顺序加封面后装订成册。封面要逐项写明报表名称、页数、日期等,经会计负责人审核盖章后,可归档保存。

你知道吗？

自行开发会计软件或合作开发会计软件的单位应将会计软件开发的文档资料，视同会计档案保管。对于使用商品化软件的单位，其所购买软件的使用手册、合同、软件等都应存档。

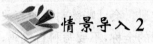

沫沫爸爸："我了解了，电子档案要按要求打印出来保存。"
沫沫："对的。不仅如此，会计电算化还需要制定与实施档案管理制度。"
沫沫爸爸："喔？张会计您了解么？"
张会计："我了解国家的会计电算化档案管理制度，有这么几个方面。"

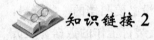

制定与实施会计电算化档案管理制度

1. 存档的手续

每年形成的会计档案，应当由会计机构按照归档要求，负责整理立卷，装订成册，编制会计档案保管清册。

当年形成的会计档案，在会计年度终了后，可暂由会计机构保管一年，期满之后，应当由会计机构编制移交清册，移交本单位档案机构统一保管；未设立档案机构的，应当在会计机构内部指定专人保管。出纳人员不得兼管会计档案。

移交本单位档案机构保管的会计档案，原则上应当保持原卷册的封装。个别需要拆封重新整理的，档案机构应当会同会计机构和经办人员共同拆封整理，以分清责任。

2. 安全和保密措施

会计信息是加强经济管理、处理各方面经济关系的重要依据，绝不允许随意泄漏、破坏和遗失。各种会计信息资料的丢失与破坏自然会影响到会计信息的安全与保密；各种开发文档及程序的丢失与破坏都会危及系统的运行，从而危及系统中会计信息的安全与完整。所以，各种档案的安全与保密是与会计信息的安全密切相关的，我们应当加强档案管理，保障各种档案的安全与保密。

3．档案管理的岗位责任制度

档案管理一般是通过制定与实施档案管理制度来实现的。档案管理制度一般包括以下内容：

（1）存档的手续。主要是指各种审批手续，如打印输出的账表必须有会计主管、系统管理员的签章才能存档保管。

（2）各种安全保证措施。例如，备份介质、刻录光盘上应贴写保护标签，存放在安全、洁净、防热、防潮的场所。

（3）档案管理员的职责与权限。

（4）档案的分类管理办法。

（5）档案使用的各种审批手续。例如，调用源程序就应由有关人员审批，并应记录下调用人员的姓名、调用内容、归还日期等。

（6）各类文档的保存期限及销毁手续。例如，打印输出账簿就应按《会计档案管理办法》规定的保管期限进行保管。

（7）档案的保密规定。例如，任何伪造、非法涂改变更、故意毁坏数据文件及账册等的行为都要进行相应的处理。

4．档案分类管理办法

计算机代替手工记账后，会计档案除指手工编制的凭证、账簿和会计报表外，还包括计算机打印输出的会计凭证、会计账簿、会计报表，存有会计信息的存储介质，电算化会计系统开发的全套文档资料。对手工形成的会计凭证、会计账簿和会计报表等会计档案，在此不再论述，可参见《会计档案管理办法》（1998年8月21日，由财政部、国家档案局发布）。

1）记账凭证的生成与管理

计算机代替手工记账单位的记账凭证的两种方式：

（1）将原始凭证直接录入计算机，由计算机打印输出。在这种情况下，记账凭证上应有录入员的签名或盖章（录入员的姓名也可由计算机按进入录入系统前登入的录入员姓名打印生成）、稽核人员的签名或盖章（在计算机上进行稽核的，也可由计算机按进入录入系统前登入的稽核人员姓名打印生成）以及会计主管人员的签名或盖章。收付款记账凭证还应由出纳人员签名和盖章（由出纳人员直接上机操作生成的收付款记账凭证，也可由计算机按进入录入系统前登入的姓名打印生成）。打印生成的记账凭证应视同手工填制的记账凭证，按《会计档案管理办法》的有关规定立卷归档保管。

（2）手工事先做好记账凭证，计算机录入记账凭证然后进行处理。在这种情况下,保存手工记账凭证与机制凭证皆可,如保存手工记账凭证,其处理与保管办法可按《会计档案管理办法》的有关规定进行处理与保管;如保存机制记账凭证,其处理与保管办法与由计算生成记账凭证的处理与保管办法相同。需要强调的是,在计算机记账后发现记账凭证录入错误时,保存手工记账凭证的,必须同时保存为进行冲账处理而编制的手工记账凭证;保存机制记账凭证的,必须同时保存进行冲账处理的机制记账凭证。

2) 会计账簿、报表的生成与管理

已由计算机全部或部分代替手工记账的,其会计账簿、报表以计算机打印的书面形式保存。这主要是考虑到当前磁性或其他介质的可靠性不强和保存条件要求较高等情况,其保存期限按《会计档案管理办法》的规定办理。但财政部的规定同时考虑到计算机打印的特殊情况,在会计资料生成方面进行了一些灵活规定,除要求日记账每天打印外,一般账簿可以根据实际情况和工作需要按月、按季或按年打印;发生业务少的账簿,可满页打印。现金、银行存款账可采用计算机打印输出的活页账页装订。

3) 磁性介质及其他介质的管理

存有会计信息的磁性介质及其他介质,在未打印成书面形式输出之前,应妥善保管并留有副本。一般来说,为了便于利用计算机进行查询及在电算化会计系统出现故障时进行恢复,这些介质都应视同相应的会计资料或档案进行保存,直至会计信息完全过时。

4) 系统开发文档资料的管理

系统开发的全套文档资料,视同会计档案保管,保管期截至该系统停止使用或有重大更改之后的 5 年。

5. 档案使用的各种审批手续

保存的会计档案不得借出。如有特殊需要,经本单位负责人批准,可以提供查阅或者复制,并办理登记手续。查阅或者复制会计档案的人员,严禁在会计档案上涂画、拆封和抽换。

应根据单位的实际情况和会计电算化的要求建立、健全会计档案查阅、复制登记制度。

6. 各类文档的保管期限及销毁手续

会计档案的保管期限分为永久、定期两类。定期保管期限分为 3 年、5 年、10 年、15 年、25 年五类。会计档案的保管期限,从会计年度终了后的第一天算起。

销毁会计档案时,应当由档案机构和会计机构共同派员监销。国家机关销毁会计档案时,应当由同级财政部门、审计部门派员参加监销。财政部门销毁会计档案时,应当由同级审计部门派员参加监销。监销人在销毁会计档案前,应当按照会计档案销毁清册所列内容清点核对。所要销毁的会计档案销毁后,应当在会计档案销毁清册上签名盖章,并将监销情况报告本单位负责人。

情景导入 3

张会计:"要保障会计电算化档案的安全和保密,还得靠您的大力支持呢!"

沫沫爸爸:"没问题,我们在下次的公司例会就来讨论这个问题!您先告诉我有哪些措施可以保证资料的安全呢?"

沫沫:"爸爸,这个我记得可清楚了,我来告诉你吧!"

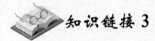

知识链接 3

会计电算化档案安全和保密措施

会计电算化档案安全和保密措施包括以下几个方面:

(1) 对电算化会计档案管理要做好防磁、防火、防潮、防尘、防盗、防虫蛀、防霉烂和防鼠咬等工作。重要会计档案应准备双份,存放在两个不同的地点,最好在两个不同的建筑物内。

(2) 采用磁性介质保存会计档案,要定期进行检查、复制,防止由于磁性介质损坏而丢失会计档案。

(3) 严格执行安全和保密制度,会计档案不得随意堆放,严防毁损、散失和泄密。对任何伪造、非法涂改变更、故意毁坏数据文件、账册、磁带等行为都要进行相应的处理,甚至追究法律责任。

(4) 各种会计资料包括打印出来的会计资料以及存储会计资料的硬盘、计算机设备、光盘、微缩胶片等,未经单位领导同意,不得外借和拿出单位。

(5) 经领导同意的借阅会计资料,应该履行相应的借阅手续,经手人必须签字记录。存放在磁性介质上的会计资料借阅归还时,还应该认真检查,防止感染病毒。替代手工记账后,各单位应做到当天发生的业务当天登记入账,期末及时结账并打印输出会计报表;要灵活运用计算机对数据进行综合分析,定期或不定期地向单位领导报告主要财务指标和分析结果。

边学边用

1. (单选题)下列职责中,岗位不相容的是( )。
   A. 电算化主管与审核
   B. 凭证录入与修改
   C. 凭证录入与审核
   D. 电算化主管与记账

2. (单选题)下列人员中,( )负责规定会计软件系统各使用人员的操作权限。
   A. 系统维护员
   B. 系统操作员
   C. 软件编程人员
   D. 电算主管

3. (多选题)下列工作中,( )是业务操作员的工作。
   A. 会计数据的输入
   B. 会计数据的输出
   C. 会计资料的保管
   D. 凭证的审核

4. (多选题)下列资料中,( )资料属于会计档案。
   A. 备份会计数据的移动硬盘
   B. 备份会计数据的光盘
   C. 打印的凭证
   D. 打印的报表

5. (判断题)会计电算化后,会计人员的分工和职能没有变化。( )

答案:1.C 2.D 3.AB 4.ABCD 5.×

第二部分
实践篇

项目一 案例导入

深圳富通贸易有限公司是一所经营茶叶进出口的本土知名企业,是中国茶叶行业中重要的企业之一,是奉献健康、改变生活方式的行业领导者。企业成立于1980年,从当年的茶叶销售小铺发展到现在,已成为国际知名的茶叶经销企业。企业的财务也从最初由老板不成熟的手工记账,发展到应用了会计信息系统管理。本书将以该企业的具体情况为例,应用金蝶和用友两种财务软件,分别对企业的会计信息进行登记。

企业的基本信息如下:

1) 单位信息

单位名称:深圳富通贸易有限责任公司;

单位简称:富通贸易;

单位地址:深圳市福田区深南中路378号;

法人代表:林宇;

税号:800113452;

银行账号:62222000123;

邮政编码:518000;

联系电话:0755-36547878;

传真:0755-36547878;

电子邮件:star@163.com。

2) 核算类型

本位币代码:RMB;

本位币名称:人民币;

企业类型:商业;

行业性质:小企业会计准则。

其他有关的信息将在后面的章节予以说明。

项目二　系统初始化

任务书

任务名称	系统初始化		任务编号	001	时间要求	8课时
要　求	1. 掌握账套的概念； 2. 掌握 KIS 专业版 10.0 和用友标准版 10.8 的基本操作； 3. 能利用系统管理功能设置账套、建立操作员并为操作员授权； 4. 能在管理门户或系统维护界面录入、设置系统环境参数与运行要素； 5. 能在账务处理或总账模块中建立会计科目表，录入初始数据					
培养目标	了解并掌握两个财务软件的各个子系统，能进行统一的操作管理和数据维护，具体包括账套管理、操作员管理、年度账管理、系统数据安全的管理等方面					
教学地点	实训教室					
教学设备	投影设备、投影幕布、电脑、KIS 专业版 10.0 和用友标准版 10.8 财务软件					
训　练　内　容						
1. KIS 专业版 10.0 账套管理、企业基础资料设置和初始余额录入； 2. 用友标准版 10.8 账套管理、企业基础资料设置和初始余额录入						
训　练　要　求						
1. 掌握 KIS 专业版 10.0 账套管理、企业基础资料设置和初始余额录入； 2. 掌握用友标准版 10.8 账套管理、企业基础资料设置和初始余额录入						
成果要求及评价标准						
1. 能熟练操作 KIS 专业版 10.0 账套管理、企业基础资料设置和初始余额录入(50分) 2. 能熟练操作用友标准版 10.8 账套管理、企业基础资料设置和初始余额录入(50分)						

续表

任务产出一	成员姓名与分工	组长	学号	分工
		成员1	学号	
		成员2	学号	
		成员3	学号	
		成员4	学号	
		成员5	学号	
		成员6	学号	
任务产出二	1. KIS 专业版 10.0 账套的建立、备份、删除与恢复(10分) 2. KIS 专业版 10.0 企业基础资料设置：系统参数设置、用户管理设置、外币及汇率设置、计量单位设置、会计科目设置、核算项目设置、凭证类别设置以及结算方式设置(20分) 3. KIS 专业版 10.0 期初余额的录入、固定资产初始化卡片的录入、财务系统的启用(20分) 4. 用友标准版 10.8 账套的建立、备份、删除与恢复(10分) 5. 用友标准版 10.8 企业基础资料设置：系统参数设置、用户管理设置、外币及汇率设置、计量单位设置、会计科目设置、核算项目设置、凭证类别设置以及结算方式设置(20分) 6. 用友标准版 10.8 期初余额的录入、固定资产初始化卡片的录入、财务系统的启用(20分)			
项目组评价					
教师评价				总分

实际工作中，电算化会计核算流程因单位规模、类型和使用软件的不同而在具体细节上有所不同，但基本流程是一致的。其基本流程为编制记账凭证、凭证审核、记账、结账和编制会计报表。

我国目前常用的财务软件有两种：金蝶和用友。

系统初始化是系统使用前为保障账套正常使用而进行的前期准备工作，金蝶 KIS 专业版系统初始化的内容主要包括建立账套、用户管理、基础资料设置、财务初始化、业务初始化等基础工作，为后期更好地使用金蝶 KIS 专业版打下良好的基础。

T3 用友通是用友集团成员企业畅捷通信息技术股份有限公司专门面向小型

企业开发的一款管理软件,满足多种企业类型的要求。该软件包括总账、采购、销售、库存、核算管理、应收应付、现金银行、工资、固定资产、报表、财务分析等模块,能够实现业务运作的全程管理,帮助企业对生产经营进行有效的风险控制。

本书以金蝶专业版10.0和用友标准版10.8为蓝本,进行实际业务流程的操作。

金蝶专业版

任务一 入门技巧:账套管理

系统初始化是系统使用前为保障账套正常使用而进行的前期准备工作,金蝶KIS专业版系统初始化的内容主要包括建立账套、用户管理、基础资料设置、财务初始化、业务初始化等基础工作,为后期更好地使用金蝶KIS专业版打下良好的基础。

情景导入

娟娟和沫沫是同班同学,也是好朋友。沫沫是个学习能力非常强的孩子,前不久刚拿到会计从业资格证。娟娟也打算考,但是听别人说电算化很难,一直不敢去报名。当娟娟知道沫沫拿到资格证后,既替她高兴,又为自己担心。以下是两个人的对话。

娟娟:"太好了,你拿到会计从业资格证就可以做财务工作了。唉,我也很想考,但是听好多人都说电算化很难,怎么办呀?"

沫沫:"不用担心,我来教你吧。我会计电算化考了93分呢。"

娟娟:"那太好了,可是我用电脑只会上网,我担心自己学不好。"

沫沫:"会上网就够了,其实会计电算化就是学习一个财务软件,跟QQ软件是一码事。我们就先从建立账套开始吧?"

娟娟:"账套是什么?为什么要建账套啊?"

 知识链接

账套的概念

账套是指一个独立、完整的数据集合,这个数据集合包括一整套独立、完整的系控制参数、用户权限、基本档案、会计信息、账表查询等,就是一个独立的数据库。一般而言,账套其实是企业用来核算某个时期内成本、费用、收入、支出以及在日常业务中发生经济活动的汇总。通过账套数据来帮助企业制订新的发展战略和对新的投资环境进行考察,以便于企业在今后的市场经济中更能够得心应手、游刃有余。

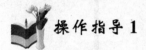 操作指导 1

账套的建立

 步骤

① 单击屏幕左下角的"开始"→"程序"→"金蝶 KIS 专业版"或双击桌面上的"金蝶 KIS 专业版"图标,依次单击"工具"→"账套管理",进入"账套管理登录"界面,如图 2.1.1 所示。

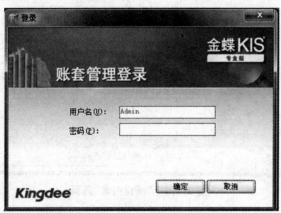

图 2.1.1 "账套管理登录"界面

② 初次登录账套管理时,系统默认用户名为 Admin,密码为空,单击"确定"即可进入"账套管理"界面,如图 2.1.2 所示。

③ 选择"操作"菜单下的"新建账套"或直接单击菜单栏的"新建"按钮,进入"新

建账套"界面,根据案例资料,输入相应的账套信息,单击"确定"即可,如图2.1.3所示。

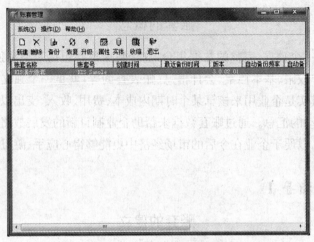

图2.1.2 "账套管理"界面

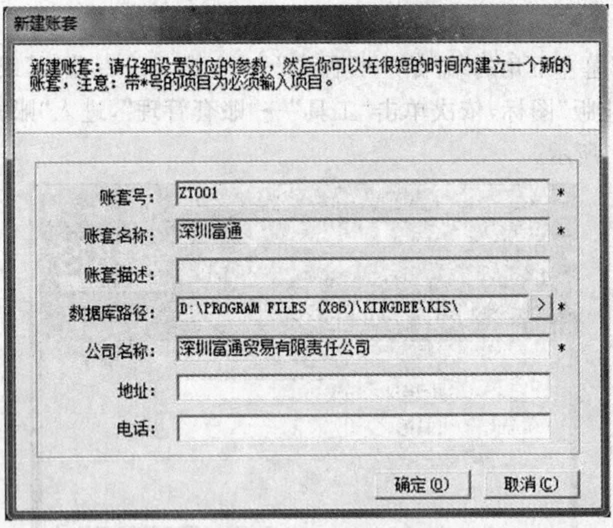

图2.1.3 "新建账套"界面

提示

账套号需要以英文字母开头。

④ 新建账套完成后,即可看到刚刚新建的账套出现在账套列表中,如图2.1.4所示。

项目二　系统初始化

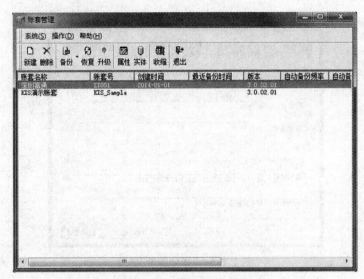

图 2.1.4　"账套管理"界面

 提示

在进入系统之后,建议用户立即修改账套管理的密码,以确保系统的安全性。

若要修改账套管理员 Admin 的密码,则进入"账套管理"界面,选择"操作"菜单下的"修改密码",即可修改 Admin 的密码。

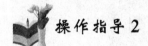 操作指导2

账套备份、删除与恢复

账套备份与恢复是为了保证账套数据的安全性。需要定期对账套进行备份,这样一旦原有的账套毁坏,就可以通过账套恢复功能将以前的账套备份文件恢复成一个新账套进行使用。

账套备份可以实现手动备份和自动备份两种方式。账套恢复是以一个新的账套实体恢复出来,因此在恢复账套时,恢复出来的账套编号和名称不允许同系统中已有账套的名称或者编号重复。

1. 账套备份

(1) 手动备份:单击屏幕左下角的"开始"→"程序"→"金蝶 KIS 专业版"→"工具"→"账套管理",在"账套管理"界面中,先选中需要备份的账套,点击"备份"→"手动备份",再选择备份路径,最后点击"确定",如图 2.1.5 所示。

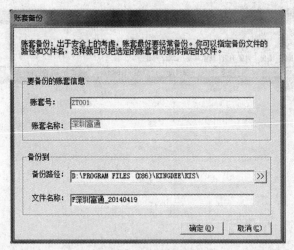

图 2.1.5 "账套备份"界面

(2) 自动备份:在"账套管理"界面中,先选中需要备份的账套,点击"备份"→"自动备份",选择备份路径,并设置备份与删除备份文件的时间,点击"确定",如图 2.1.6 所示。

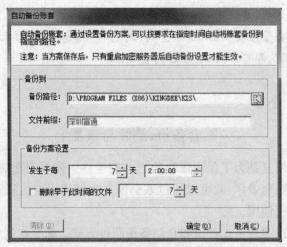

图 2.1.6 "自动备份账套"界面

2. 账套删除

任务信息:将富通贸易公司的账套删除

单击屏幕左下角的"开始"→"程序"→"金蝶 KIS 专业版"→"工具"→"账套管

理",在"账套管理"界面中,先选中需要删除的账套,点击"删除",系统将弹出是否要备份的提示,如果要备份,选择"是",如果无需备份,选择"否",如图2.1.7、图2.1.8、图2.1.9所示。

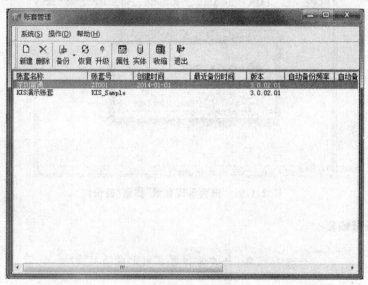

图 2.1.7 "账套管理"界面(选中)

图 2.1.8 "账套管理登录"界面(删除)

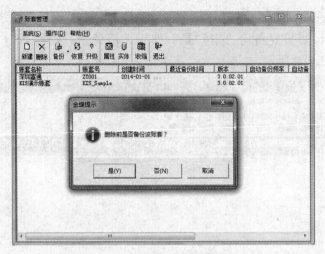

图2.1.9 "账套管理登录"界面(备份)

3. 账套恢复

> 任务信息:将富通贸易公司的账套恢复

在"账套管理"界面中,单击"恢复",选中需要恢复的备份文件,并在"账套号"和"账套名"处输入拟新建账套的账套号和名称,点击"确定",恢复账套,如图2.1.10所示。

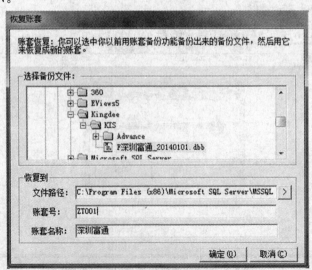

图2.1.10 "恢复账套"界面

任务二 传授要点：企业基础资料设置

娟娟："原来账套就是一个数据集合啊！"
沫沫："对的，公司使用会计电算化都是要从建立账套开始呢！"
娟娟："那建立完账套要做什么呢？"
沫沫："接下来，要在系统参数里输入公司的基础资料。"
娟娟："基础资料？什么算是公司的基础资料呢？"
沫沫："这基础资料包括的内容更广泛了！"

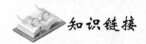

基础资料的概念

基础资料，就是在系统中使用的各种公用信息资料的总称，包括用户在录入凭证或者录入单据时需要输入的一些业务资料信息，如科目、币别、商品、客户、物料等信息。对于这些经常使用的基础数据，为了便于进行统一的设置与管理，我们提供了基础资料管理功能。

基础资料设置是应用 KIS 系统进行日常业务处理所必须进行的，包括财务和业务资料的设置，这里的每一步设置都关系到启用系统后对应模块的操作，是为后面更好地使用软件打下基础，因此基础资料的设置是相当重要的。

系统参数设置

【实验资料】
1）基本资料
单位名称：深圳富通贸易有限责任公司；

税号:123456;

银行账号:62222000123;

单位地址:深圳市福田区深南中路378号;

联系电话:0755-36547878;

传真:0755-36547878;

电子邮件:star@163.com;

本位币代码:RMB;

本位币名称:人民币;

小数位:2位。

2) 会计期间

启用会计年度:2014;

账套采用自然月期间。

3) 财务参数

启用会计期间:1期;

凭证过账前必须审核;

卡片生成凭证前必须审核;

工资参数:结账前必须审核。

4) 出纳参数

启用会计期间:1期;

与总账对账期末余额不等时不允许结账。

5) 业务基础参数

启用会计期间:1期;

不允许负库存出库。

6) 业务参数

结账检查未记账的单据;

出现负库存时提示。

步骤

① 单击屏幕左下角的"开始"→"程序"→"金蝶 KIS 专业版"→"工具"→"账套管理",以 manager 身份登录,初始密码为空,选择账套后,单击"确定",系统将进入金蝶 KIS 软件的主页面,如图 2.2.1 所示。

② 在 KIS 专业版 10.0 主界面,选择"基础设置"→"系统参数"命令,再选择

"系统信息"页签,输入案例中的资料信息:本位币为人民币、小数位为 2 位,单击"确定"后,不允许修改,如图 2.2.2 所示。

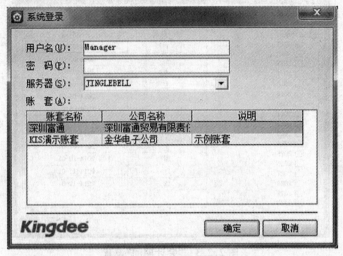

图 2.2.1 "系统登录"界面

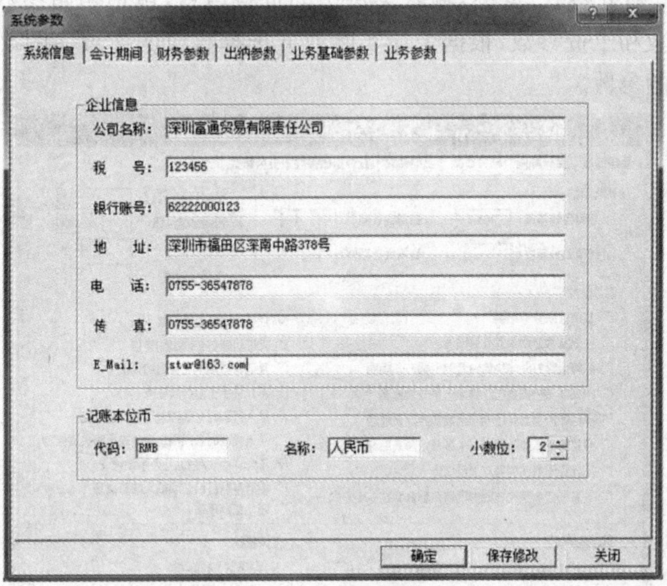

图 2.2.2 "系统信息"设置

③ 选择"会计期间"页签,进行会计期间的设置。KIS 专业版 10.0 支持两种会计期间的定义方式,即自然年度会计期间和自定义会计期间。本案例采用自然月会计期间,启用期间为 2014 年 01 月。单击"确认",会计期间设置完毕。如

图 2.2.3 所示。

图 2.2.3 "会计期间"设置

④ 选择"财务参数"页签,输入案例中的资料信息,包括初始参数、财务参数、固定资产参数和工资参数,根据企业实际业务选择相应的参数。图 2.2.4 为本企业实际需要的参数。

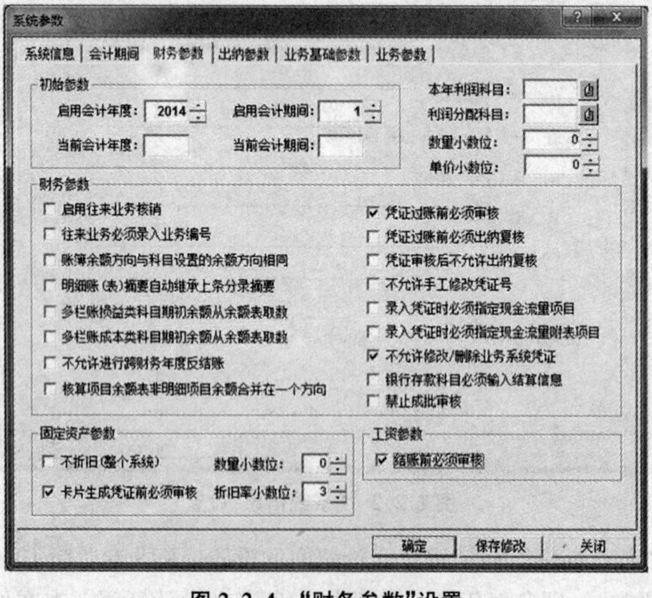

图 2.2.4 "财务参数"设置

⑤ 出纳参数和业务参数的设置与财务参数的设置相同。需要注意的是，启用年度和启用期间一经设定后是不允许修改的。另外，出纳和业务系统的启用期间不能早于财务系统的启用期间，如图 2.2.5、图 2.2.6、图 2.2.7 所示。

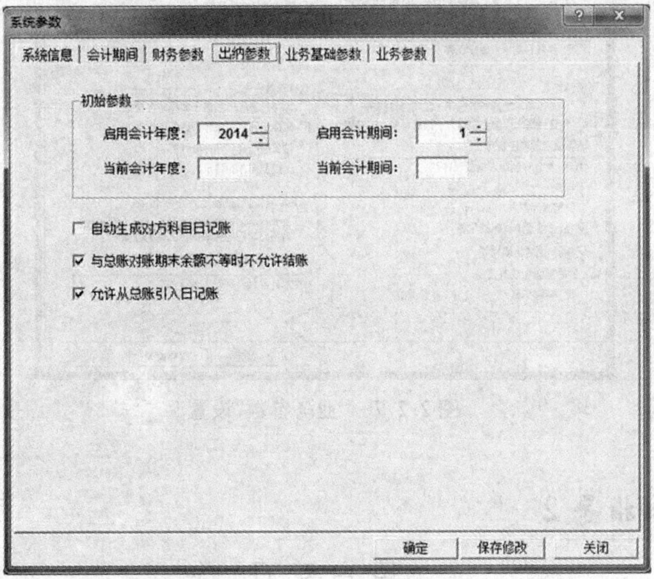

图 2.2.5 "出纳参数"设置

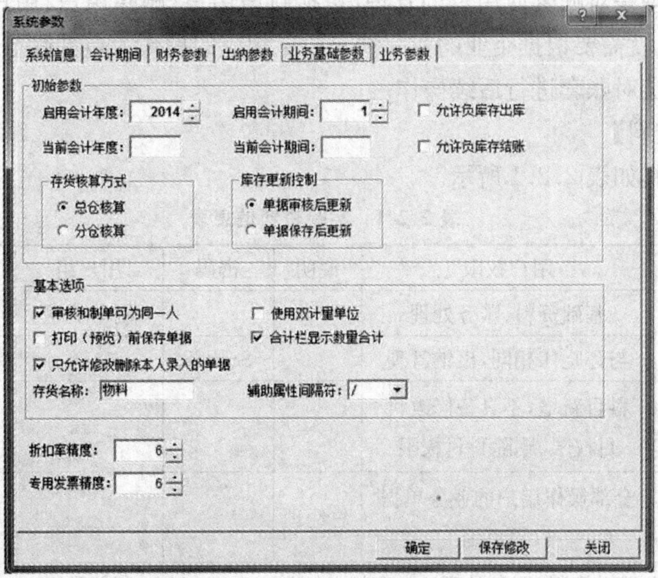

图 2.2.6 "业务基础参数"设置

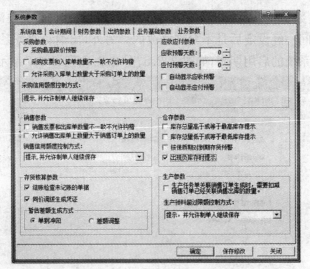

图 2.2.7 "业务参数"设置

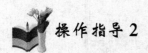

用 户 管 理

用户管理是对账套使用者的管理,包括新增用户、删除用户、用户授权。在账套建好之后,就需要根据企业的实际情况设置相应的操作人员并赋予适当的权限,以便企业人员对账套进行后续操作。

【实验资料】

实验资料如表 2.2.1 所示。

表 2.2.1　实验资料信息表

用户姓名	用户权限	说明	密码	用户组	备注
孙晓伟	基础资料、账务处理			制单员组	
华少锋	与孙晓伟相同,出纳管理		888888		
王娟	科目新增,不具备修改科目权限、删除科目权限				
李婷	全部操作用户的业务单据权限范围	总经理			
黄超慧	基础资料、账务处理——审核、过账			制单员组	

续表

用户姓名	用户权限	说明	密码	用户组	备注
程晓云	部分客户权限 001.003			销售业务组	建账时不能完成，项目核算后完成
刘庆辉	部分供应商权限 002.003			采购业务组	
用户组					
系统管理员组	李婷				
采购业务组	购销存公用设置的查询权				
销售业务组	程晓云				
制单员组	孙晓伟,黄超慧				
在用户管理中导出职员权限为 Excel 表格并保存在桌面上,文件名为"职员权限"					
将统一认证用导出存放在桌面上,文件名为"认证用户"					

1. 用户组设置

打开 KIS 专业版 10.0 主界面,进入"用户管理"界面,选择"新建用户组",在"用户组名"中输入用户组名,在"说明"中输入用户组名,单击"确定"。重复操作,依次建立案例列表中的用户组。如图 2.2.8、图 2.2.9 所示。

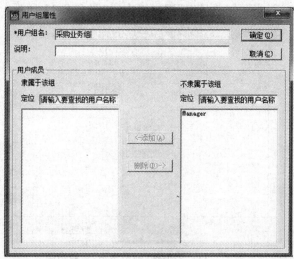

图 2.2.8 新建用户组

图 2.2.9　依次建立案例列表中的用户组

2. 财务分工

① 在"用户管理"界面,选择"新建用户"或单击右键选择"新建用户",弹出"新增用户"窗口,在"用户"页签中输入实验资料,如图 2.2.10 所示。

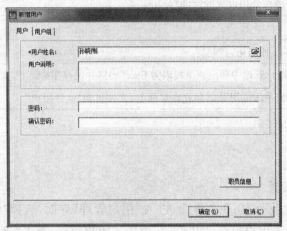

图 2.2.10　"新增用户"窗口

② 将该用户添加到"制单员组"用户组中,如图 2.2.11 所示。

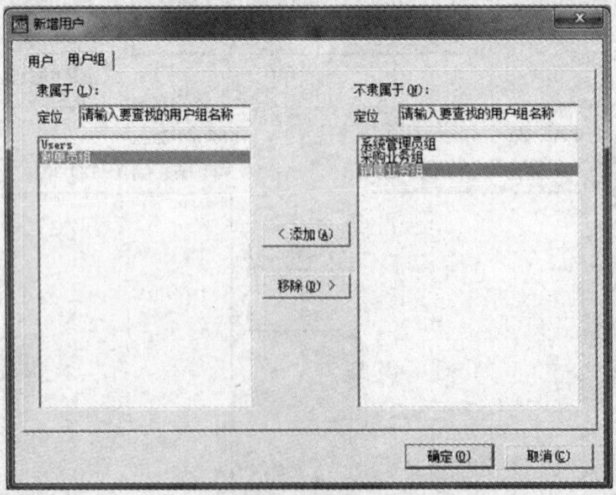

图 2.2.11　添加剂"制单员组"用户组中

③ 对用户进行授权管理。在"用户管理"窗口中,选择"孙晓伟",单击工具栏中的"功能权限管理"。在"权限管理"窗口,根据案例中的资料在权限组中进行选择,选择各项权限后,单击"授权"按钮。完成权限设置后,关闭该窗口即可。按此步骤设置好其他用户的权限,如图 2.2.12 所示。

图 2.2.12 "权限管理"窗口

你知道吗?
在KIS专业版10.0中,对于操作权限相同的用户,可以在用户授权时使用"权限复制"功能,将已经授权的用户权限复制给其他用户。

3. 导出职员权限

① 在"用户管理"窗口中,单击工具栏中的"功能权限浏览",选择过滤条件,如图 2.2.13 所示。

② 单击"确定",进入"用户功能权限列表"窗口,单击工具栏中的"引出",选择"MS Excel 97 - 2002(* .xls)",单击"确定",输入文件名"职员权限",并将其保存在桌面上,如图 2.2.14 所示。

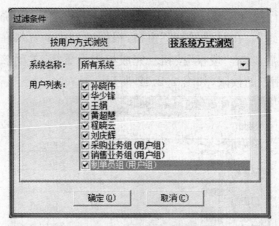

图 2.2.13 "过滤条件"窗口

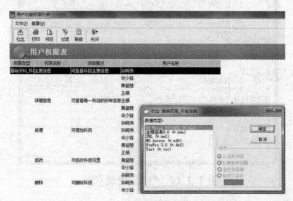

图 2.2.14 "用户功能权限列表"窗口

4. 导出认证用户

① 在"用户管理"窗口中,单击工具栏中的"用户管理",选择"统一认证用户导出",如图 2.2.15 所示。

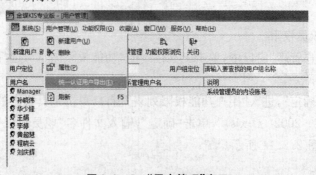

图 2.2.15 "用户管理"窗口

② 选择导出到统一认证用户文件的用户列表和输出路径,输入文件名"认证用户",如图2.2.16所示。

③ 单击"确定",系统提示导出成功,如图2.2.17所示。

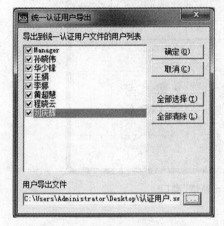

图 2.2.16　统一认证用户导出

图 2.2.17　"导出成功"提示栏

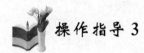

外币及汇率设置

【实验资料】

实验资料如表2.2.2所示。

表 2.2.2　新增外币币别

币别代码	USD	HKD
记账汇率	6.2	0.78
币别名称	美元	港元
折算方式	外币*汇率=本位币	外币*汇率=本位币
金额小数	2位	2位
固定/浮动汇率	固定汇率	固定汇率

在"主页面"上单击"基础设置"→"币别",进入"币别"窗口后,单击"新增",在

"新增币别"窗口录入外币的相关信息后,单击"确定"完成,如图 2.2.18 所示。

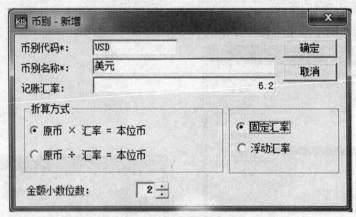

图 2.2.18 "币别-新增"窗口

操作指导 4

计量单位设置

【实验资料】

实验资料如表 2.2.3 所示。

表 2.2.3 计量单位

组别	代码	名称	系数
数量	01	辆	1
	02	套	1
	03	台	1
重量	11	kg	1
	12	g	0.001
长度	21	m	1

步骤

① 在"主页面"上单击"基础设置"→"计量单位",进入"计量单位"窗口后,单击"新增",在"新增计量单位组"窗口录入相关信息后,单击"确定"完成,计量单位组新增成功,如图 2.2.19 所示。

项目二 系统初始化

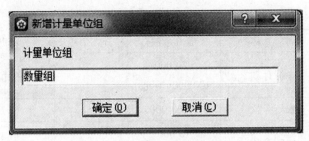

图 2.2.19 "新增计量单位组"窗口

② 选中新增的计量单位组,单击"刷新"→"新增",在"新增计量单位"窗口录入相关信息后,单击"确定"完成,如图 2.2.20 所示。

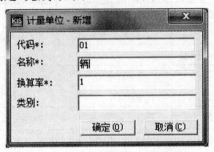

图 2.2.20 "计量单位-新增"窗口

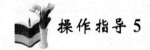

操作指导 5

会计科目设置

在 KIS 专业版 10.0 中系统预设了"企业会计制度科目"、"小企业会计制度科目"和"新会计准则"三种标准模板,企业可以根据实际情况选择相应的模板引入会计科目。该企业按照"新会计准则科目"设置。

【实验资料】

实验资料如表 2.2.4 所示。

表 2.2.4 会计科目和期初余额表

编码	名称	借方余额	贷方余额	辅助核算设置
1001	库存现金	8 700		
1002	银行存款	8 325 600		
1002.01	工行存款	4 590 000		

续表

编码	名称	借方余额		贷方余额	辅助核算设置
1002.02	中行存款	620 000 100 000(美元)			外币核算,美元
1002.03	农行存款	3 100 000			
1002.04	建行存款	15 600 20 000(港币)			外币核算,港元
1012	其他货币资金				
1012.01	外埠存款				
1101	交易性金融资产				
1101.01	成本				
1101.02	公允价值变动损益				
1121	应收票据	36 780			
1122	应收账款	17 000			往来业务核算,客户
1123	预付账款				往来业务核算,供应商
1221	其他应收款				
1221.01	其他应收个人款				职员,部门
1221.02	其他应收单位款				
1231	坏账准备				
1402	在途物资				
1403	原材料	数量	金额		
1403.01	甲材料	1 000	52 000		数量金额核算, 重量组:KG,仓库
1403.02	乙材料	800	13 500		数量金额核算, 长度组:m,仓库
1405	库存商品	167 800			数量金额核算, 长度组:m,物料
1406	发出商品				
1408	委托加工物资				
1503	可供出售金融资产				
1503.01	成本				

续表

编码	名称	借方余额	贷方余额	辅助核算设置
1503.02	利息调整			
1503.03	应计利息			
1503.04	公允价值变动损益			
1601	固定资产	390 000		
1602	累计折旧		163 200	
1604	在建工程			
1701	无形资产			
1702	累计摊销			
2001	短期借款			
2201	应付票据			
2202	应付账款		32 000	往来业务核算,供应商
2203	预收账款			往来业务核算,客户
2211	应付职工薪酬		76 800	
2211.01	工资		70 000	
2211.02	职工福利		6 800	
2221	应交税费		46 700	
2221.01	应交增值税		46 700	
2221.01.01	进项税额		21 300	
2221.01.02	销项税额		68 000	
2221.01.03	已交税金			
2221.02	应交城市维护建设税			
2701	长期应付款			
4001	实收资本		8 000 000	
4002	资本公积		692 680	
4103	本年利润			
6001	主营业务收入			
6051	其他业务收入			
6101	公允价值变动损益			
6111	投资收益			

续表

编 码	名 称	借方余额	贷方余额	辅助核算设置
6401	主营业务成本			
6403	营业税金及附加			
6601	销售费用			
6601.01	办公费			
6601.02	差旅费			
6601.03	招待费			
6601.04	折旧费			
6601.05	工资			
6601.06	福利费			
6601.99	其他费用			
6602	管理费用			
6602.01	办公费			
6602.02	差旅费			
6602.03	招待费			
6602.04	折旧费			
6602.05	工资			
6602.06	福利费			
6602.99	其他费用			
6603	财务费用			
6603.01	利息支出			
6603.02	利息收入			
6603.03	汇兑损益			
	合计	9 011 380	9 011 380	

步骤

1. 引入会计科目

① 在"主页面"上单击"基础设置"→"会计科目",单击"文件",选择从模板中

引入科目,如图2.2.21所示。

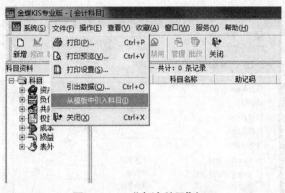

图2.2.21 "会计科目"窗口

② 根据企业实际情况选择"新会计准则科目",单击"引入",如图2.2.22所示。

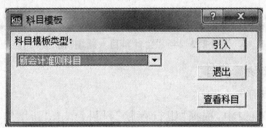

图2.2.22 "新会计准则科目"的引入

③ 选择全部科目,单击"确定",完成会计科目的引入,如图2.2.23所示。

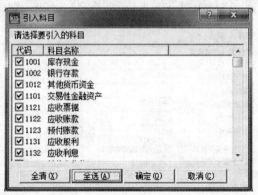

图2.2.23 "引入科目"窗口

2. 新增明细科目

在"主页面"上单击"基础设置"→"会计科目"→"新增",录入需要新增科目的代码、名称信息后,单击"保存"完成,如图 2.2.24 所示。

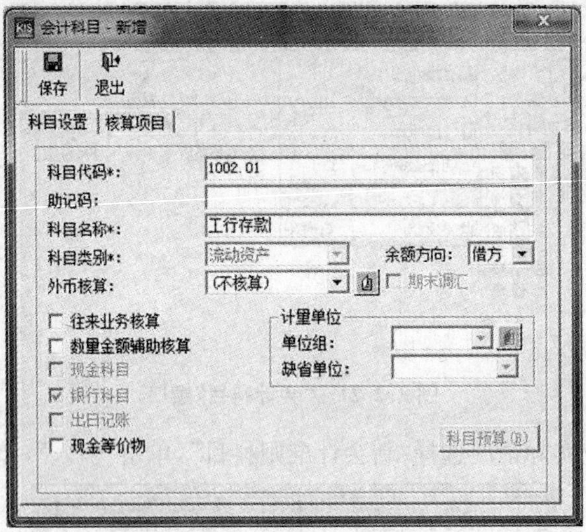

图 2.2.24　"会计科目-新增"窗口

3. 设置辅助类核算科目

1) 外币核算科目

在"会计科目"窗口中,选择"银行存款"科目,单击"新增",录入科目代码、名称、类别后,单击"外币核算"右边的下拉菜单,选择外币币别后,单击"保存"完成,如图 2.2.25 所示。

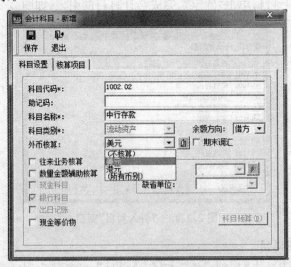

图 2.2.25　"会计科目-新增"窗口

2) 往来类科目

① 选择需要设置核算的科目,点击主菜单上的"修改",进入"会计科目 – 修改"窗口,勾选"往来业务核算"选项,如图 2.2.26 所示。

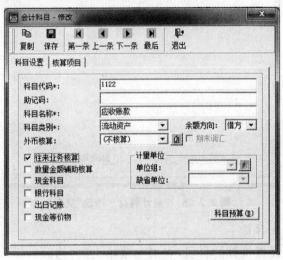

图 2.2.26 "往来业务核算"选项的勾选

② 在"会计科目 – 修改"窗口里单击"核算项目",选择"增加项目核算类别",选择核算项目类别,如图 2.2.27 所示。

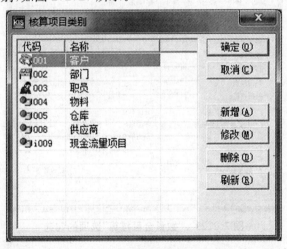

图 2.2.27 "核算项目类别"的增加

③ 单击"确定",系统显示已增加的核算项目类别,单击"保存"后退出,如图 2.2.28 所示。

图 2.2.28 "会计科目-修改"窗口

3) 数量金额式科目

① 选择需要设置核算的科目,点击主菜单上的"修改",进入"会计科目-修改"窗口,勾选"数量金额核算"选项,并设置计量单位,如图 2.2.29 所示。

图 2.2.29 "数量金额核算"选项的勾选

② 在"会计科目-修改"窗口里单击"核算项目",选择"增加项目核算类别",选择核算项目类别,单击"保存"后退出,如图 2.2.30 所示。

项目二 系统初始化

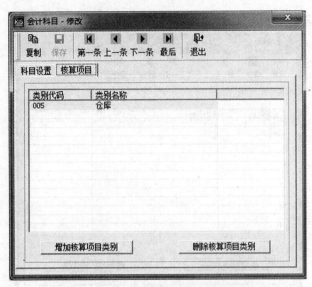

图 2.2.30 "核算项目类别"的增加

4) 部门核算科目

① 选择需要设置核算的科目,点击主菜单上的"修改",进入"会计科目-修改"窗口,如图 2.2.31 所示。

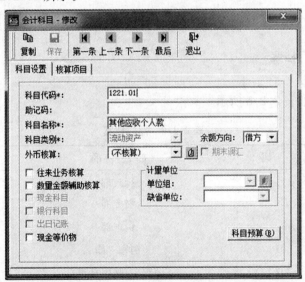

图 2.2.31 "会计科目-修改"窗口

② 在"会计科目-修改"窗口里单击"核算项目",选择"增加项目核算类别",

选择核算项目类别,单击"保存"后退出,如图2.2.32所示。

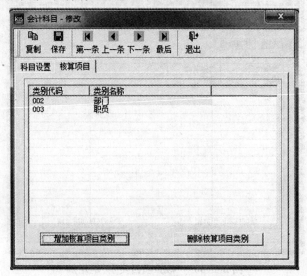

图 2.2.32 "核算项目类别"的增加

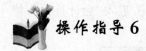

核算项目设置

1. 增加部门档案

【实验资料】

实验资料如表2.2.5所示。

表 2.2.5 部门档案

代 码	部 门 名 称
1	行政部
2	财务部
3	销售部
301	销售一部
302	销售二部(用复制)
4	采购部
5	仓储部

步骤

① 在"主页面"上单击"基础设置"→"核算项目",进入"核算项目"界面后,单击"部门"→"刷新"→"新增",录入部门的相关信息后,单击"保存"完成,如图 2.2.33 所示。

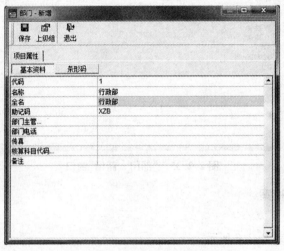

图 2.2.33 "部门-新增"窗口

② 如果要复制部门档案,可以在"基础资料-部门"窗口中双击需要复制的部门,如图 2.2.34 所示。

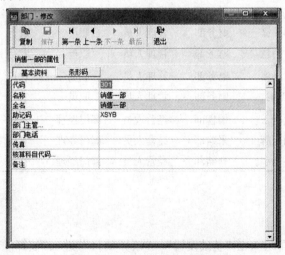

图 2.2.34 "部门-修改"窗口

③ 单击"复制",修改好部门信息后,点击"保存"完成,如图2.2.35所示。

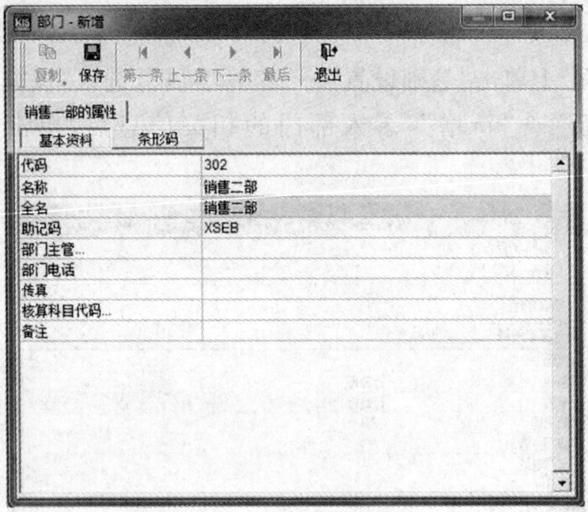

图 2.2.35 "部门-新增"窗口

2. 增加职员档案

【实验资料】

实验资料如表2.2.6所示。

表 2.2.6 职员档案

职员编码	职员姓名	所属部门	职员类别	职务	银行	工资账号
10101	孙红梅	行政部	管理人员	部门经理	农行	62222000661
10301	李婷	财务部	管理人员	总经理	农行	62222000601
10302	华少锋	财务部	管理人员	职员	农行	62222000602
10303	黄超慧	财务部	管理人员	职员	农行	62222000655
10304	孙晓伟	财务部	管理人员	职员	农行	62222000639
10305	王娟	财务部	管理人员	职员	农行	62222000644
00201	程晓云	销售部	经营人员	部门经理	农行	62222000658
00301	刘庆辉	采购部	经营人员	部门经理	农行	62222000678
00401	乔飞宇	仓储部	经营人员	部门经理	农行	62222000632

① 在"主页面"上单击"基础设置"→"核算项目",进入"核算项目"界面后,单击"职员"→"刷新"→"新增",录入职员的相关信息后,单击"保存"完成,如图2.2.36

所示。

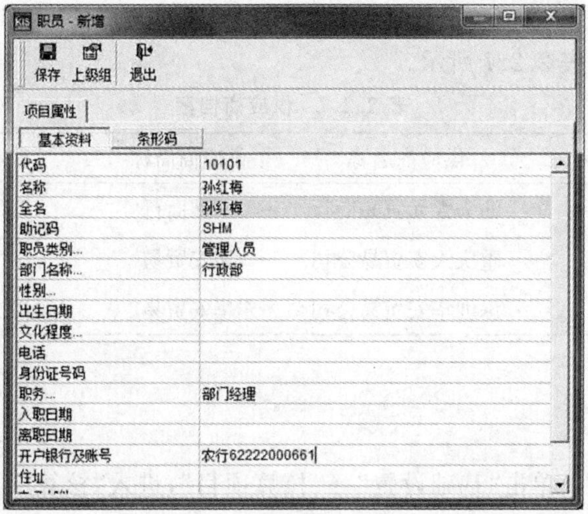

图 2.2.36 "职员-新增"窗口

② 其中,在"职员类别"处按 F7 键,调出"职员类别"设置窗口,然后新增"管理人员"和"经营人员"两个类别,如图 2.2.37 所示。职务的设置方法与此相同。

图 2.2.37 "职员类别"设置窗口

你知道吗?
职员类别和部门名称可根据企业实际情况设置。

3. 增加供应商档案

【实验资料】

实验资料如表 2.2.7 所示。

表 2.2.7　供应商档案

供应商编号	供应商名称	供应商简称	税号
001	汕头大元贸易商行	大元商行	73005582
002	重庆天安贸易公司	天安贸易	50038226
003	深圳华安贸易公司	华安贸易	83004602

在"主页面"上单击"基础设置"→"核算项目",进入"核算项目"界面后,单击"供应商"→"刷新"→"新增",录入供应商的相关信息后,单击"保存"完成,如图 2.2.38 所示。

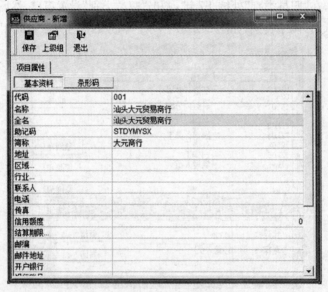

图 2.2.38　"供应商－新增"窗口

4. 增加客户档案

【实验资料】

实验资料如表 2.2.8 所示。

表 2.2.8 客户档案

客户编号	客户名称	客户简称	税　号
001	深圳顺达商贸公司	顺达商贸	83001442
002	福建荣华贸易公司	荣华贸易	40025996
003	西安田丰贸易公司	田丰贸易	52200142

在"主页面"上单击"基础设置"→"核算项目",进入"核算项目"界面后,单击"客户"→"刷新"→"新增",录入客户的相关信息后,单击"保存"完成,如图 2.2.39 所示。

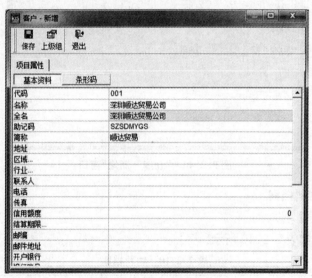

图 2.2.39 "客户－新增"窗口

5. 增加仓库档案

【实验资料】

实验资料如表 2.2.9 所示。

表 2.2.9 仓库档案

代　码	名　称	类　型
01	材料库	普通仓
02	成品库	中转仓

在"主页面"上单击"基础设置"→"核算项目",进入"核算项目"界面后,单击"仓库"→"刷新"→"新增",录入仓库的相关信息后,单击"保存"完成,如图2.2.40所示。

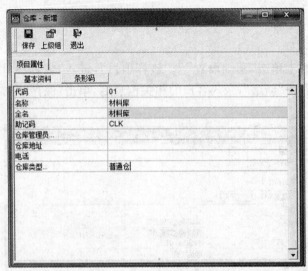

图 2.2.40 "仓库-新增"窗口

6. 增加物料档案

【实验资料】

实验资料如表2.2.10所示。

表 2.2.10 物料档案

代　码	01	02	03	04
名称	绿茶	龙井茶	乌龙茶	普洱茶
计量单位组	重量			
基本计量单位	公斤			
计价方法	移动平均法			
存货科目代码	1405 库存商品			
销售收入科目代码	6001 主营业务收入			
销售成本科目代码	6401 主营业务成本			

① 在"主页面"上单击"基础设置"→"核算项目",进入"核算项目"界面后,单击"物料"→"刷新"→"新增",录入物料的相关信息后,单击"保存"完成,如图2.2.41所示。

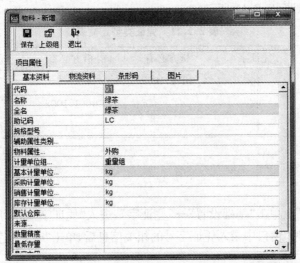

图 2.2.41 "物料-新增-基本资料"窗口

② 点击"物流资料",录入相关的信息,单击"保存"完成,如图2.2.42所示。

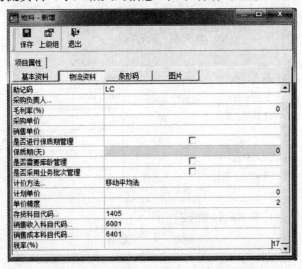

图 2.2.42 "物料-新增-物流资料"窗口

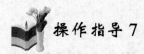

操作指导 7

凭证类别设置

【实验资料】

实验资料图标 2.2.11 所示。

表 2.2.11 凭证类型定义表

编码	凭证字	贷方必有	借方必有	凭证必无
01	付	1001,1002		
02	收		1001,1002	
03	转			1001,1002

在"主页面"上单击"基础设置"→"凭证字",进入"凭证字"窗口后,单击"新增",在"凭证字－新增"窗口中录入凭证字号的相关信息后,单击"确定"完成,如图 2.2.43 所示。

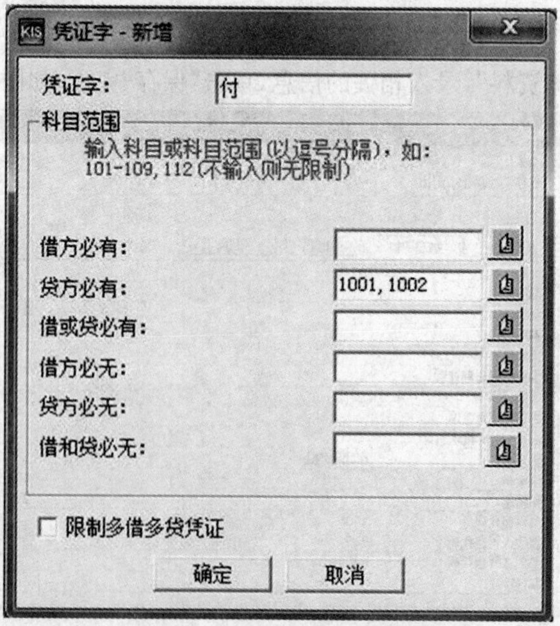

图 2.2.43 "凭证字－新增"窗口

项目二　系统初始化　　　　　　　　　　　　　　　119

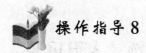

结算方式设置

【实验资料】

实验资料如表 2.2.12 所示。

表 2.2.12　结算方式

代　　码	结算方式
JF01	现金
JF02	电汇
JF03	信汇
JF04	商业汇票
JF05	银行汇票
JF06	现金支票
JF07	信用卡
JF08	银行本票
JF09	转账支票

在"主页面"上单击"基础设置"→"结算方式",进入"结算方式"窗口后,单击"新增",在"结算方式-新增"窗口中录入结算方式的相关信息后,单击"确定"完成,如图 2.2.44 所示。

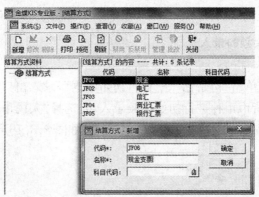

图 2.2.44　"结算方式-新增"窗口

任务三　老虎的屁股摸不得:期初余额录入很重要

情景导入

娟娟:"会计电算化里公司的基础信息真的好多呀!"

沫沫:"当然了,一旦启用会计电算化,一切事情都必须小心谨慎!"

娟娟:"是的,不小心输错一个字都可能会有很大的误会。"

沫沫:"要是期初余额录错一位数字可能会有更大的误会呢!"

娟娟:"期初余额?"

沫沫:"就是公司上年度资产负债表的期末余额,由于手工账和电算化要有一个衔接,所以初始化的时候也要录入各个会计科目期初余额。"

娟娟:"那怎么操作呢?"

操作指导1

科目期初余额的录入

"科目初始数据"是录入科目初始数据的窗口。我们可以根据原企业的科目余额表对应录入,初始余额的录入应区分币别进行录入。

步骤

1. 一般科目余额的录入

1) 本位币录入

在"主界面"上单击"初始化"→"科目初始数据",录入窗口的"币别"下拉列表框中,选择不同的货币币种进行初始余额录入,先选择"人民币"录入,直接在期初余额/原币栏明细科目的对应位置依次输入数据,如图2.3.1所示。

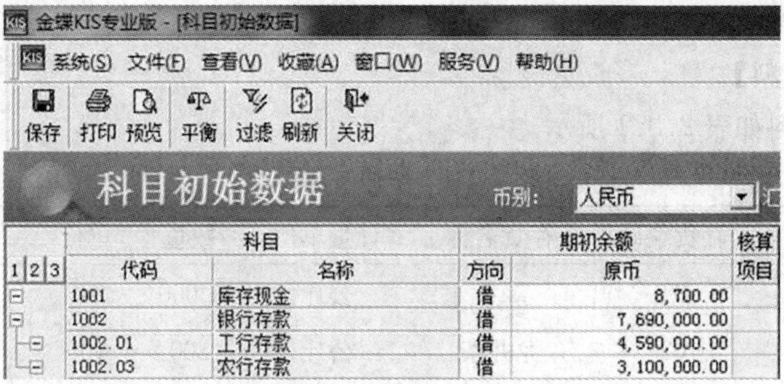

项目二　系统初始化

图 2.3.1 "科目初始数据"窗口

2) 外币录入

在"主界面"上单击"初始化"→"科目初始数据",录入窗口的"币别"下拉列表框中,选择外币币种进行初始余额录入,如图 2.3.2 所示。

图 2.3.2 "科目初始数据"窗口

3) 直接录入二、三级科目

在"主界面"上,在最末级会计明细科目中直接录入初始余额,例如直接录入"进项税额"和"销项税额"的期初余额,上级科目会进行自动汇总,如图 2.3.3 所示。

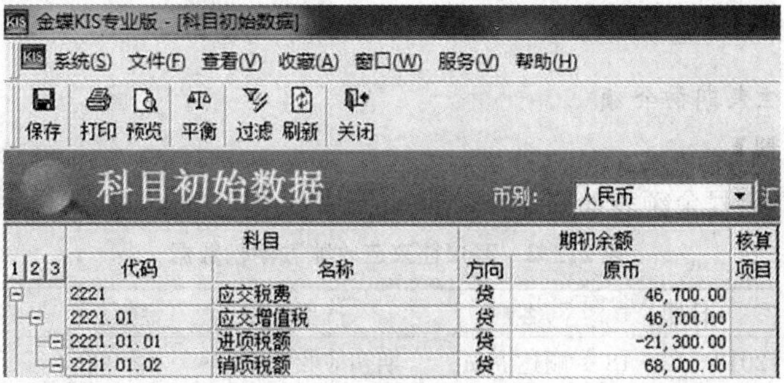

图 2.3.3 "科目初始数据"窗口

2. 辅助核算科目余额的录入

1) 带数量金额的期初余额录入

【实验资料】

实验资料如表 2.3.1 所示。

表 2.3.1 期初库存存货

仓库	存货编码	存货名称	计量单位	数量	单价	金额
成品库	01	绿茶	公斤	1 000	50	50 000
	02	龙井茶	公斤	800	100	80 000
	03	乌龙茶	公斤	50	500	25 000
	04	普洱	公斤	32	400	12 800

设有核算项目的科目不能直接录入其初始数据,必须单击"科目初始数据"界面"核算项目"列的"√",调出"核算项目初始余额录入"窗口,按照各个核算项目明细录入初始数据,如图 2.3.4 所示。

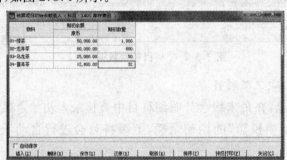

图 2.3.4 "核算项目初始余额录入"窗口

2) 客户往来期初余额

【实验资料】

应收账款科目余额表如表 2.3.2 所示,收款期限均为 2014 年 1 月 31 日。

表 2.3.2 客户往来应收账款期初数据

日期	客户	摘要	金额/元
2013-12-18	顺达商贸	期初应收账款	12 000
2013-12-20	田丰贸易	期初应收账款	5 000

单击"科目初始数据"界面"应收账款"科目"核算项目"列的"√",调出"核算项目初始余额录入"窗口,按照各个核算项目明细录入初始数据,如图2.3.5所示。

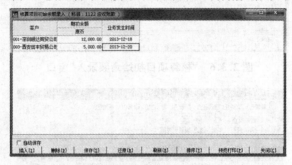

图2.3.5 "核算项目初始余额录入"窗口

3)供应商往来期初余额

【实验资料】

应付账款科目余额表如表2.3.3所示,收款期限均为2014年1月31日。

表2.3.3 供应商往来应付账款期初数据

日期	供应商	摘要	金额/元
2013-12-09	大元商行	期初应付账款	2 000
2013-12-23	天安贸易	期初应付账款	30 000

单击"科目初始数据"界面"应付账款"科目"核算项目"列的"√",调出"核算项目初始余额录入"窗口,按照各个核算项目明细录入初始数据,如图2.3.6所示。

4)试算平衡

科目初始数据录入完成后,要进行试算平衡,只有科目初始数据试算平衡后才能正常启用账套。首先要在"币别"下拉菜单中选择"综合本位币",单击"平衡"按钮,或选择菜单"查看"→"试算平衡",系统弹出"试算借贷平衡"窗口对数据进行试算平衡,显示"试算结果平衡"后,可以结束科目初始数据的录入工作,如图2.3.7所示。

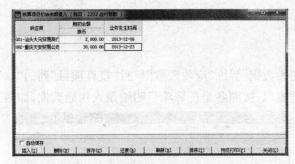

图 2.3.6 "核算项目初始余额录入"窗口

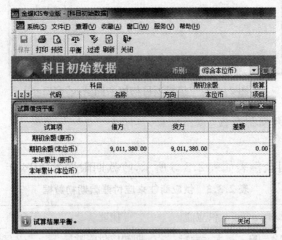

图 2.3.7 "试算借贷平衡"窗口

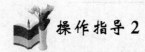

操作指导 2

录入固定资产初始化卡片

【实验资料】

实验资料如表 2.3.4 所示。

表 2.3.4 固定资产初始数据表

资产类别	交通设备	运输设备
资产编码	YS-01	YS-02
资产名称	小轿车	货运车
使用状况	正常使用	正常使用

续表

资产类别	交通设备	运输设备
变动方式	购入	购入
使用部门	销售部	销售部
折旧费用分配	销售费用	销售费用
开始使用日期	2008-12-20	2010-12-01
原值(元)	190 000	200 000
累计折旧(元)	91 200	72 000
净残值率	4%	4%
预计使用年限	10年	8年
折旧方法	平均年限法(1)	平均年限法(1)

将卡片初始数据传送总账,并完成初始化。

步骤

① 在"主界面"单击"初始化"→"固定资产初始数据",在"固定资产卡片及变动"窗口中根据固定资产原始卡片信息录入实验资料,单击"保存"完成,如图2.3.8、图2.3.9、图2.3.10所示。

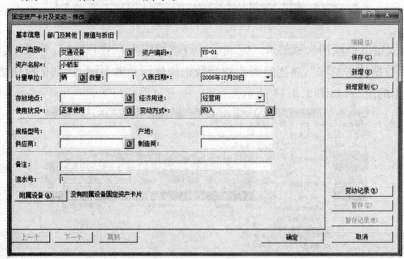

图2.3.8 "固定资产卡片及变动-修改"窗口

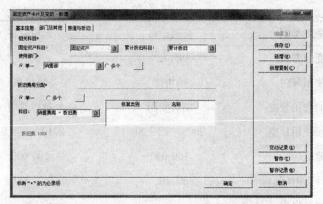

图 2.3.9 "固定资产卡片及变动－新增"窗口

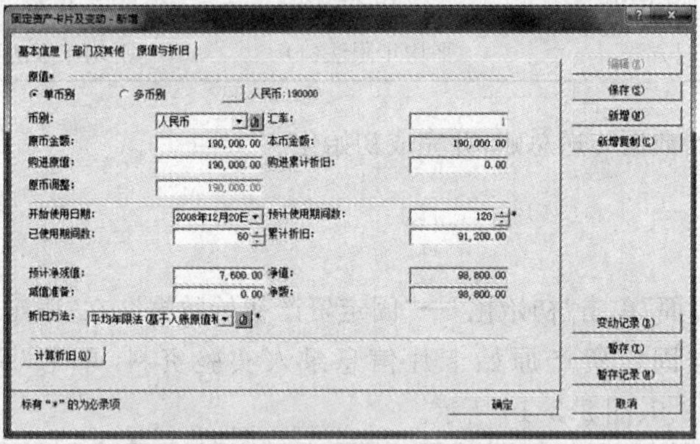

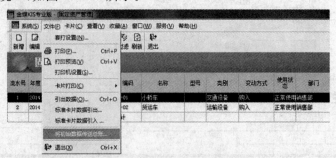

图 2.3.10 "固定资产卡片及变动－新增"窗口

② 固定资产期初余额的录入完成后,可在"固定资产管理"窗口单击"文件"→"将初始数据传送总账",将固定资产初始数据传递给总账系统,达到子模块数据与总账数据的统一,如图 2.3.11 所示。

图 2.3.11 "固定资产管理"窗口

项目二 系统初始化

你知道吗？

固定资产期初余额的录入一定要在启用财务系统之前，如果财务系统已经启用，则必须反初始化后才能进行固定资产期初余额的录入。固定资产期初余额录入后要将数据传递给总账系统，再启用财务系统。

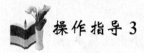

操作指导3

启用财务系统

在"主界面"单击"初始化"→"启用财务系统"，进入窗口后，选择"结束初始化"后，单击"开始"完成，如图 2.3.12 所示。

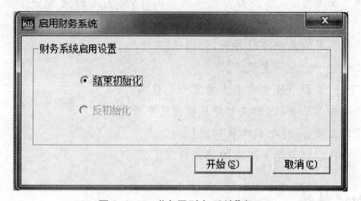

图 2.3.12 "启用财务系统"窗口

用友标准版

初始设置也称初始化，是指将通用会计信息化系统转成专用会计信息化系统、将手工业务数据移植到计算机的一系列准备工作中，即在系统正式开始启用前，需要对相应的基础资料进行输入。

任务四　实践操作:账套设置

沫沫和来自北方的笑笑是好朋友,笑笑刚刚进入一家小企业从事会计工作。这天两个人相约一起逛街,两个人边逛边聊起了自己的近况。

笑笑:"沫沫,听说你会计电算化考了93分,挺厉害的嘛!"

沫沫:"笑笑,跟已经是会计的你比起来我简直在班门弄斧呢!"

笑笑:"不要谦虚了,你的实力我知道!对了,你们用的是哪一个会计核算软件呢?"

沫沫:"我们用的是金蝶软件啊,你们呢?"

笑笑:"我们用的是用友软件。"

沫沫:"噢?这两个软件有很多地方不一样吗?"

笑笑:"流程差不多,比如说都要从建立账套开始。"

沫沫:"建立账套,这个概念我知道!"

笑笑:"那我为你介绍下用友的建账操作吧!"

账套的概念

账套是指一个独立、完整的数据集合,这个数据集合包括一整套独立、完整的系控制参数、用户权限、基本档案、会计信息、账表查询等,就是一个独立的数据库。一般而言,账套其实是企业用来核算某个时期内成本、费用、收入、支出以及在日常业务中发生经济活动的汇总。通过账套数据来帮助企业制订新的发展战略和新的投资环境的考察,以便于企业在今后的市场经济中更能够得心应手、游刃有余。

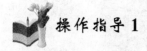

建立账套

建立账套是企业应用会计信息系统的首要环节。账套基本信息包括账套号、账套名称、账套启用日期及账套路径。核算单位基本信息包括企业名称、地址和电话等。

下面以深圳富通贸易有限责任公司账套的建立为例进行演示。

① 双击桌面的"系统管理"图标，或者执行"开始"→"所有程序"→"T3－企业管理信息化软件教育专版"→"T3"→"系统管理"命令，启动 T3 软件"系统管理"窗口，如图 2.4.1 所示。

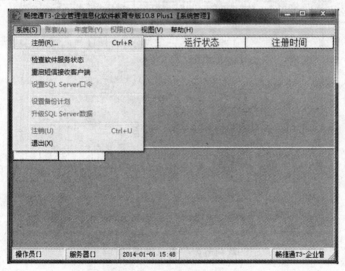

图 2.4.1 "系统管理"窗口

② 在窗口中选择"系统"→"注册"命令，弹出"注册[控制台]"窗口，如图 2.4.2 所示，在用户名栏中输入系统管理员名"admin"，密码为空，如图 2.4.2 所示。

③ 单击"确定"按钮，返回"系统管理"窗口，在窗口左下角的状态栏中会显示当前注册的用户名"操作员[admin]"以及系统服务器名称"服务器[JINGLE-BELL]"，如图 2.4.3 所示。

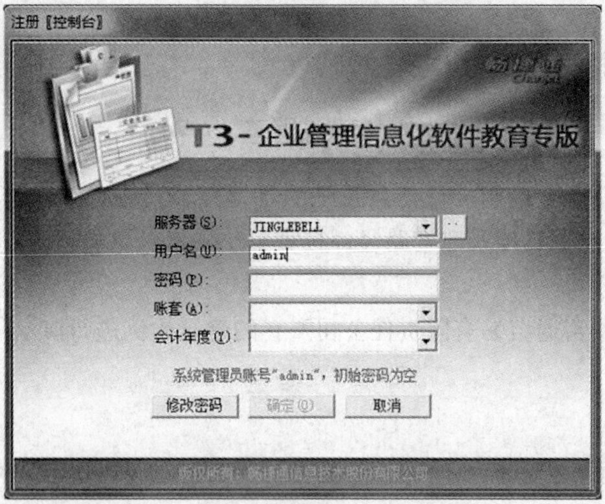

图2.4.2 "注册'控制台'"窗口

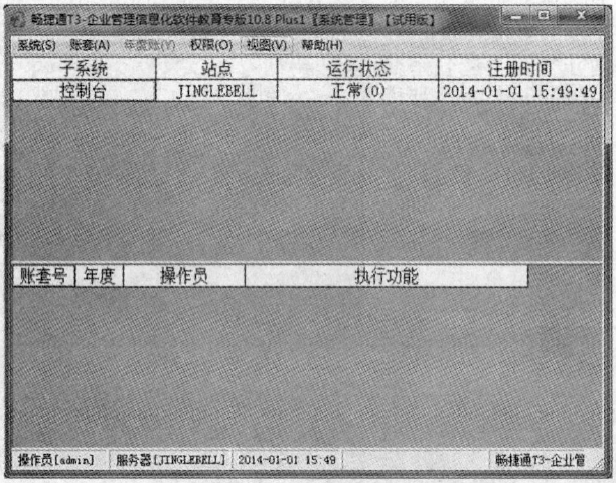

图2.4.3 "系统管理"窗口

你知道吗?
用户admin是系统管理员身份，不能使用"年度账"功能；只有用账套主管的身份登录，才能对年度账进行相关操作。

④ 选择"账套"→"建立"命令，弹出"创建账套"窗口，如图2.4.4所示。根据下面的实训素材，在窗口中设置账套号、账套名称、账套路径以及启用会计期。

账套号:001;账套名称:深圳富通贸易有限责任公司;账套路径:按系统默认;启用日期:2014年1月。

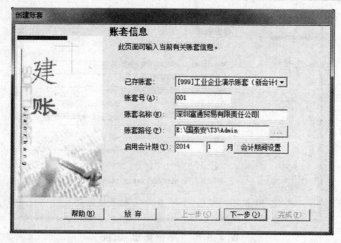

图 2.4.4 "创建账套"窗口

你知道吗?

"已存账套"是系统已经建立并使用的账套,在这里不能更改。

"账套号"一般是000~999之间的三位数字,账套号是唯一的,不能重复。

"启用会计期"用来输入新建账套将被启用的时间,具体到"月",用户可根据实际情况,单击"会计期间设置"按钮进行设置。

⑤ 单击"下一步"按钮,弹出如图 2.4.5 所示的窗口,根据下面的实训素材,录入单位信息。

单位名称:深圳富通贸易有限责任公司;单位简称:富通贸易;单位地址:深圳市福田区深南中路378号;法人代表:林宇;邮政编码:518000;联系电话:0755-36547878;传真:0755-36547878;电子邮件:star@163.com;税号:123456。

⑥ 单击"下一步"按钮,弹出如图 2.4.6 所示的窗口。根据下面的实训素材,进行核算类型设置。

本位币代码：RMB；本位币名称：人民币；企业类型：商业；行业性质：小企业会计准则；账套主管：demo；按行业性质预设会计科目。

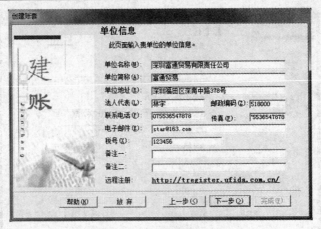

图 2.4.5 "单位信息"设置

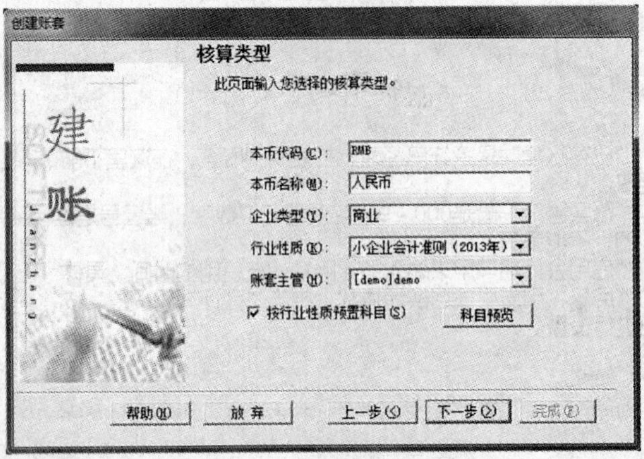

图 2.4.6 "核算类型"设置

你知道吗？

在未设置其他操作员的情况下，系统默认操作员demo为账套的主管，设置好其他操作员后，也可进行更改。
登录系统管理后，若想先设置操作员，可以在"账套主管"选项中直接选择担任账套主管身份的操作员。

⑦ 单击"下一步"按钮,弹出如图2.4.7所示的窗口。根据下面的业务资料要求进行基础信息的设置,选中所有选项。

对存货、客户、供应商进行分类,有外币核算。

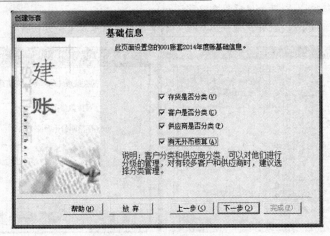

图2.4.7 "基础信息"设置

⑧ 单击"下一步"按钮,进行业务流程设置。在本实训中,对采购流程和销售流程均选择"标准流程",如图2.4.8所示。

采购流程:标准流程;销售流程:标准流程。

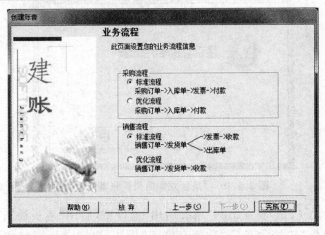

图2.4.8 "业务流程"设置

⑨ 单击"完成"按钮,系统提示"可以创建账套了吗",单击"是"按钮,开始创建账套。账套建立后,系统将要求进行分类编码与数据精确度的设置。如图2.4.9

所示,根据下面的要求进行相应设置,完成后系统提示账套建立成功。

> 科目编码级次:4-2.2.2;客户分类编码级次:2.3;部门编码级次:1.2;地区分类编码级次:2.3-4;存货分类编码级次:2.2.2;收发类别编码级次:1.1.2;结算方式编码级次:1.2;供应商分类编码级次:2.3;其余编码按系统默认。
> 设置存货单位小数位、开票单价小数位为4,其余数据精度按系统默认设置。

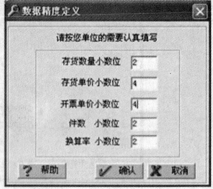

图2.4.9　数据精度定义

⑩ 单击"确认"按钮,系统会提示"是否立即启用新账套",如图2.4.10所示。

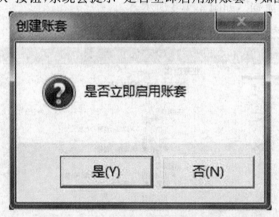

图2.4.10　"是否立即启用新账套"提示框

⑪ 单击"是"按钮,在弹出的"系统启用"窗口中,启用"老板通"、"固定资产"、"总账"、"核算"、"工资管理"、"购销存管理"模块,启用会计期间均设为"2014-01",如图2.4.11所示。

项目二 系统初始化

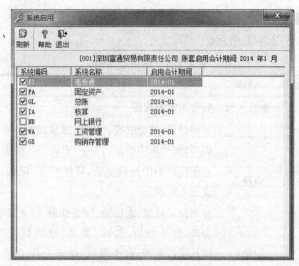

图 2.4.11 "系统启用"窗口

你知道吗？

系统启用的方法有两种：一是在系统管理中创建帐套时启用系统；二是在帐套建立完成后，由帐套主管登录到系统管理中进行系统启用的设置。

情景导入 2

沫沫："现在我们已经建了一个账套，怎么样？也不是很难吧？"
娟娟："嗯，虽然比申请个 QQ 账号复杂一点，但我想我已经能自己建账套了。"
沫沫："哦，是吗？那下面你就自己建一个账套吧？"
娟娟："好的。同学们，跟我一起来建账套吧。"

操作指导 2

设置操作员及财务分工

财务分工，又称财务权限设置或操作员权限管理，是指对允许使用系统的操作员规定操作权限。通过权限控制，使得不同部门、不同岗位的人员只能做自己的工作，从而保证系统数据的安全性。

【实验资料】

实验资料如表2.4.1所示。

表2.4.1　操作员分工

编码	姓名	口令	属性	授权	所属部门
101	李婷	1	账套主管	账套主管的权限	财务部
102	华少锋	2	出纳签字	公用目录、现金管理、工资管理模块的所有功能，总账模块中的出纳签字、查询凭证功能	财务部
103	黄超慧	3	审核员	总账模块中的查询凭证、审核凭证、记账、恢复记账前状态	财务部
104	孙晓伟	4	制单员	公用目录设置、老板通、现金管理、往来、固定资产、财务分析、总账（取消"审核凭证"功能）、项目管理、财务报表、系统工具、工资管理、应付管理、应收管理、核算、采购管理、销售管理、库存管理	财务部
105	刘庆辉	5	采购员	公用目录、采购管理	采购部
106	程晓云	6	销售员	公用目录、销售管理	销售部
107	乔飞宇	7	库管员	公用目录、库存管理	仓储部

① 双击桌面上的"系统管理"图标，进入后选择"系统"→"注册"命令，以admin（系统管理员）的用户名进行注册。

② 在"系统管理"窗口，选择"权限"→"操作员"命令，进入"操作员管理"窗口，如图2.4.12所示。

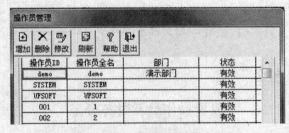

图2.4.12　"操作员管理"窗口

③ 单击"增加"，进入"增加操作员"窗口，在"增加操作员"窗口输入操作员信息，如图2.4.13所示，点击"增加"。

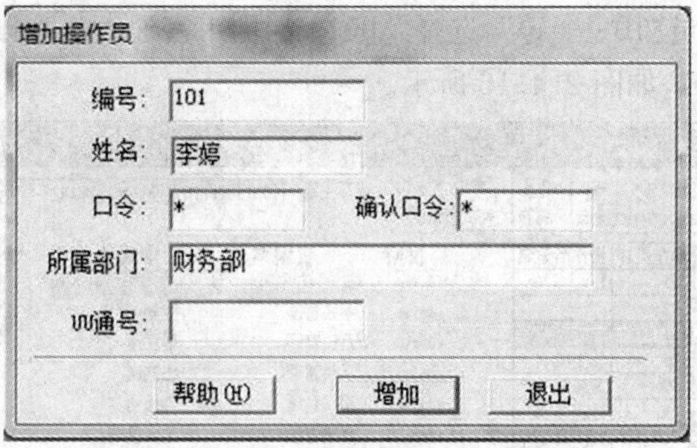

图 2.4.13 "增加操作员"窗口

④ 将所有操作员添加完成,如图 2.4.14 所示,单击"退出"。

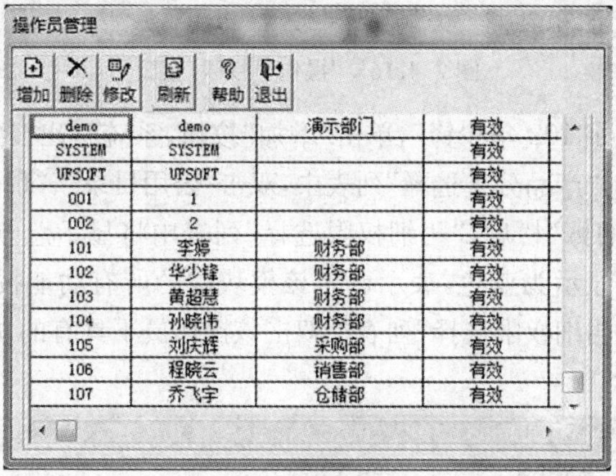

图 2.4.14 "操作员管理"窗口

⑤ 在"系统管理"窗口,选择"权限"→"权限"命令,进入"操作员权限"窗口,如图 2.4.15 所示。

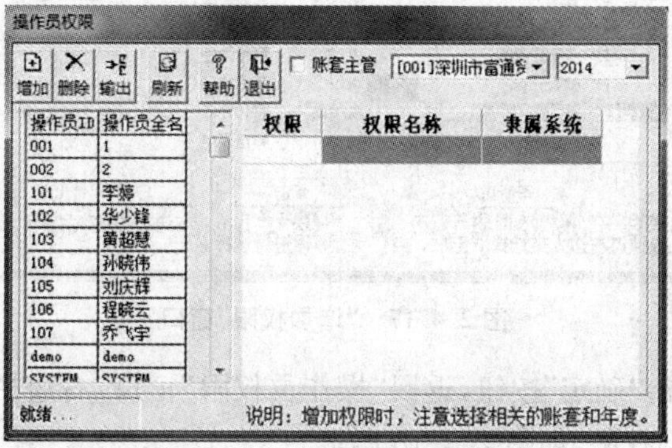

图 2.4.15 "操作员权限"窗口

⑥ 选中操作员"101 李婷",选择"[001] 深圳市富通贸易有限责任公司"账套,并选中"账套主管",如图 2.4.16 所示。

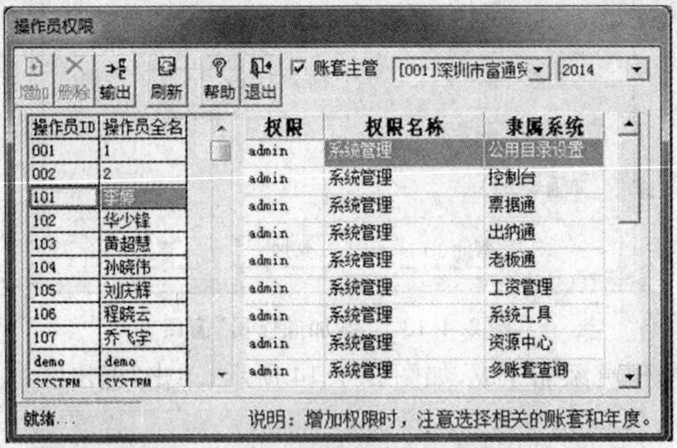

图 2.4.16 "操作员权限"窗口

⑦ 选中操作员"102 华少锋",单击"增加"按钮,系统弹出"增加权限"窗口,在"增加权限"窗口的"产品分类选择"列表中,双击"公用目录"、"现金管理"、"工资管理",在双击"GL 总账"栏后,"明细权限选择"列表中将显示总账模块中的所有功能,并且"授权"列显示为蓝色,表示已将该模块中的所有功能授权给操作员"102 华少锋",然后在"明细权限选择"列表中双击该操作员不具有的功能项,取消授权,如图 2.4.17 所示。

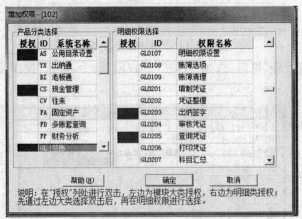

图 2.4.17 "增加权限"窗口

⑧ 完成后单击"确定"按钮,返回"操作员权限"窗口,右边栏中将显示选中操作员已获得授权的权限,如图 2.4.18 所示。

项目二 系统初始化   139

图 2.4.18 "操作员权限"窗口

⑨ 按上述步骤,完成其他操作员的权限设置。操作员权限设置完成后,在后续的工作中还可以根据需要进行调整。

你知道吗?
　　一个账套可以设定多个账套主管,系统默认账套主管自动拥有全部权限。
　　只有系统管理员才有权限进行账套主管的设定与取消操作。

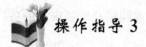

账 套 备 份

① 以系统主管"admin"的身份注册系统管理。

② 选择"账套"→"备份"命令,在出现的"账套备份"窗口中选择需要备份的账套号;如果备份后原账套需要删除,则选中"删除当前备份账套"复选框,那么备份完成后,系统中将不存在当前账套数据,如图 2.4.19 所示。备份的文件为 UF2KAct. Lst 和 UFDATA. BA_ 两个文件。

③ 单击"确认"按钮,系统自动进行备份进程后,指定备份文件的存放路径,完成备份操作。

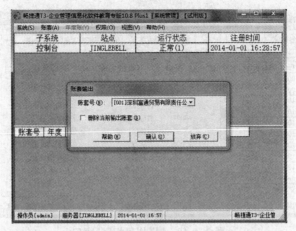

图 2.4.19 "账套备份"窗口

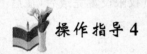

操作指导 4

账 套 恢 复

步骤

① 以系统主管"admin"的身份注册系统管理。

② 选择"账套"→"恢复"命令,然后选择备份账套的存放路径及所要恢复的备份文件,即可完成账套的恢复工作,如图 2.4.20 所示。

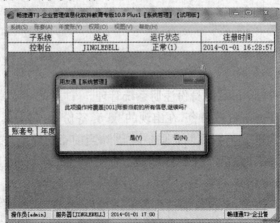

图 2.4.20 账套的恢复工作

任务五　实战演练：企业基础资料设置

沫沫："用友和金蝶的建账步骤确实不太一样！"
笑笑："对，而且界面也有些许差别。"
沫沫："那接下来是设置企业基础资料了吧，也有不一样的地方么？"
娟娟："沫沫，你的电算化果然学得不错！让我考考你，知道企业的基础资料包括哪些吗？"
沫沫："那我如果能回答的话，你可以告诉我用友设置基础资料的步骤吗？"
笑笑："没问题！"

基础资料的概念

基础资料，就是在系统中使用的各种公用信息资料的总称。包括用户在录入凭证或者录入单据时，需要输入的一些业务资料信息，如科目、币别、商品、客户、物料等信息。对于这些经常使用的基础数据，为了便于进行统一的设置与管理，我们提供了基础资料管理功能。

基础资料设置是应用 KIS 系统进行日常业务处理所必须进行的，包括财务和业务资料的设置，这里的每一步设置都关系到启用系统后对应模块的操作，是为后面更好地使用软件打下基础，因此基础资料的设置是相当重要的。

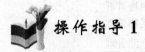

系统登录

① 双击桌面的"T3-企业管理信息化软件教育专版"图标，或者选择"开始"→

"所有程序"→"T3—企业管理信息化软件教育专版"→"T3"→"T3—企业管理信息化软件教育专版",启动后进入登录界面,如图 2.5.1 所示。

② 进入系统后,可选择"文件"→"重新注册"命令来更换操作员,或者双击系统"主界面"窗口下方的状态栏,在弹出登录界面后进行注册。

图 2.5.1　登录界面

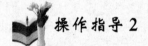

企业基本信息设置

1. 部门档案设置

【实验资料】

实验资料如表 2.5.1 所示。

表 2.5.1　部门档案

编号	部门名称	部门属性
1	行政部	管理部门
2	财务部	财务管理
3	销售部	销售管理
4	采购部	采购管理
5	仓储部	仓储管理

① 登录 T3 账套后,选择"基础设置"→"机构设置"→"部门档案"命令,弹出"部门档案"窗口,单击工具栏上的"增加"按钮,然后在窗口右边栏中录入部门编

码、部门名称等信息,如图 2.5.2 所示。

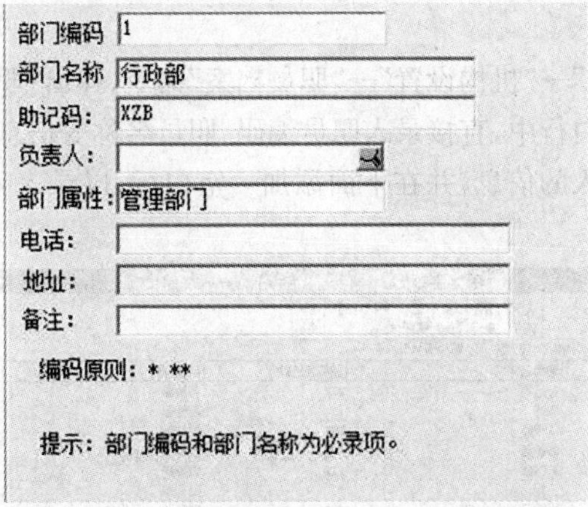

图 2.5.2 "部门编码、部门名称"等信息的录入

② 录入完一个部门信息后,单击工具栏上的"保存"按钮,保存当前录入的部门信息,并继续在"部门档案"窗口右边栏中录入其他部门档案信息。

你知道吗?
部门信息录入错误的,应先在窗口左边栏中选中需要修改的部门,然后单击"修改"按钮,在右边栏中进行改正,改正后单击"保存"按钮。
部门编码不能修改,只能删除该部门后再重新增加。

2. 职员档案设置

【实验资料】

实验资料如表 2.5.2 所示。

表 2.5.2 职员档案

职员编码	职员姓名	所属部门	职员属性
10101	孙红梅	行政部门	部门经理
10301	李婷	财务部	部门经理
10302	华少锋	财务部	职员
10303	黄超慧	财务部	职员
10304	孙晓伟	财务部	职员
10305	王娟	财务部	职员
00201	程晓云	销售部	部门经理
00301	刘庆辉	采购部	部门经理
00401	乔飞宇	仓储部	部门经理

选择"基础设置"→"机构设置"→"职员档案"命令,弹出"职员档案"窗口,在工具栏下方表格的空白行中,直接录入职员编码、职员名称等信息,单击"增加"按钮,系统自动保存已录入的信息,并在下面添加一空白行,以录入新的职员信息资料。如图 2.5.3 所示。

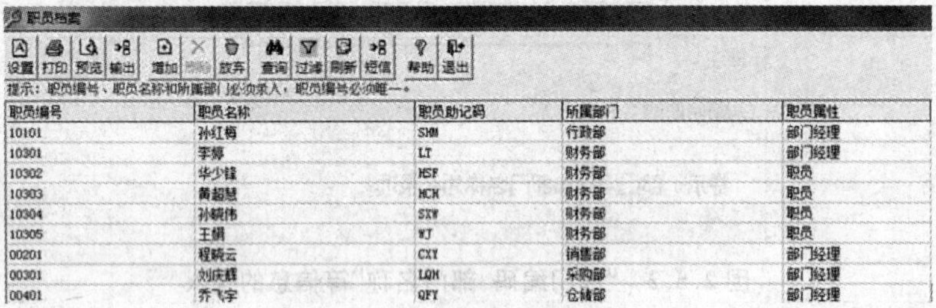

图 2.5.3 "职员档案"窗口

3. 客户分类设置

【实验资料】

实验资料如表 2.5.3 所示。

表 2.5.3 客户分类

分类编码	分类名称
01	本地
02	外地

选择"基础设置"→"往来单位"→"客户分类"命令,弹出"客户分类"窗口,在工具栏下方表格的空白行中,直接录入相关信息并保存。如图 2.5.4 所示。

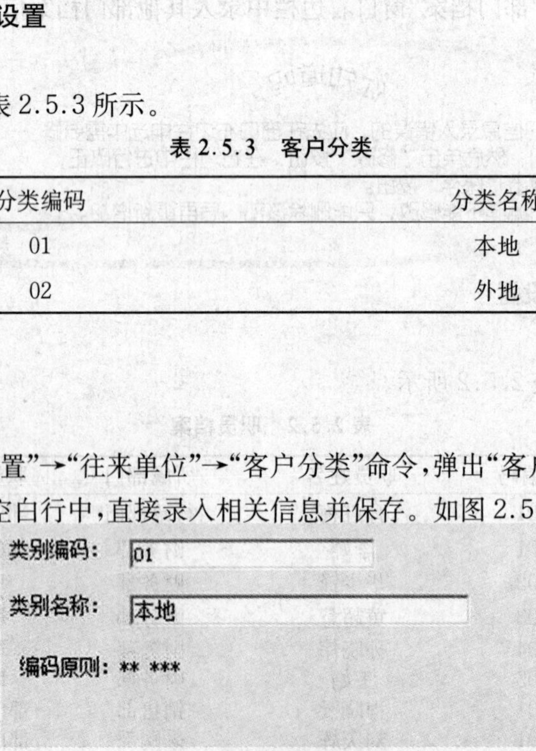

图 2.5.4 "客户分类"窗口

4. 客户档案设置

【实验资料】

实验资料如表2.5.4所示。

表 2.5.4 客户档案

客户编号	客户名称	客户简称	税 号
0101	深圳顺达商贸公司	顺达商贸	83001442
0201	福建荣华贸易公司	荣华贸易	40025996
0202	西安田丰贸易公司	田丰贸易	52200142

步骤

选择"基础设置"→"往来单位"→"客户档案"命令,弹出"客户档案"窗口,窗口左边栏显示已经设置的客户分类,选中某一客户分类,窗口右边栏会显示出该分类下的所有客户列表;单击"增加"按钮,弹出"客户档案卡片"窗口,该窗口包括四个标签页,即"基本"、"联系"、"信用"、"其他",分别记录客户不同属性的资料;单击"保存"按钮,系统自动保存先前录入的客户档案,同时新增一张空白卡片,以录入新的客户资料,如图2.5.5所示。

图 2.5.5 "客户档案卡片"窗口

5. 供应商分类设置

【实验资料】

实验资料如表2.5.5所示。

表 2.5.5 供应商分类表

分类编码	分类名称
01	本地
02	外地

选择"基础设置"→"往来单位"→"供应商分类"命令进行设置,如图2.5.6所示。

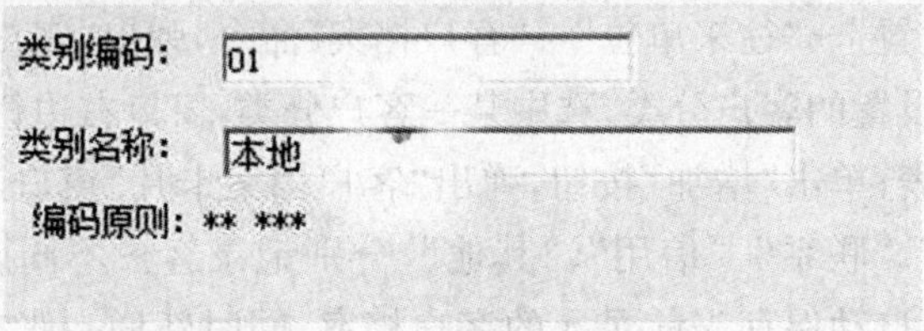

图 2.5.6 "供应商分类"设置

6. 供应商档案设置

【实验资料】

实验资料如表2.5.6所示。

表 2.5.6 供应商档案

供应商编号	供应商名称	供应商简称	税 号
0101	深圳华安贸易公司	华安贸易	83004602
0201	重庆天安贸易公司	天安贸易	50038226
0202	汕头大元贸易商行	大元商行	73005582

选择"基础设置"→"往来单位"→"供应商档案"命令进行设置,如图2.5.7所示。

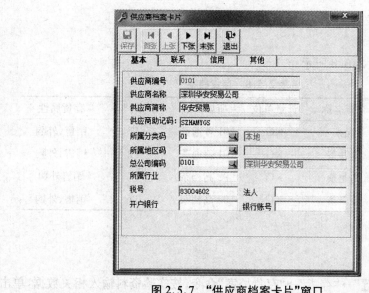

图 2.5.7 "供应商档案卡片"窗口

7. 存货分类设置

【实验资料】

实验资料如表 2.5.7 所示。

表 2.5.7 存货分类

分类编码	分类名称
01	普通茶
02	高档茶

步骤

选择"基础设置"→"存货"→"存货分类"命令进行设置,如图 2.5.8 所示。

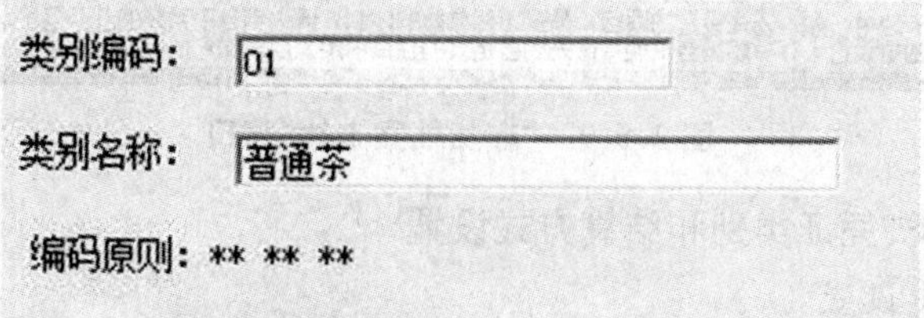

图 2.5.8 "存货分类"设置

8. 存货档案设置

【实验资料】

实验资料如表 2.5.8 所示。

表 2.5.8 存货档案

存货编号	存货名称	计量单位	所属类别	税率(%)	存货属性
0101	绿茶	KG	01 普通茶	17	销售、外购
0102	龙井茶	KG	01 普通茶	17	销售、外购
0201	乌龙茶	KG	02 高档茶	17	销售外购
0202	普洱茶	KG	02 高档茶	17	销售、外购

步骤

选择"基础设置"→"存货"→"存货档案"命令,按实验资料输入相关数据,单击"保存"按钮,如图 2.5.9 所示。

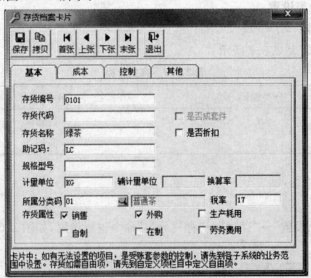

图 2.5.9 "存货档案卡片"窗口

9. 外币种类、凭证类别和结算方式设置

1)外币种类设置

【实验资料】

实验资料如表 2.5.9 所示。

表 2.5.9　外币种类

币符	USD	HKD
记账汇率	6.2	0.78
币名	美元	港元
折算方式	外币 * 汇率 = 本位币	外币 * 汇率 = 本位币
汇率小数位	2 位	2 位
固定/浮动汇率	固定汇率	固定汇率

选择"基础设置"→"财务"→"外币种类"命令,在弹出的"外币设置"窗口中录入币符"USD",币名"美元",单击"增加"按钮,再选择增加的币种"美元",选择"固定汇率",在"记账汇率"列输入期初汇率。如图 2.5.10 所示。

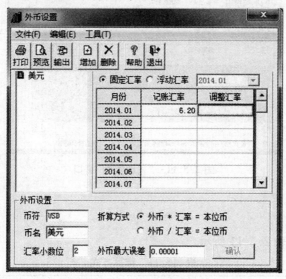

图 2.5.10　"外币设置"窗口

2）凭证类别设置

【实验资料】

实验资料如表 2.5.10 所示。

表 2.5.10 凭证类别

类别字	类别名称	限制类型	限制科目
付	付款凭证	贷方必有	1001,1002
收	收款凭证	借方必有	1001,1002
转	转账凭证	凭证必无	1001,1002

选择"基础设置"→"财务"→"凭证类别"菜单命令,在打开的"凭证类别预置"窗口中选择"收款凭证"、"付款凭证"、"转账凭证"项,然后填制"限制类型"和"限制科目",如图2.5.11所示。

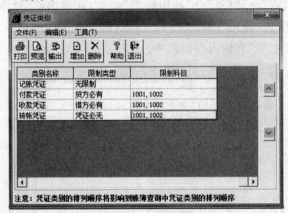

图 2.5.11 "凭证类别"窗口

3) 结算方式设置

【实验资料】

实验资料如表 2.5.11 所示。

表 2.5.11 结算方式

代码	结算方式
1	现金
2	电汇
3	信汇

续表

代码	结算方式
4	商业汇票
5	银行汇票
6	现金支票
7	信用卡
8	银行本票
9	转账支票

选择"基础设置"→"收付结算"→"结算方式"菜单命令,在窗口的右边栏对应条目中,根据实验资料录入结算方式编码与结算方式名称。如果该结算方式需要进行票据管理,还应将"票据管理标志"打上"√"标志。单击"保存"按钮,系统自动保存当前录入的结算方式信息,并在窗口左边栏中显示已添加的结算方式,如图2.5.12所示。

图2.5.12 "结算方式"窗口

10. 会计科目设置

根据会计科目和期初余额表(表2.5.12),进行以下操作:

1) 新增明细科目
2) 辅助类核算科目设置
(1) 外币核算科目设置。
(2) 往来类科目设置。
(3) 数量类科目设置。
3) 修改明细科目、删除明细科目
4) 指定会计科目设置
(1) 现金总账科目设置:库存现金。

(2) 银行总账科目设置:银行存款。

(3) 现金流量科目设置:库存现金、工行存款、农行存款、中行存款、建行存款。

5) 项目档案设置

(1) 项目大类一:"存货核算"(使用存货目录定义项目);核算科目为"在途物资"、"库存商品"、"主营业务收入"、"主营业务成本"。

(2) 项目大类二:现金流量项目,一般企业(新准则)。

【实验资料】

表 2.5.12 会计科目和期初余额表

编码	名称	借方余额	贷方余额	辅助核算设置
1001	库存现金	8 700		
1002	银行存款	8 325 600		
1002.01	工行存款	4 590 000		日记账、银行账
1002.02	中行存款	620 000 100 000(美元)		外币核算,美元日记账、银行账
1002.03	农行存款	3 100 000		日记账、银行账
1002.04	建行存款	15 600 20 000(港币)		外币核算,港币日记账、银行账
1012	其他货币资金			
1012.01	外埠存款			
1101	交易性金融资产			
1101.01	成本			
1101.02	公允价值变动损益			
1121	应收票据	36 780		
1122	应收账款	17 000		客户往来业务
1123	预付账款			供应商往来业务
1221	其他应收款			
1221.01	其他应收个人款			个人往来
1221.02	其他应收单位款			客户往来业务
1231	坏账准备			
1402	在途物资			

续表

编码	名称	借方余额		贷方余额	辅助核算设置
1403	原材料	数量	金额		
1403.01	甲材料	1 000	52 000		数量金额核算； 计量单位:KG；
1403.02	乙材料	800	13 500		数量金额核算； 计量单位:m；
1405	库存商品	167 800			数量金额核算； 计量单位:KG； 项目核算
1406	发出商品				
1408	委托加工物资				
1503	可供出售金融资产				
1503.01	成本				
1503.02	利息调整				
1503.03	应计利息				
1503.04	公允价值变动损益				
1601	固定资产	390 000			
1602	累计折旧			163 200	
1604	在建工程				
1701	无形资产				
1702	累计摊销				
2001	短期借款				
2201	应付票据				
2202	应付账款			32 000	供应商往来业务
2203	预收账款				客户往来业务
2211	应付职工薪酬			76 800	
2211.01	应付职工工资			70 000	
2211.02	应付奖金、津贴和补贴				
2211.03	应付福利费			6 800	

续表

编码	名称	借方余额	贷方余额	辅助核算设置
2221	应交税费		46 700	
2221.01	应交增值税		46 700	
2221.01.01	进项税额		21 300	
2221.01.02	已交税金			
2221.01.06	销项税额		68 000	
2221.02	未交增值税			
2701	长期应付款			
3001	实收资本		8 000 000	
3002	资本公积		692 680	
3103	本年利润			
5001	主营业务收入			计量单位：KG 项目核算
5051	其他业务收入			
5101	公允价值变动损益			
5111	投资收益			
5401	主营业务成本			计量单位：KG 项目核算
5403	营业税金及附加			
5601	销售费用			
560101	办公费			
560102	差旅费			
560103	招待费			
560104	折旧费			
560105	工资			
560106	福利费			
560107	其他费用			
5602	管理费用			
560201	办公费			
560202	差旅费			
560203	招待费			
560204	折旧费			
560205	工资			

续表

编码	名称	借方余额	贷方余额	辅助核算设置
5602.06	福利费			
5602.07	其他费用			
5603	财务费用			
5603.01	利息费用			
5603.02	手续费用			
5603.03	现金折扣			
5603.04	汇兑损失			
	合计	9 011 380	9 011 380	

1) 新增明细科目

选择"基础设置"→"财务"→"会计科目"按钮，进入"会计科目_新增"窗口，输入实验资料中的明细科目编码、名称，同时设置该科目的各项属性信息。新增科目信息输入完毕后，单击"确定"按钮，保存科目信息，如图2.5.13所示。

图 2.5.13 "会计科目_新增"窗口

2) 辅助类核算科目设置
(1) 外币核算科目设置。

外币核算科目设置要先选择"外币核算"选项,然后选择币种,如图 2.5.14 所示。

图 2.5.14 "会计科目_新增"窗口

(2) 往来类科目设置。

受控系统:会计科目如设某一模块为受控系统,则涉及该科目的凭证只能由受控系统生成,而不能直接在总账系统中做相应凭证。例如,在启用应收应付模块的前提下,若设置应收应付科目为受控科目,则做凭证的时候就不能在总账里做应收应付的凭证,只能通过应收应付模块传递回总账,以保证总账与应收应付的一致性。往来类科目的设置要选择辅助核算。如图 2.5.15 所示。

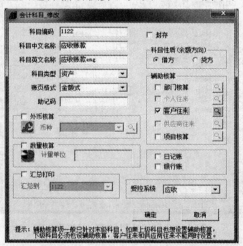

图 2.5.15 "会计科目_修改"窗口

（3）数量类科目设置。

数量类科目设置要先选择"数量核算"选项，然后输入计量单位，如图 2.5.16 所示。

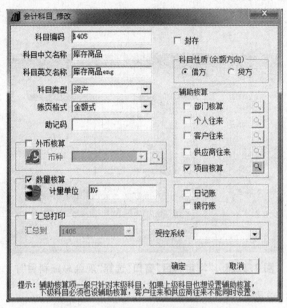

图 2.5.16 "会计科目_修改"窗口

3）修改明细科目、删除明细科目

在"会计科目"窗口中，选中要修改或删除的会计明细科目，单击菜单栏上的"修改"或"删除"即可，如图 2.5.17 所示。

图 2.5.17 "会计科目"窗口

4) 指定会计科目设置

在"会计科目"窗口中,选择"编辑"→"指定科目"命令,弹出"指定科目"窗口。

(1) 现金总账科目设置。

选择"现金总账科目",将"库存现金(1001)"由待选科目选入已选科目,如图 2.5.18 所示。

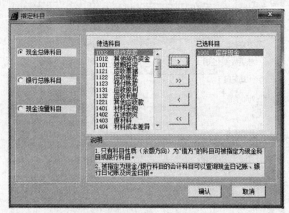

图 2.5.18 "指定科目"窗口(选择"现金总账科目")

(2) 银行科目总账设置。

选择"银行总账科目",将"银行存款(1002)"由待选科目选入已选科目,如图 2.5.19 所示。

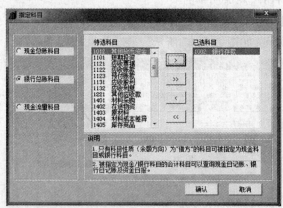

图 2.5.19 "指定科目"窗口(选择"银行总账科目")

(3) 现金流量科目设置。

选择"现金流量科目",将"库存现金(1001)、工行存款(100201)、中行存款(100202)、农行存款(100203)、建行存款(100204)"由待选科目选入已选科目,如

图2.5.20所示。

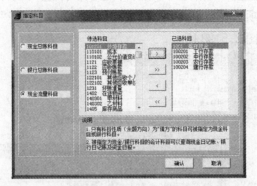

图2.5.20 "指定科目"窗口(选择"现金流量科目")

你知道吗？

指定现金流量科目，是利用总账中的现金流量辅助核算，方便编制现金流量报表。同时，还需要在"项目档案"设置中设置现金流量项目，将现金流量科目选入现金流量档案管理，才能在凭证填制中录入具体的现金流量属性信息。

5）项目档案设置

① 选择"基础设置"→"财务"→"会计科目"命令，对设置了项目核算的科目"在途物资"、"库存商品"、"主营业务收入"、"主营业务成本"进行设置，以与存货核算项目关联上。如选择"在途物资"科目，双击进入修改模式，勾选"项目核算"，如图2.5.21所示。

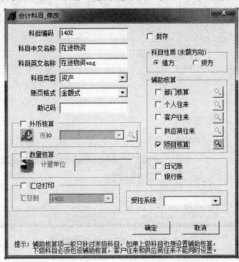

图2.5.21 "会计科目_修改"窗口

② 选择"基础设置"→"财务"→"项目目录"命令,进入"项目档案"窗口。单击"增加"按钮,打开"项目大类定义_增加"窗口,在该窗口中选择"使用存货目录定义项目"单选按钮,如图2.5.22所示。

图2.5.22 "项目大类定义_增加"窗口

③ 单击"完成"按钮进行保存,然后单击"退出"按钮,返回"项目档案"窗口。在"待选科目"列表中显示设置了"核算科目"辅助核算类型的会计科目,将"在途物资"、"库存商品"、"主营业务收入"、"主营业务成本"科目选入"已选科目"列表,并单击"确定"按钮,如图2.5.23所示。

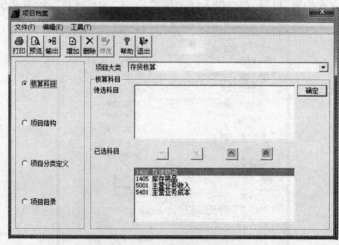

图2.5.23 "项目档案"窗口

④ 单击"确定"按钮,设定完成,然后单击"退出"按钮。存货核算项目设置后,在输入相关项目核算科目的余额、业务处理时候,就会要求选择存货档案中设置的商品目录。

⑤ 以同样的步骤设置现金流量项目。

任务六 奋战"沙场":期初余额录入

笑笑:"虽说界面不太一样,但是需要录入的公司基本资料差不多吧!"

沫沫:"确实,看来我学过金蝶软件也能学好用友软件!"

笑笑:"那是当然,这两个软件所用到的会计知识是一样的呢! 在录入期初余额时你就能深深体会到了!"

沫沫:"是吗! 那你快告诉我具体步骤吧!"

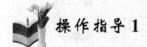

总账控制参数设置

【实验资料】

总账控制参数

凭证:可以使用其他系统受控科目,打印凭证页脚姓名,出纳凭证必须经由出纳签字,凭证编号采用系统编号,外币核算采用固定汇率,进行预算控制,新增凭证时自动带入的时间为登录时间。

账簿、会计日历、其他:按系统默认参数设置。

选择"总账"→"设置"→"选项"命令,进行总账控制参数设置,如图 2.6.1 所示。

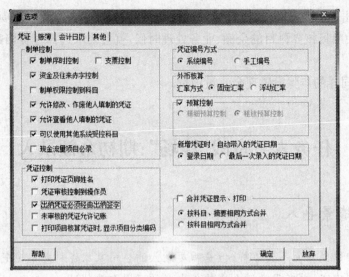

图 2.6.1　总账控制参数设置

你知道吗?

制单序时控制:系统规定制单的凭证编号应按时间顺序排列,即制单序时,若选择了此项,则在制单时凭证号必须按日期顺序排列。如有特殊需要,可将其改为不按序时制单。

操作指导 2

期初余额录入

【实验资料】

1. 客户往来

应收账款科目余额表如表 2.6.1 所示,收款期限均为 2014 年 1 月 31 日。

表 2.6.1　客户往来应付账款期初数据

日期	客户	摘要	金额/元
2013-12-18	顺达商贸	期初应收账款	12 000
2013-12-20	田丰贸易	期初应收账款	5 000

2. 供应商往来

应付账款科目余额表如表 2.6.2 所示,收款期限均为 2014 年 1 月 31 日。

表 2.6.2 供应商往来应付账款期初数据

日期	供应商	摘要	金额/元
2013-12-09	大元商行	期初应付账款	2 000
2013-12-23	天安贸易	期初应付账款	30 000

3. 库存期初

期初库存存货数据如表 2.6.3 所示。

表 2.6.3 库存存货期初数据

存货编码	存货名称	计量单位	数量	单价	金额
0101	绿茶	公斤	1 000	50	50 000
0102	龙井茶	公斤	800	100	80 000
0201	乌龙茶	公斤	50	500	25 000
0202	普洱	公斤	32	400	12 800

1. 一般会计科目期初余额

选择"总账"→"设置"→"期初余额"命令,进入"期初余额录入"窗口,在白色单元格内直接录入末级科目的期初余额,黄色单元格表示有下级科目,其余额由下级科目自动汇总计算。如图 2.6.2 所示。

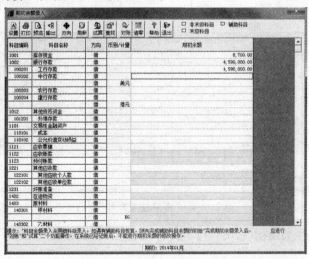

图 2.6.2 "期初余额录入"窗口

2. 外币科目期初余额

手动录入按照汇率折算后的本位币余额和外币余额(不是通过录入外币余额后自动计算人民币余额),银行存款期初余额由各银行存款自动计算得出,如图2.6.3所示。

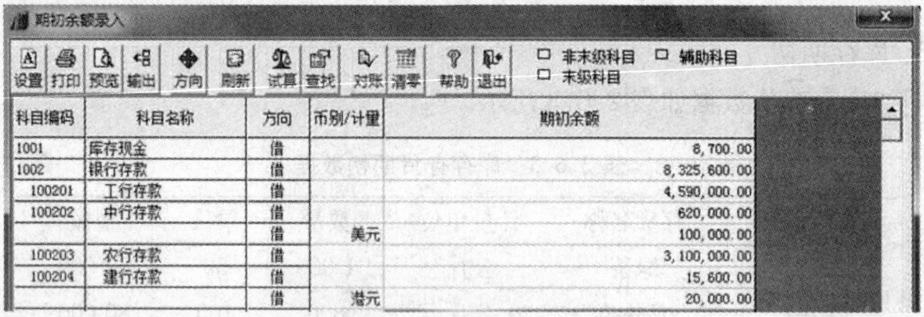

图2.6.3 "期初余额录入"窗口

3. 设置了辅助核算属性科目的期初余额

① 蓝色单元格表示该科目设置了辅助核算属性。如应收账款科目,双击该单元格,进入"客户往来期初"窗口,在"客户(供应商)往来期初"窗口中单击"增加"按钮,录入客户(供应商)往来期初资料,如图2.6.4所示。

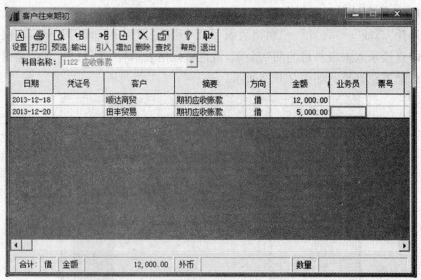

图2.6.4 "客户往来期初"窗口

② 供应商往来期初(2202 应付货款),如图2.6.5所示。

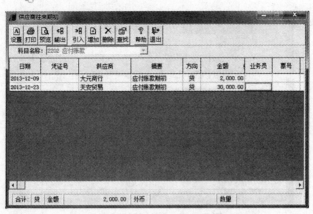

图 2.6.5 "供应商往来期初"窗口

③ 设置了数量金额辅助核算的科目,在录入期初余额时要录入数量、金额,如图 2.6.6 所示。

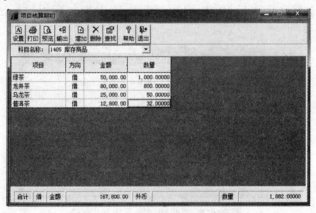

图 2.6.6 "项目核算期初"窗口

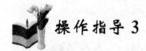

期初对账和试算平衡

① 各科目的期初余额录入完毕后,单击"对账"按钮,进入"期初对账"窗口,然后单击"开始"按钮,进行期初余额的总账上下级、总账与明细账、总账与辅助总账的数据核对,如图 2.6.7 所示。

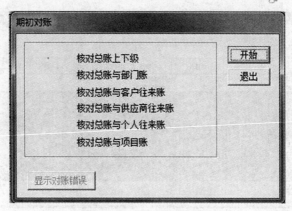

图 2.6.7 "期初对账"窗口

② 如果对账有错误,那么对账结束后单击"显示对账错误"按钮,系统将列示发现的对账错误。

③ 单击"对账",无误后,单击"下一步"按钮,对期初数据进行试算平衡检查,如图 2.6.8 所示。

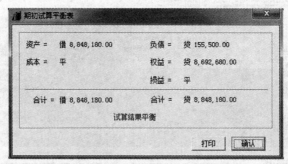

图 2.6.8 "期初试算平衡表"窗口

你知道吗?
若账套不是在一月份启用,则期初余额要录入末级科目的期初余额及累计借方发生额、累计贷方发生额,年初余额将自动计算出来。

思考一下

1. 部门档案和职员档案通常在什么情况下被使用?

2. 应该如何修改有关的档案信息?
3. 如果总账系统的期初余额不平衡,能否填制记账凭证?
4. 为什么同一个企业资料在金蝶和用友的试算平衡表中的数值不同呢?

实战演练

【实战素材】

1. 建账信息

账套号:002;账套名称:深圳深科投资有限公司;账套路径:按系统默认;启用日期:2014年1月。

2. 单位信息

单位名称:深圳深科投资有限公司;单位简称:深科投资;单位地址:深圳市南山区南头街道007号;法人代表:邱天;邮政编码:518000;联系电话:0755-36546638;传真:0755-36546638;电子邮件:shenketz@sina.com。

3. 核算类型

本位币代码:RMB;本位币名称:人民币;企业类型:商业;行业性质:小企业会计准则;账套主管:demo;按行业性质预设会计科目。

4. 基础信息

企业进行业务处理时,需要对存货、客户、供应商进行分类,有外币核算。

5. 业务流程

采购流程:标准流程;销售流程:标准流程。

6. 分类编码方案

科目编码级次:4-2-2-2;客户分类编码级次:2-3;部门编码级次:1-2;地区分类编码级次:2-3-4;存货分类编码级次:2-2-2;收发类别编码级次:1-1-2;结算方式编码级次:1-2;供应商分类编码级次:2-3;其余编码按系统默认。

7. 数据精度

设置存货单位小数位、开票单价小数位为2,其余数据精度按系统默认设置。

8. 系统启用

会计年度:2014年1月1日—2014年12月31日,各模块启用日期为2014年1月。

项目三 核心要素掌握——账务处理

任务名称	账务处理	任务编号	002	时间要求	12课时
要　求	1．掌握凭证的录入、审核、修改与过账； 2．掌握总分类账、明细分类账、科目余额表的查询				
培养目标	掌握账务处理程序的内容及操作方法，掌握日常业务处理的流程及操作方法				
教学地点	教室				
教学设备	投影设备、投影幕布、电脑、KIS专业版10.0和用友标准版10.8财务软件				
训　练　内　容					
1．KIS专业版10.0凭证处理、账簿处理和期末处理； 2．用友标准版10.8凭证录入、账簿处理和期末处理					
训　练　要　求					
1．掌握KIS专业版10.0凭证处理、账簿处理和期末处理； 2．掌握用友标准版10.8凭证录入、账簿处理和期末处理					
成果要求及评价标准					
1．能熟练操作KIS专业版10.0凭证处理、账簿处理和期末处理(50分) 2．能熟练操作用友标准版10.8凭证录入、账簿处理和期末处理(50分)					
任务产出一	成员姓名与分工	组长	学号		分工
		成员1	学号		
		成员2	学号		
		成员3	学号		
		成员4	学号		
		成员5	学号		
		成员6	学号		

续表

任务产出二	1. KIS专业版10.0凭证处理(录入、修改、复制、删除、复核、审核、过账)(20分) 2. KIS专业版10.0账簿处理(总分类账、明细分类账查询、科目余额表)(15分) 3. KIS专业版10.0期末处理(结转损益、结账)(15分) 4. 用友标准版10.8凭证处理(录入、修改、复制、删除、查询、复核、审核、过账)(20分) 5. 用友标准版10.8账簿处理(科目汇总表、记账、查询)(15分) 6. 用友标准版10.8期末处理(结账)(15分)	
项目组评价		总分
教师评价		

账务处理是会计电算化系统中最核心的模块。它以凭证处理为中心,进行账簿、报表的管理,可与各个业务系统无缝连接,其他子系统生成的凭证最终也在总账中体现,实现数据共享。

金蝶专业版

任务一　知识宝典秘籍之一:凭证处理

情景导入

沫沫和兰兰是住在同一宿舍的室友,两个人是无话不谈的好朋友。兰兰看到沫沫拿到会计证之后很是羡慕,但是又担心自己的计算机基础差而不敢报名电算化考试,这天两个人在宿舍里针对这个话题聊了起来。

兰兰:"沫沫,你说我以前没学过计算机,能不能考过会计电算化呢?"

沫沫:"兰兰,其实会计电算化需要的更多的是会计知识呢!你的会计基础学得这么扎实,你应该要充满信心啊!"

兰兰:"真的吗?"

沫沫:"真的,就比如账务处理,录入凭证的时候正是需要我们编制会计分录的知识呢!至于计算机操作步骤,你只要勤加练习就一定能够熟练掌握的!"

兰兰:"好的,那你赶紧教教我操作步骤吧!"

账务处理系统的概念

账务处理系统又称总账系统,是会计核算的核心,其他业务系统往往需要读取财务系统的数据进行核算,而且要将处理结果汇总生成凭证送账务系统统一处理。实际上,许多企业一般都是从账务处理系统开始实行会计电算化的。

账务处理系统的主要内容有:

(1) 账套建立及账套基本信息设置。

(2) 会计科目设置。

(3) 期初余额设置。

(4) 凭证制作(含凭证的录入、审核、查询)。

(5) 凭证记账(过账)。

(6) 账簿查询及打印(包含各种样式的明细账、日记账、往来账)。

(7) 期末结账等内容。

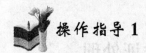

凭证的录入

【实验资料】

2014年1月一般日常业务如下:(请用孙晓伟身份完成凭证处理)

1. 1日,从农业银行提现 1 400 元备用,结算方式为现金支票,结算号为 9636(附件 1 张)。

2. 2日,收到采购部刘庆辉采购的绿茶 100 公斤,不含税单价 50 元的增值税发票。供货单位为大元商行,款项未支付,已验收入库(附件 3 张)。

3. 8日,销售给田丰贸易龙井茶 50 公斤,开出增值税发票,不含税价 200 元,现金已收(附件 3 张)。

4. 10日,农业银行转账支票发放上月职工薪酬 76 800 元,结算号 10613(附件

2张)。

5.12日,以农业银行现金支票支付本月广告费8 000元,结算号11024(附件2张)。

6.15日,农行银行转账支票上缴应交增值税46 700元,结算号11022(附件2张)。

7.18日,采购部刘庆辉出差,预付差旅费3 000元,以库存现金支付(附件2张)。

8.20日,销售给田丰贸易绿茶50公斤,开出增值税发票,不含税价100元/公斤。款项尚未收到(附件2张)。

9.23日,用现金支付水电费1 000元,其中,行政部400元,财务部300元,销售部150元,采购部50元,仓储部100元(附件3张)。

10.27日,采购部刘庆辉报销差旅费2 000元,退回现金1 000元现金(附件3张)。

11.27日,收到向大元商行采购龙井茶共500公斤,不含税价100元/公斤的增值税发票,已开出一张农业银行转账支票支付,结算号16034(附件3张)。

12.28日,向大元商行采购的500公斤龙井茶入库,单价100元/公斤(附件1张)。

13.28日,销售给荣华贸易龙井茶50公斤,开出增值税发票,不含税价200元/公斤。款项尚未收到(附件2张)。

14.29日,行政部采购办公用品1 200元,以现金支付(附件2张)。

15.30日,财务部修理打印机,支付修理费300元,以现金支付(附件2张)。

16.31日,结转本月销售成本12 500元,其中,龙井茶成本10 000元,绿茶成本2 500元。

步骤

1. 录入简单凭证

先以制单员"孙晓伟"的身份登录金蝶系统,在"主页面"上单击"账务处理"→"凭证录入",进入"记账凭证-新增"界面,单击"新增",根据具体业务录入凭证内容后,单击"保存"完成,如图3.1.1所示。

2. 录入含有辅助核算凭证

在"记账凭证-修改"窗口,单击"新增",根据具体业务录入凭证内容,带有辅助核算的凭证要录入辅助核算数据,比如客户名称、供应商名称、部门名称、职员名称等,以"其他应收款"科目为例,必须录入部门和职员名称,然后单击"保存"完成,如图 3.1.2 所示。

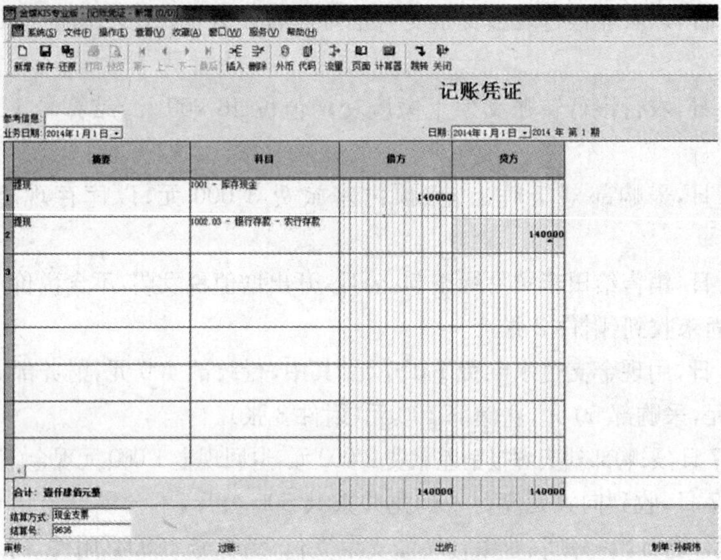

图 3.1.1 "记账凭证-新增"界面

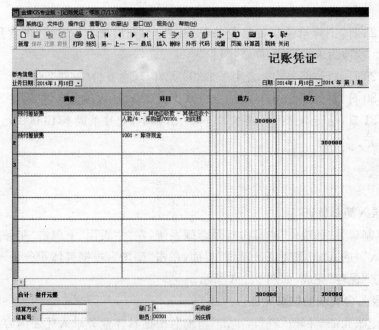

图 3.1.2 "记账凭证-修改"窗口

3. 录入数量金额的凭证

在"记账凭证－新增"窗口，单击"新增"，根据具体业务录入凭证内容，带有数量金额辅核算的凭证要录入数量与单价，以"库存商品"科目为例，录入的凭证如图 3.1.3 所示。

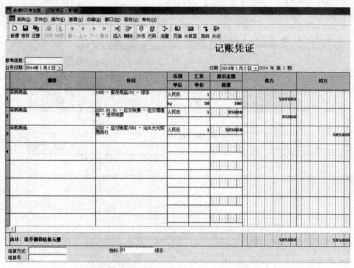

图 3.1.3 "记账凭证－新增"窗口

其他业务请同学们依次独立完成。

> **你知道吗？**
> 为了方便凭证的录入，可以使用系统提供的相关选项功能，单击菜单"查看"→"选项"，系统弹出"凭证录入选项"参数配置窗口，进行设置后单击"确定"即可。在KIS专业版10.0中新增了"金额录入按千分位显示"选项。
> 在录入科目时双击科目栏空白处，调出会计科目表，然后从会计科目表中选择正确科目。

凭证的修改

【实验资料】

修改第一笔业务生成的凭证，原提取现金为 2 000，误记为 1 400。

步骤

在"主页面"上单击"账务处理"→"凭证管理",选择有误的凭证,单击"修改",修改完成后,单击"保存",如图 3.1.4 所示。

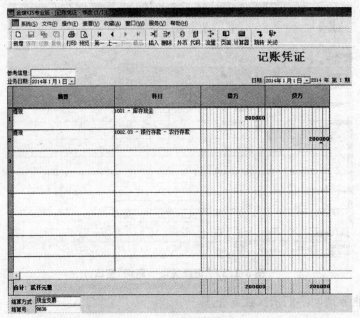

图 3.1.4 "记账凭证-修改"窗口

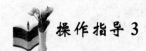

凭证的复制

【实验资料】

复制一张第一笔业务生成的凭证。

步骤

在"主页面"上单击"账务处理"→"凭证管理",选择需要复制的凭证,单击"复制",进入"记账凭证-新增"窗口,再点击"保存"完成,如图 3.1.5 所示。

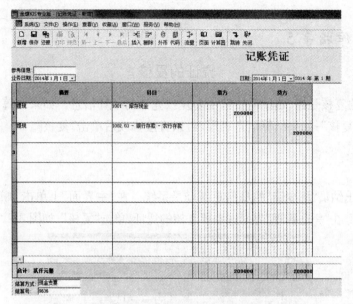

图 3.1.5 "记账凭证-新增"窗口

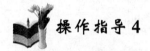

凭证的删除

【实验资料】

删除一张第一笔业务生成的凭证。

在"主页面"上单击"账务处理"→"凭证管理",选择不需要的凭证,单击"删除",系统将提示"是否删除当前凭证?",单击"是",再点击"刷新"完成,如图 3.1.6 所示。

图 3.1.6 "是否删除当前凭证"提示框

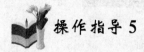

凭证的复核

凭证的复核是指"出纳复核",主要复核凭证的结算信息。如果结算信息无误,直接单击"复核";如果结算信息有误,可以直接修改后单击"复核"。

① 以出纳员"华少锋"的身份重新登录系统。在"主界面"上单击"账务处理"→"凭证管理",在"凭证管理"界面选中要复核的凭证,单击"复核",如图 3.1.7 所示。

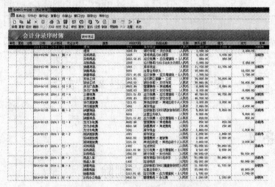

图 3.1.7 "凭证管理"界面

② 若结算信息无误,单击"复核"完成,还可以单击"下一步",进入下一张凭证继续复核,如图 3.1.8 所示。

图 3.1.8 "记账凭证_复核"窗口

项目三　核心要素掌握——账务处理

凭证复核之后，就变成"反复核"按钮，可以通过此按钮来取消复核。

操作指导 6

凭证的审核

制作完凭证后，如果确认无误，下一步就是对凭证进行审核。KIS 专业版 10.0 中，可以单张审核凭证，也可以成批审核凭证。

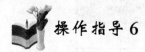

① 由黄超慧以审核人的身份重新登录系统，在主页面单击"凭证管理"，进入"会计分录序时簿"窗口，单击选中需要审核的凭证，单击工具条"审核"按钮，如图 3.1.9 所示。

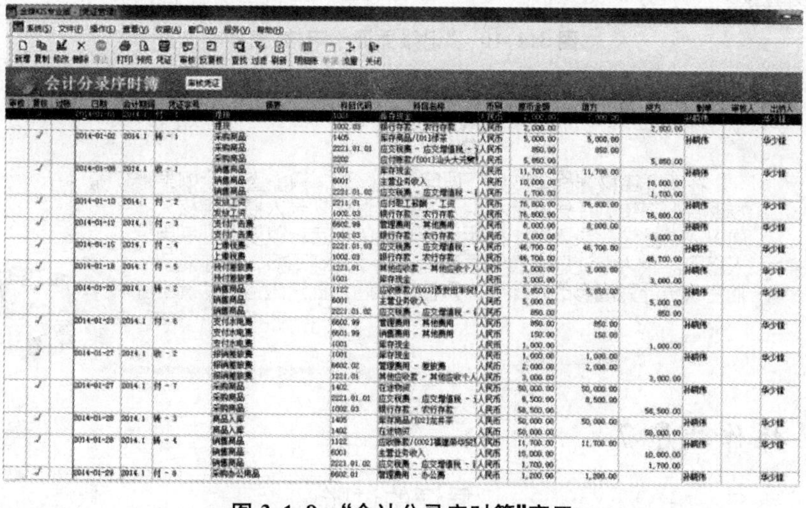

图 3.1.9　"会计分录序时簿"窗口

② 系统将打开"记账凭证"界面，单击"记账凭证"界面中的"审核"按钮即可，如图 3.1.10 所示。

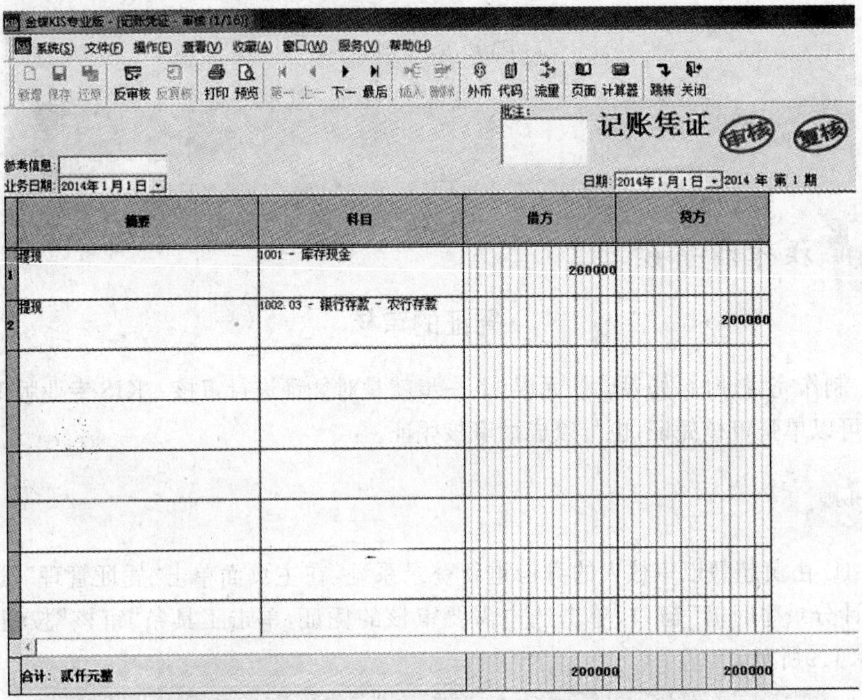

图 3.1.10 "记账凭证－审核"窗口

> **你知道吗？**
>
> 在凭证审核界面中的凭证项目不能修改，只能查看。如果发现凭证有错，在凭证上提供了一个"批注"录入框，审核人可以在"批注"录入框中注明凭证出错的地方，以便凭证制单人修改。录入批注后，表明凭证有错，不允许审核，除非清空批注或凭证完成修改并保存。凭证修改后，批注内容自动清空。

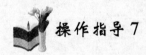

凭证的过账

在会计凭证审核完毕之后就可以开始过账了。凭证过账就是系统将已录入的记账凭证根据其会计科目登记到相关的明细账簿中的过程。

我们可使用凭证过账向导将现有凭证过账处理。单击"凭证过账",弹出"凭证过账"向导,不修改系统参数,直接单击"开始过账",完成过账操作后,系统会显示凭证的过账完成情况,如图3.1.11所示。

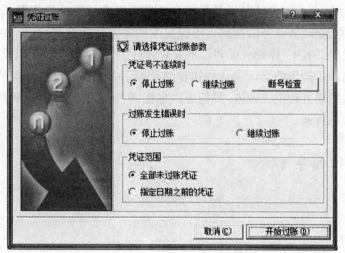

图 3.1.11 "凭证过账"向导

任务二　知识宝典秘籍之二：账簿处理

沫沫:"兰兰,你看会计电算化是不是用到了很多会计基础的知识!"

兰兰:"的确是这样,而且电算化很智能,很严谨。"

沫沫:"对对对!当你查询会计账簿的时候,你更能感觉到会计电算化的智能了!"

兰兰:"会计电算化里的会计账簿有哪些种类的账簿呢?"

沫沫:"手工账里有的电算化里都有,比如总分类账、明细分类账、多栏式明细账,而且在电算里查询起来很方便。"

兰兰:"沫沫,那你快演示给我看吧!"

会计账簿的概念

会计账簿,是按照会计科目开设账户、账页,以会计凭证为依据,用来序时、分类地记录和反映经济业务的簿籍。单位发生的各种经济业务,首先由会计凭证作了最初的反映。其中,原始凭证对经济业务进行了记录和证实,记账凭证则对经济业务的信息作了初步的会计确认和初步的分类记录。在凭证过账的处理中,系统已经将记账凭证自动记入账簿,我们可以根据需要进行总分类账、明细分类账、多栏式明细账的查询。

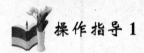

总分类账查询

① 在"主界面"中单击"账务处理",再单击"总分类账",在"过滤条件"窗口中录入查询的条件,单击"确定"即可,如图 3.2.1 所示。

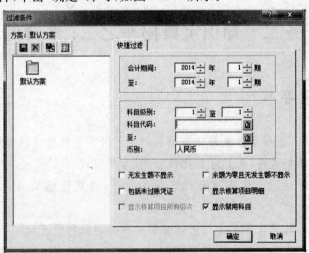

图 3.2.1 "过滤条件"窗口

② 保持默认值，单击"确定"，进入"总分类账"窗口，如图 3.2.2 所示。

图 3.2.2 "总分类账"窗口

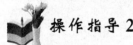

过滤条件可以按照自定义的查询条件进行更明细的查询。

操作指导 2

明细分类账查询

【实验资料】

删除一张第一笔业务生成的凭证。

① 在"主界面"中单击"账务处理"，再单击"明细分类账"，在"过滤条件"窗口中录入查询的条件，如图 3.2.3 所示。

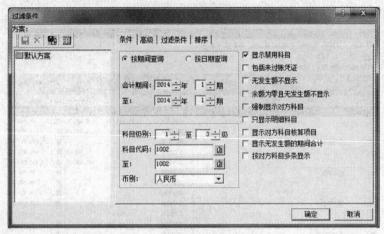

图 3.2.3 "过滤条件"窗口

② 单击"确定",即可查看到"银行存款科目"的"明细分类账",如图 3.2.4 所示。

图 3.2.4 "明细分类账"窗口

操作指导 3

科目余额表的查询

步骤

在"主界面"中单击"账务处理",再单击"科目余额表",在"过滤条件"窗口中录入查询的条件,单击"确定"即可查看到科目余额表,如图 3.2.5 所示。

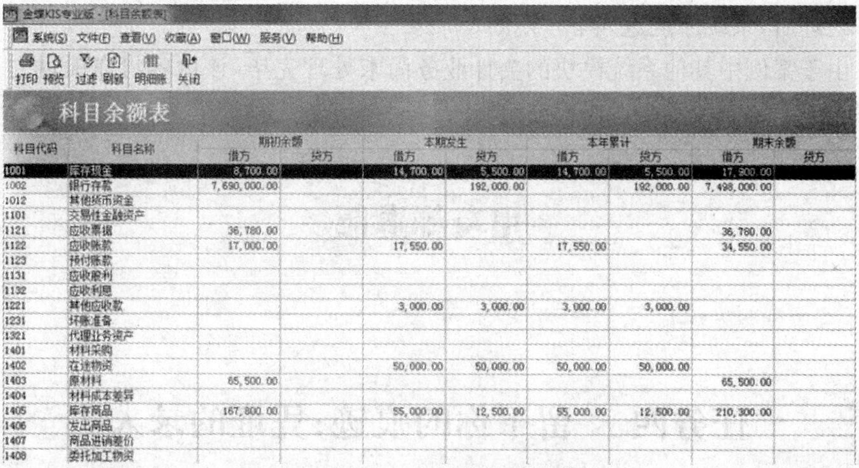

图 3.2.5 "科目余额表"窗口

任务三　知识宝典秘籍之三：期末处理

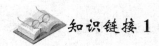

结转损益

企业在期末时，应将各损益类科目的余额转入本年利润科目，以反映企业在一个会计期间内实现的利润或亏损总额。KIS 专业版 10.0 中提供了结转损益功能，使用此功能将所有损益类科目的本期余额全部自动转入本年利润科目，自动生成结转损益记账凭证。

由于案例中其他系统模块的会计业务尚未处理完毕，该内容将在项目六——固定资产管理一章中再作详细说明。

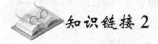

结　账

在本期所有的会计业务全部处理完毕之后，就可以进行期末结账了。系统的数据处理都是针对本期的，要进行下一期间的处理，必须先将本期的账务全部进行结账处理后,系统才能进入下一期间。

由于案例中其他系统模块的会计业务尚未处理完毕,该内容将在项目七——财务报表的编制一章中再作详细说明。

用友标准版

任务四 留下你的痕迹:凭证的录入

周日这天,沫沫到笑笑的职工公寓玩,见到笑笑正在加班,沫沫好奇地凑过去一看,原来笑笑正在用用友软件进行财务处理,沫沫和笑笑又聊了起来。

沫沫:"笑笑,这就是用友的财务处理系统啊!"

笑笑:"沫沫,你好眼力!账务系统是在金蝶软件里的说法,在用友软件里被称作总账系统。"

沫沫:"那它们的主要内容是一样的吗?"

笑笑:"是的,先从凭证开始给你展示一下用友的操作吧!"

沫沫:"太好了,谢谢!"

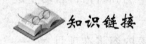

账务处理系统的概念

账务处理系统又称总账系统,是会计核算的核心,其他业务系统往往需要读取账务系统的数据进行核算,而且要将处理结果汇总生成凭证送账务系统统一处理。实际上,许多企业一般都是从账务处理系统开始实行会计电算化的。

账务处理系统的主要内容有:

(1) 账套建立及账套基本信息设置。

(2) 会计科目设置。

项目三 核心要素掌握——账务处理

(3) 期初余额设置。
(4) 凭证制作(含凭证的录入、审核、查询)。
(5) 凭证记账(过账)。
(6) 账簿查询及打印(包含各种样式的明细账、日记账、往来账)。
(7) 期末结账等内容。

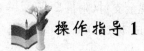

操作指导1

凭证的录入

【实验资料】

2014年1月一般日常业务如下:(请用孙晓伟身份完成凭证处理)

1. 1日,从农业银行提现1 400元备用,结算方式为现金支票,结算号为9636(附件1张)。

2. 2日,收到采购部刘庆辉采购的绿茶100公斤,不含税单价50元的增值税发票。供货单位为大元商行,款项未支付,已验收入库(附件3张)。

3. 8日,销售给田丰贸易龙井茶50公斤,开出增值税发票,不含税价200元,现金已收(附件3张)。

4. 10日,农业银行转账支票发放上月职工薪酬76 800元,结算号10613。其中职工工资70 000元,职工福利费6 800元(附件2张)。

5. 12日,以农业银行现金支票支付本月广告费8 000元,结算号11024(附件2张)。

6. 15日,农行银行转账支票上缴应交增值税46 700元,结算号11022(附件2张)。

7. 18日,采购部刘庆辉出差,预付差旅费3 000元,以库存现金支付(附件2张)。

8. 20日,销售给田丰贸易绿茶50公斤,开出增值税发票,不含税价100元/公斤。款项尚未收到(附件2张)。

9. 23日,用现金支付水电费1 000元,其中,行政部400元,财务部300元,销售部150元,采购部50元,仓储部100元(附件3张)。

10. 27日,采购部刘庆辉报销差旅费2 000元,退回现金1000元现金(附件3张)。

11. 27日,收到向大元商行采购龙井茶共500公斤,不含税价100元/公斤的增值税发票,已开出一张农业银行转账支票支付,结算号16034(附件3张)。

12. 28 日,向大元商行采购的 500 公斤龙井茶入库,单价 100 元/公斤(附件 1 张)。

13. 28 日,销售给荣华贸易龙井茶 50 公斤,开出增值税发票,不含税价 200 元/公斤。款项尚未收到(附件 2 张)。

14. 29 日,行政部采购办公用品 1 200 元,以现金支付(附件 2 张)。

15. 30 日,财务部修理打印机,支付修理费 300 元,以现金支付(附件 2 张)。

16. 31 日,结转本月销售成本 12 500 元,其中,龙井茶成本 10 000 元,绿茶成本 2 500 元。

1. 录入简单凭证

① 以"104 孙晓伟"即制单会计的身份登录系统,在"畅捷通 T3 - 标准版 10.8plus1"窗口中选择"总账"→"凭证"→"填制凭证"命令,或者选择窗口左侧"总账系统"→"填制凭证"命令,进入"填制凭证"窗口,单击"增加"按钮,增加一张空白凭证。按照实验资料,输入有关数据,如图 3.4.1 所示。

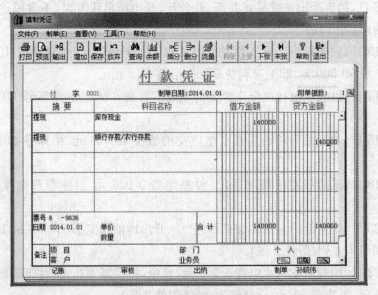

图 3.4.1 "填制凭证"窗口

② 银行科目需要输入(具体与设置有关)结算方式,在弹出的"辅助项"窗口中,可以选择结算方式,如图 3.4.2 所示。

项目三 核心要素掌握——账务处理 187

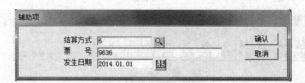

图 3.4.2 "辅助项"窗口

③ 整个凭证输入完成后，单击"保存"按钮，系统弹出"凭证已成功保存！"提示框，再单击"确定"按钮返回，即可保存当前录入的凭证信息。或者直接单击"增加"按钮，系统自动保存当前凭证信息，同时新增一张空白凭证，以便继续录入凭证。

2. 录入含有辅助核算凭证

有辅助核算的凭证要录入辅助核算数据，比如客户名称、供应商名称、部门名称、职员名称等，以"其他应收款"科目为例，必须录入部门和职员名称，如图3.4.3 所示。

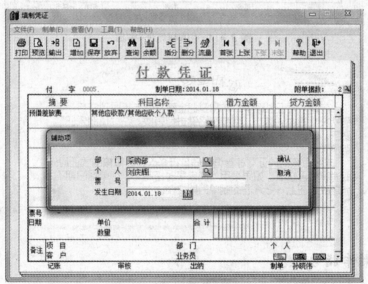

图 3.4.3 "填制凭证"窗口

3. 录入数量金额的凭证

带有数量金额辅核算的凭证要录入数量与单价，以"库存商品"科目为例，录入凭证如图 3.4.4 所示。

其他业务请同学们依次独立完成。

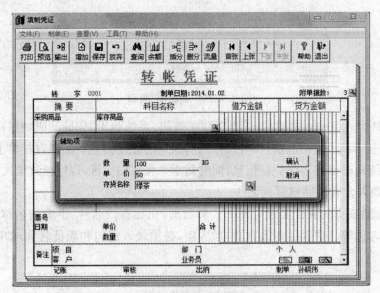

图 3.4.4 "填制凭证"窗口

你知道吗？

在输入凭证过程中，若需要把金额从借方转换到贷方，或是从贷方转换到借方，可按空格键进行转换。在"填制凭证"窗口，单击"余额"按钮，屏幕将显示当前光标所在科目的最新余额。

未经审核的凭证可在查询到后直接修改；已审核的凭证应先取消审核再修改。如果采用"制单序时控制"，则单据日期不能修改为在上一张凭证的制单日期之前。

 操作指导 2

凭证的修改

【实验资料】

步骤

修改第一笔业务生成的凭证，原提取现金为 2 000，误记为 1 400。

对已经输入但未审核的机内记账凭证，可随时找到错误凭证，在填制状态下直接进行修改，但操作员本人或者具有修改权限的操作员才能修改凭证，凭证编号不能修改。选择"总账"→"凭证"→"填制凭证"命令,找到错误凭证进行修改,如图 3.4.5 所示。

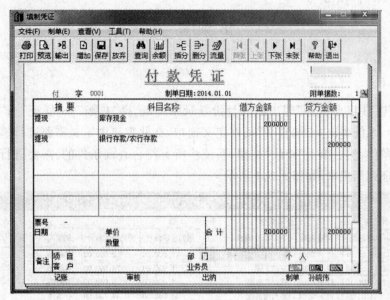

图 3.4.5 "填制凭证"窗口

任务五 签字与审核,缺一不可!

笑笑:"沫沫,你看用友填制凭证的流程和金蝶差不多吧!"
沫沫:"是的。那么填完凭证也要复核和审核的吧!"
笑笑:"对,但是复核的步骤在用友里被称作出纳签字,也就是说,凭证里只要涉及库存现金和银行存款都需要出纳签字。"
沫沫:"原来是这样。"
笑笑:"我给你看看出纳签字和审核过的凭证吧!"
沫沫:"好的!"

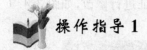

操作指导 1

出 纳 签 字

① 以"102 华少锋"即出纳的身份登录系统,选择"总账"→"凭证"→"出纳签字"命令,系统弹出"出纳签字"条件定义窗口,在此窗口中定义需要进行签字的凭证查询条件,然后单击"确认"按钮,系统将所有符合查询条件的、需要进行出纳签字的凭证列示出来,如图 3.5.1 所示。

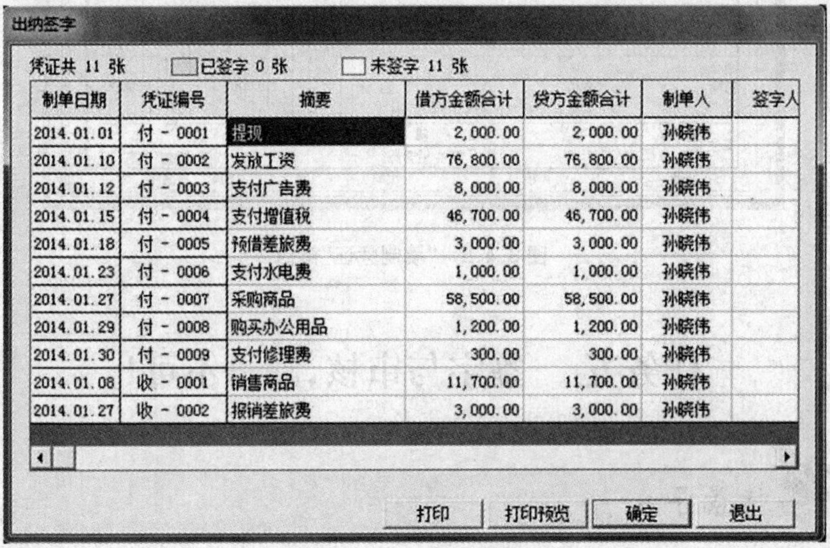

图 3.5.1 "出纳签字"条件定义窗口

② 双击某张要签字的凭证或者选中某张凭证后单击"确定"按钮,进入"出纳签字"窗口。

③ 单击"签字"按钮,凭证底部的"出纳"处将自动签上出纳员的姓名。

④ 单击"下张"按钮,对其他凭证签字,或者选择"出纳"→"成批签字"命令,对所有凭证进行签字,最后单击"退出"按钮,如图 3.5.2 所示。

项目三 核心要素掌握——账务处理

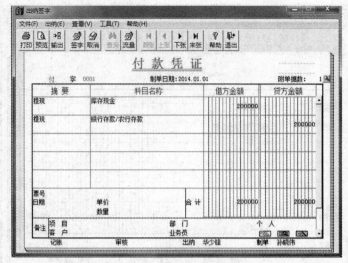

图 3.5.2 "出纳签字"窗口

你知道吗?
凭证一经签字就不能被修改、删除,只有取消签字后才能进行修改、删除操作。
只有涉及现金、银行科目的凭证才需要出纳签字。

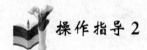

操作指导2

凭证的审核

步骤

① 以"103 黄超慧"即审核员的身份登录系统,选择"总账"→"凭证"→"审核凭证"命令,系统弹出条件查询窗口。
② 定义好查询条件后,单击"确认"按钮,系统显示出符合条件的凭证列表。
③ 双击要进行审核的凭证或选中凭证后,单击"确定"按钮,进入"审核凭证"窗口。
④ 检查要审核的凭证,确认无误后,单击"审核"按钮,凭证底部的"审核"处将自动签上审核员的姓名,如图 3.5.3 所示。
⑤ 单击"下张"按钮,对其他凭证进行审核。或者选择"审核"→"成批审核凭证"命令,完成所有凭证的审核工作。

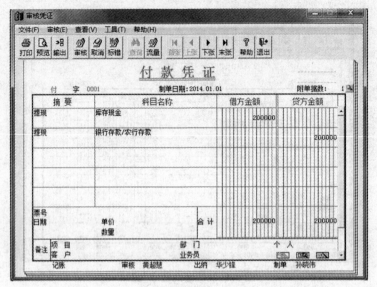

图 3.5.3 "审核凭证"窗口

你知道吗?

若凭证有错,可以单击"标错"按钮,凭证上会显示"有错"红字签章;错误修改后,再单击"标错"按钮,将消除"有错"红字签章。凭证一经审核,就不能被修改、删除,只有被取消审核签字后才可以进行修改或删除。

任务六　知识大盘点:科目汇总、记账和结账

情景导入

沫沫:"笑笑,凭证都录入进去了,如果我想看看科目余额表该怎样操作呢?"

笑笑:"在用友里叫作科目汇总表,如果你想看,我可以将用友的记账和结账操作给你看!"

沫沫:"太棒了! 谢谢你笑笑!"

笑笑:"能遇到一个志同道合的朋友,我也很开心!"

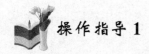

操作指导 1

科目汇总

① 以"101 李婷"即账务主管的身份登录系统,选择"总账"→"凭证"→"科目汇总"命令,系统弹出"科目汇总"条件定义窗口,在此窗口中定义需要进行签字的凭证查询条件,然后点击"汇总"按钮,如图 3.6.1 所示。

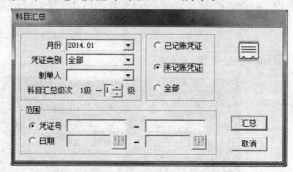

图 3.6.1 "科目汇总"条件定义窗口

② 系统显示出科目汇总,如图 3.6.2 所示。

科目编码	科目名称	外币名称	计量单位	金额合计 借方	金额合计 贷方	外币合计 借方	外币合计 贷方
1001	库存现金			14,700.00	5,500.00		
1002	银行存款				192,000.00		
1122	应收账款			17,550.00			
1221	其他应收款			3,000.00	3,000.00		
1402	在途物资			50,000.00	50,000.00		
1405	库存商品		吨	55,000.00	12,500.00		
资产小计				140,250.00	263,000.00		
2202	应付账款				5,850.00		
2211	应付职工薪酬			76,800.00			
2221	应交税费			56,050.00	4,250.00		
负债小计				132,850.00	10,100.00		
5001	主营业务收入		吨		25,000.00		
5401	主营业务成本		吨	12,500.00			
5601	销售费用			2,150.00			
5602	管理费用			10,350.00			
损益小计				25,000.00	25,000.00		
合计				298,100.00	298,100.00		

图 3.6.2 科目汇总表

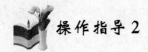
操作指导 2

记　账

步骤

① 选择"总账"→"凭证"→"记账"命令,进入"记账"窗口。

② 选择要进行记账的凭证范围,如图 3.6.3 所示。

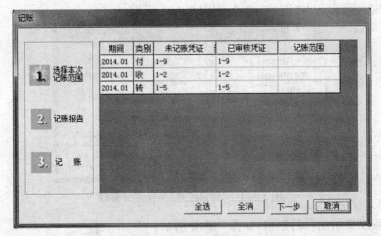

图 3.6.3　"记账"窗口

③ 可以在"记账范围"栏中自行决定要进行记账的凭证范围,也可以单击"全选"按钮,对所有凭证进行记账,然后单击"下一步"按钮。

④ 系统生成记账报告,确认无误后单击"下一步"按钮;如果记账报告显示有错,可以单击"上一步"按钮,重新选择记账范围,或单击"取消"按钮,退出记账过程。

⑤ 单击"记账"按钮,系统弹出"期初试算平衡表"窗口,单击"确认"按钮,系统开始登记总账、明细账、辅助账。登记完毕,弹出"记账完毕!"提示框,单击"确定"按钮,记账完毕,如图 3.6.4 所示。

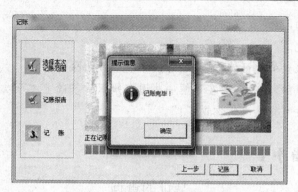

图 3.6.4 "记账完毕!"提示框

> 你知道吗？
> 首次使用总账系统进行记账时，如果期初余额不平衡，则不能记账。
> 如果所选范围内的凭证有不平衡凭证，系统将列出错误凭证，并重选记账范围。

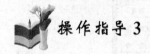

操作指导3

结　　账

在本期所有的会计业务全部处理完毕之后，就可以进行期末结账了。系统的数据处理都是针对本期的，要进行下一期间的处理，必须将本期的账务全部进行结账处理，系统才能进入下一期间。

由于案例中其他系统模块的会计业务尚未处理完毕，该内容将在项目七——财务报表的编制一章中再作详细说明。

任务七　如何管好你的"菜"？——凭证管理

情景导入

笑笑："沫沫，这就是用友软件整个总账系统的处理流程。"

沫沫:"好的,但是我想问你个问题。"

笑笑:"你说。"

沫沫:"如果我的凭证填错了,还可以修改或者删除吗?"

笑笑:"可以的,但是你要在了解一些用友知识的基础上才可以操作噢!"

沫沫:"那我可得认真听你说了!"

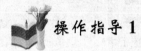

凭证的查询

① 选择"总账"→"凭证"→"查询凭证"命令,系统弹出"凭证查询"条件设置窗口,如图3.7.1所示。

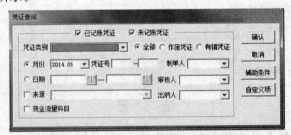

图 3.7.1 "凭证查询"条件设置窗口

② 输入查询条件,单击"确认"按钮,弹出按条件查询到的凭证列表,如图3.7.2所示。

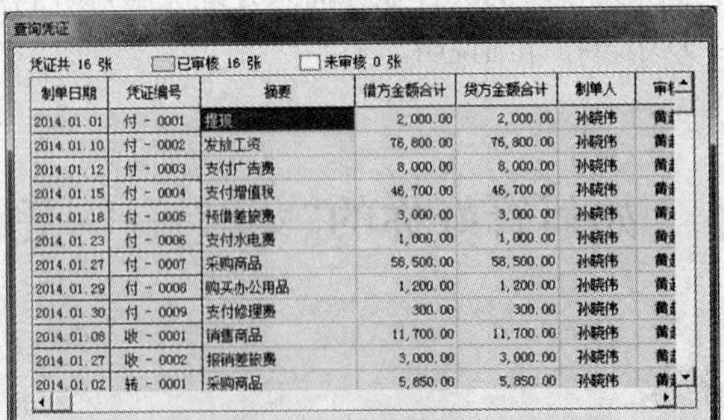

图 3.7.2 "查询凭证"窗口

③ 双击某一凭证行,则显示出该张凭证的详细信息。

操作指导 2

冲销凭证、作废与恢复凭证、整理凭证

1. 冲销凭证

进入"凭证填制"窗口,选择"制单"→"冲销凭证"命令,系统弹出"冲销凭证"条件定义窗口。

输入要冲销的凭证所属月份、凭证类别以及凭证号,单击"确定"按钮,系统自动生成一张红字冲销凭证,如图 3.7.3 所示。

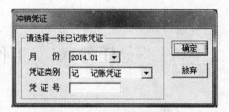

图 3.7.3 "冲销凭证"窗口

2. 作废与恢复凭证

① 进入"凭证填制"窗口,查询到要作废的凭证。

② 选择"制单"→"作废/恢复"命令,当前凭证左上角出现"作废"红字签章,表示该凭证已作废,其凭证数据将不登记到相关账簿中,如图 3.7.4 所示。

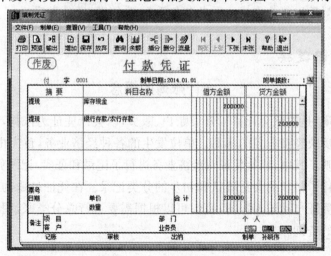

图 3.7.4 "填制凭证"窗口

③ 在"填制凭证"窗口,查询到要恢复的已作废凭证,选择"制单"→"作废/恢

复"命令,凭证左上角的"作废"红字签章消除,该张凭证即恢复为有效凭证。

3. 整理凭证

① 在"填制凭证"窗口,选择"制单"→"整理凭证",系统弹出对话框,选择要进行凭证整理的所属会计期间。

② 选择要整理的会计期间后,单击"确定"按钮,系统弹出已作废的凭证列表,选择要真正删除的凭证,再单击"确定"按钮,系统将从凭证数据库中删除所选定的凭证,并对剩余凭证的凭证号重新编排,以消除断号;如果系统没有作废凭证,那么凭证整理将对凭证编号进行重新排号整理,消除凭证断号。

任务八　工作好帮手:账簿查询

情景导入

沫沫:"笑笑,凭证查过了,我还想查账簿呢!"
笑笑:"你还真是懂得循序渐进,没想到你的求知欲挺强!"
沫沫:"哈哈,我也只是好奇嘛!快为我介绍一下账簿的查询步骤吧!"
笑笑:"好吧!就给你演示下查询余额表、明细账、序时账。"

知识链接

会计账簿的概念

会计账簿,是按照会计科目开设账户、账页,以会计凭证为依据,用来序时、分类地记录和反映经济业务的簿籍。单位发生的各种经济业务,首先由会计凭证作了最初的反映。其中,原始凭证对经济业务进行了记录和证实,记账凭证则对经济业务的信息作了初步的会计确认和初步的分类记录。在凭证过账的处理中,系统已经将记账凭证自动记入账簿,我们可以根据需要进行总分类账、明细分类账、多栏式明细账的查询。

项目三 核心要素掌握——账务处理　　　　　　　　　　　　　　　　199

　　　　　　　　　　余额表、明细账、序时账的查询

1. 余额表

① 余额表可以反映总括的数据情况,在实际工作中十分有用。选择"总账"→"账簿查询"→"余额表"命令,显示出条件输入界面,如图3.8.1所示。

图3.8.1 "发生额及余额查询条件"窗口

② 在条件中,选择"末级科目",单击"确认"按钮后,显示的余额表如图3.8.2所示,还可双击某科目,查看其明细账。

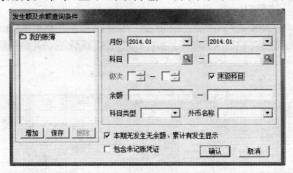

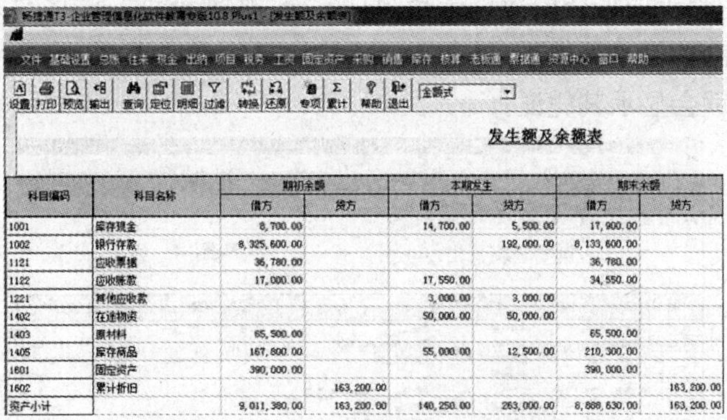

图3.8.2 "发生额及余额表"窗口

2. 明细账

① 选择"总账"→"账簿查询"→"明细账"命令,显示出条件输入界面,如

图 3.8.3 所示。

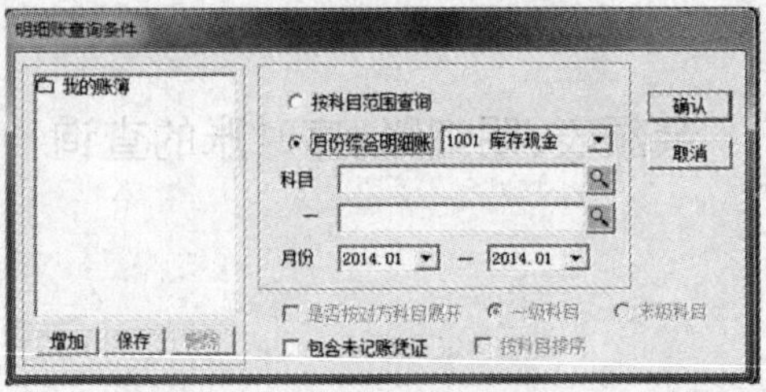

图 3.8.3 "明细账查询条件"窗口

② 选择条件"月份综合明细账",库存现金的明细账如图 3.8.4 所示。双击任一分录,就会显示其凭证。

图 3.8.4 "明细账"窗口

3. 序时账

序时账相当于凭证登记簿。选择"总账"→"账簿查询"→"序时账"命令,显示出条件输入界面,输入条件后,单击"确认"按钮显示序时账,如图 3.8.5 所示。双击任一分录,就会显示其凭证。

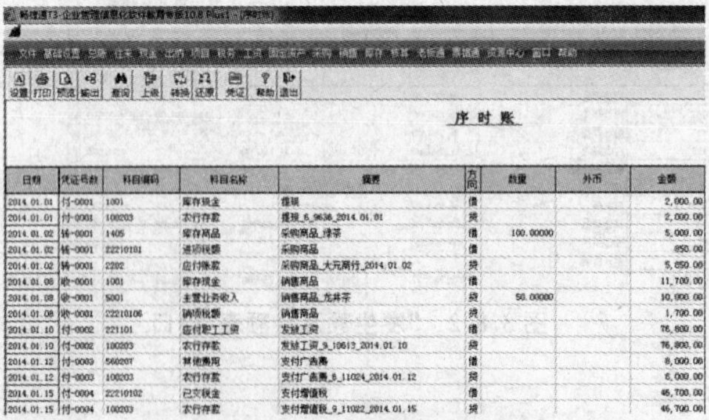

图 3.8.5 "序时账"窗口

任务九　证明你的存在:账簿打印

情景导入

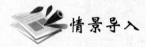

沫沫:“笑笑,生成这些账表的速度可真快!”

笑笑:“沫沫,是呀,要是手工做账的话不知道还得花多长时间!”

沫沫:“那这些电子账表就保存在电脑里吗?”

笑笑:“不是噢,这些账表需要打印出来作为会计档案保存的。”

沫沫:“那么要怎么打印出来呢?”

笑笑:“别着急,让我来告诉你!”

操作指导

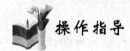

账 簿 打 印

1. 总账打印

选择“总账”→“账簿打印”→“三栏式总账打印”命令,显示出条件输入界面,输入条件后,单击“打印”,如图 3.9.1 所示。

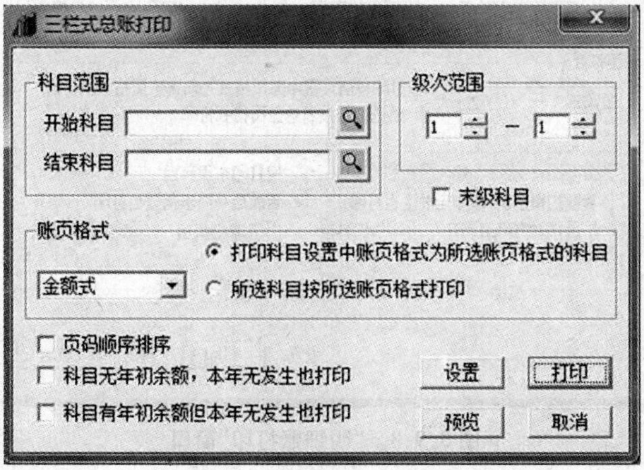

图 3.9.1　“三栏式总账打印”窗口

2. 发生额及余额表打印

选择"总账"→"账簿打印"→"发生额及余额表打印"命令,显示出条件输入界面,输入条件后,单击"打印",如图 3.9.2 所示。

图 3.9.2 "发生额及余额表打印"窗口

3. 明细账打印

选择"总账"→"账簿打印"→"明细账打印"命令,显示出条件输入界面,输入条件后,单击"打印",如图 3.9.3 所示。

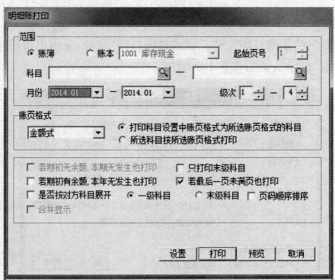

图 3.9.3 "明细账打印"窗口

4. 日记账打印

选择"总账"→"账簿打印"→"日记账打印"命令,显示出条件输入界面,输入条件后,单击"打印",如图 3.9.4 所示。

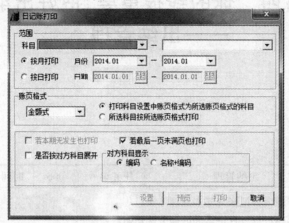

图 3.9.4 "日记账打印"窗口

边学边用

1.(单选题)账套备份只能由( )完成。
    A. 账套主管   B. 系统管理员
    C. 财务经理   D. 部门经理
2.(多选题)账套主管的账套维护工作包括( )。
    A. 账套建立   B. 账套参数修改
    C. 备份年度账   D. 设置账套操作员权限
3.(多选题)涉及( )科目的凭证,需要进行出纳签字。
    A. 应收账款   B. 应付账款
    C. 现金   D. 银行
4.(判断题)账套启用时间可以设置为一个会计年度中的任意一个期间。( )
5.(判断题)某科目已经输入了凭证之后,该科目还可以修改。( )

答案:1.B 2.BCD 3.CD 4.√ 5.×

项目四 你的钱很重要,把好出纳关
——出纳管理

任务书

任务名称	出纳管理	任务编号	006	时间要求	12课时
要　求	1. 了解现金日记账的基本处理方法; 2. 了解银行存款日记账的处理方法和银行对账; 3. 了解支票管理和各种出纳报表的查询					
培养目标	了解电算化方式下出纳管理系统的特点,掌握支票管理、现金和银行存款总账、现金和银行存款日记账、资金日报表管理系统的操作技巧				
教学地点	教室				
教学设备	投影设备、投影幕布、电脑、KIS专业版10.0和用友标准版10.8财务软件				
训　练　内　容					
1. KIS专业版10.0现金日记账、银行日记账、现金日账表、银行对账和支票管理; 2. 用友标准版10.8现金日记账、银行日记账、资金日报、银行对账和支票管理					
训　练　要　求					
1. 掌握KIS专业版10.0现金日记账、银行日记账、现金日账表、银行对账和支票管理; 2. 掌握用友标准版10.8现金日记账、银行日记账、资金日报、银行对账和支票管理					
成果要求及评价标准					
1. 能熟练操作KIS专业版10.0现金日记账、银行日记账、现金日账表、银行对账和支票管理(50分) 2. 能熟练操作用友标准版10.8现金日记账、银行日记账、资金日报、银行对账和支票管理(50分)					

续表

任务产出一	成员姓名与分工	组长	学号	分工
		成员1	学号	
		成员2	学号	
		成员3	学号	
		成员4	学号	
		成员5	学号	
		成员6	学号	

任务产出二	1. KIS专业版10.0现金日记账和银行日记账(20分) 2. KIS专业版10.0现金日账表和银行对账(20分) 3. KIS专业版10.0支票管理(10分) 4. 用友标准版10.8现金日记账、银行日记账(20分) 5. 用友标准版10.8资金日报、银行对账(20分) 6. 用友标准版10.8支票管理(10分)

项目组评价		总分	
教师评价			

金蝶专业版

情景导入

沫沫跟着张会计学了几个模块之后觉得非常受用,决定以后就到爸爸的财务部实习一段时间。今天沫沫正式上班,恰巧出纳小陈在进行现金和银行存款日记账的处理。

张会计:"沫沫,你今天第一天上班就跟着小陈学习一下出纳管理吧。以后你爸爸的钱就牢牢地掌握在你的手上了,哈哈。"

沫沫:"好啊,刚好我还没接触过出纳这一块呢。是不是让我收钱就行了?"

小陈:"哈哈,沫沫,出纳的工作可不仅仅是收钱哦。我们还要根据企业的业务作一些日常处理。还要管支票呢!"

沫沫:"啊,这么复杂?那我要做些什么呀?"

任务一　现金日记账

日常处理是指初始设置完成后,日常的现金日记账和银行存款日记账等处理工作。

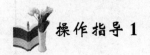

出纳系统初始化

1. 从总账引入科目

① 单击"初始化"→"出纳初始数据",进入"出纳初始数据"录入窗口,如图4.1.1所示。

图4.1.1　"出纳初始数据"录入窗口

② 单击"操作"→"从总账引入科目",进入"从总账引入科目"设置窗口,如图4.1.2所示。

③ 采用默认值,单击"确定",稍后系统会将引入的数据显示在窗口中,如图4.1.3 所示。

图4.1.2 "从总账引入科目"设置窗口

图4.1.3 "出纳初始数据"窗口

2. 启用出纳系统

① 单击"初始化"→"启用出纳系统",系统弹出"启用出纳系统"窗口,如图4.1.4所示。

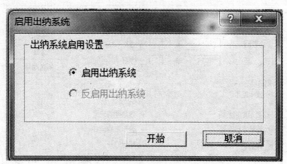

图4.1.4 "启用出纳系统"窗口

② 单击"开始",系统弹出提示窗口,如图4.1.5所示。

图4.1.5 "信息提示"窗口

③ 单击"确定",结束启用工作。

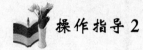

从总账引入现金日记账

引入现金日记账是指从财务处理系统中引入现金日记账。

【实验资料】

2014年1月31日,进行现金日记账的登记工作,直接从总账中引入。

① 以"华少锋"身份登录账套,在"主界面"单击"出纳管理"→"现金日记账",系统弹出"过滤"窗口,如图4.1.6所示。

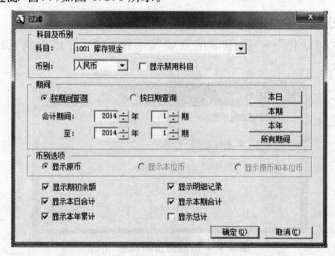

图4.1.6 "过滤"窗口

② 保持默认值,单击"确定"按钮,系统进入"现金日记账"窗口,单击工具栏上的"引入"按钮,系统弹出"引入日记账"窗口,如图4.1.7所示。

③ 选中"1001 库存现金－人民币"科目,选中"引入本期所有凭证",单击"引入"按钮,稍后系统弹出提示"引入现金日记账完毕",应注意科目名称后的"状态"栏。单击"关闭"按钮,返回"现金日记账"窗口,引入成功的数据如图4.1.8所示。

项目四　你的钱很重要,把好出纳关——出纳管理

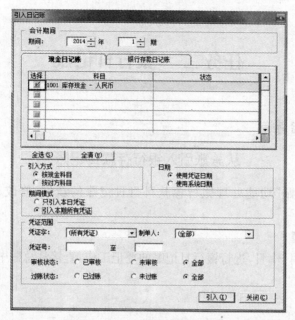

图 4.1.7 "引入日记账"窗口

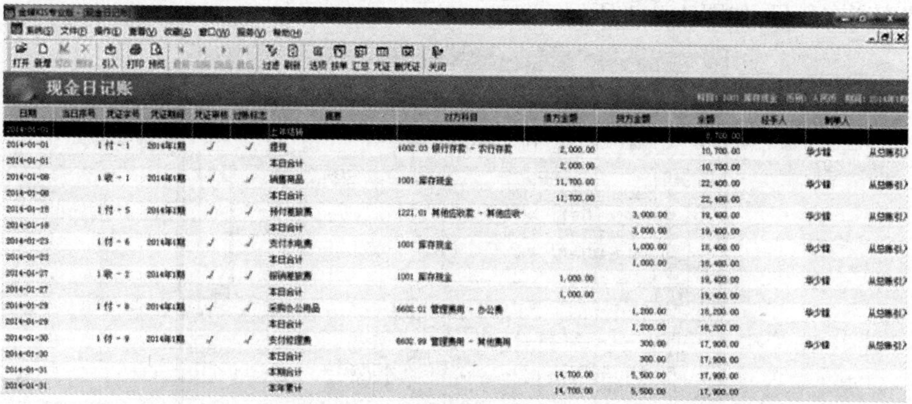

图 4.1.8 "现金日记账"窗口

你知道吗？

在引入日记账时,要注意是选择"只引入本日凭证"还是"引入本期所有凭证"。

任务二　银行日记账

从总账引入银行存款日记账

"银行日记账"功能处理银行存款科目日记账的新增、修改、删除和打印等操作。

【实验资料】

2014年1月31日,进行银行日记账的登记工作,直接从总账中引入。

① 在"主界面"单击"出纳管理"→"银行存款日记账",系统弹出"过滤"窗口,选中所有科目,如图4.2.1所示。

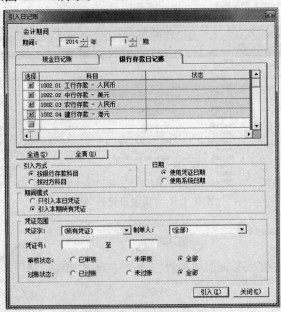

图4.2.1　"引入日记账"窗口

② 单击"引入"按钮,系统稍后提醒弹出引入成功提示,单击"关闭"按钮,返回"银行存款日记账"窗口,引入成功的银行日记账如图4.2.2所示。

图4.2.2 "银行存款日记账"窗口

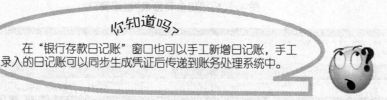

在"银行存款日记账"窗口也可以手工新增日记账,手工录入的日记账可以同步生成凭证后传递到账务处理系统中。

任务三 论现金日报表的重要性

操作指导

用于查询某日的现金借贷情况

步骤

① 在"主界面"单击"出纳管理"→"现金日报表",系统弹出"现金日报表"过滤窗口,如图4.3.1所示。

② 修改日期为要查看的日期,例如修改为"2014-01-01",单击"确认"按钮,系统进入"现金日报表"窗口,在此窗口进行现金借贷情况的查询,如图4.3.2所示。

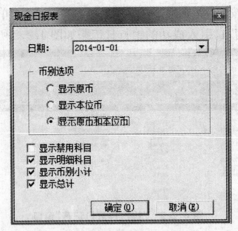

图 4.3.1 "现金日报表"过滤窗口

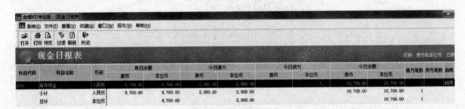

图 4.3.2 "现金日报表"窗口

任务四 银行对账,让你的账单更清晰

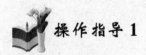

录入银行对账单

【实验资料】

实验资料如表 4.4.1 所示。

表 4.4.1 农业银行对账单

日期	摘要	结算方式	结算号	借方金额	贷方金额
2014-01-01	提现	现金支票	9636	2 000	0

续表

日期	摘要	结算方式	结算号	借方金额	贷方金额
2014-01-10	支付工资	转账支票	10613	76 800	0
2014-01-12	支付广告费	现金支票	11024	8 000	0
2014-01-15	支付税金	转账支票	11022	46 700	0
2014-01-27	支付货款	转账支票	16034	58 500	0

① 在"主界面"单击"出纳管理"→"银行对账单",系统弹出"银行对账单"过滤窗口,选中"农行存款",单击"确定"按钮,系统进入"银行存款对账"窗口,如图4.4.1所示。

图4.4.1 "银行存款对账"窗口

在处理和查询银行对账单时,一定要确认是否定位在所需要的银行账号上,单击最前、向前、向后和最后按钮进行切换。

② 单击工具栏上的"新增"按钮,系统进入"银行对账单录入"窗口,选择正确的科目、币别和期间,如图4.4.2所示。

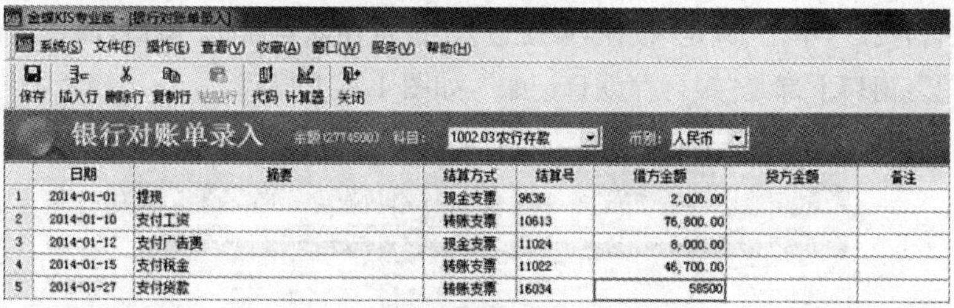

图4.4.2 "银行对账单录入"窗口

③ 单击"保存"按钮,保存当前录入资料。单击"关闭"按钮,返回"银行对账单"窗口。录入完成的"银行对账单"窗口如图4.4.3所示。

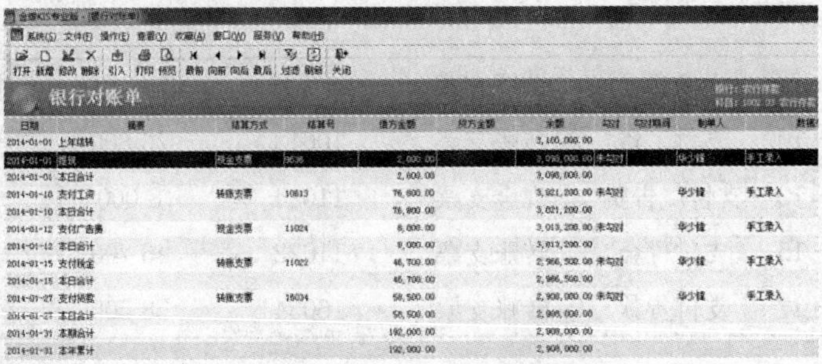

图 4.4.3 “银行对账单”窗口

你知道吗？

若录入方式属于“多行输入”，即在窗口中一次输入所有对账记录后，再单击“保存”按钮。

操作指导 2

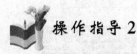

银行存款对账

银行存款对账是指银行对账单与银行存款日记账进行核对。

步骤

① 在“主界面”单击“出纳管理”→“银行存款对账”，系统弹出“银行存款对账”过滤窗口，在窗口中可以设置要对账的科目、期间范围和是否包含已勾兑记录等选项，选中“农行存款”，单击“确定”按钮，系统进入“银行存款对账单”窗口，窗口上部是“银行对账单”，窗口下部是“银行存款日记账”，如图 4.4.4 所示。

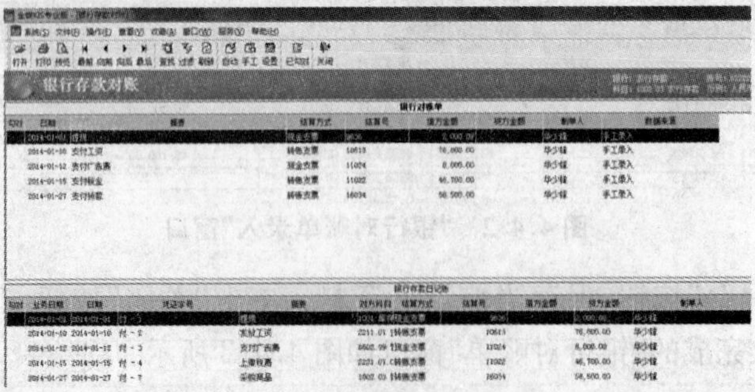

图 4.4.4 “银行存款对账”窗口

② 进行对账设置。单击工具栏上的"设置"按钮,系统弹出"银行存款对账设置"窗口,单击"表格设置"选项卡,在"表格设置"窗口中设置对账单和日记账的显示位置,如图4.4.5所示。

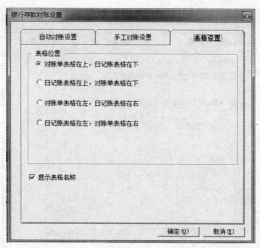

图4.4.5 "银行存款对账设置"窗口

③ 单击"自动对账设置"选项卡,窗口切换到"自动对账设置"窗口,在窗口的"自动对账条件"中选中"日期相同"项,表示对账时对账单中的日期与银行存款日记账的日期必须相同,否则不能自动对账。如果选中"结算方式及结算号都为空不允许对账"选项,则在对账时系统中的记录没有录入结算方式和结算号时不能对账,如图4.4.6所示。

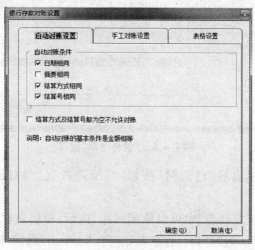

图4.4.6 "银行存款对账设置"窗口

④ 单击"手工对账设置"选项卡,手工对账一般是指处理不能自动对账的记录,手工对账设置可以设置记录的查找条件,以便手工对账。对账设置完成后,单击"确定"按钮,返回"银行存款对账"窗口,如图4.4.7所示。

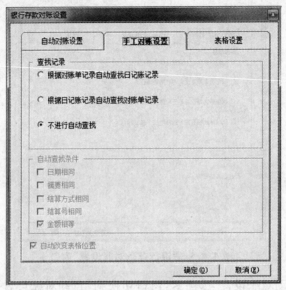

图4.4.7 "银行存款对账"窗口

⑤ 单击工具栏上的"自动"按钮,系统弹出"银行存款对账设置"窗口。对账条件保持不变,单击"确定"按钮,稍后弹出信息提示窗口,如图4.4.8所示。

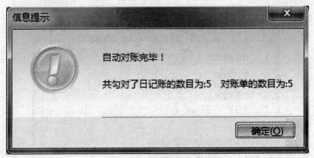

图4.4.8 "信息提示"窗口

⑥ 单击工具栏上的"已勾对"按钮,系统进入"已勾对记录列表"窗口,如图4.4.9所示。

⑦ 在"已勾对记录列表"中可以取消对账、向后、向前查看不同科目的勾对情况。单击"对账"按钮,返回"银行存款对账"窗口。单击"最前、向前、向后、最后"按

钮,进行科目切换然后勾对。

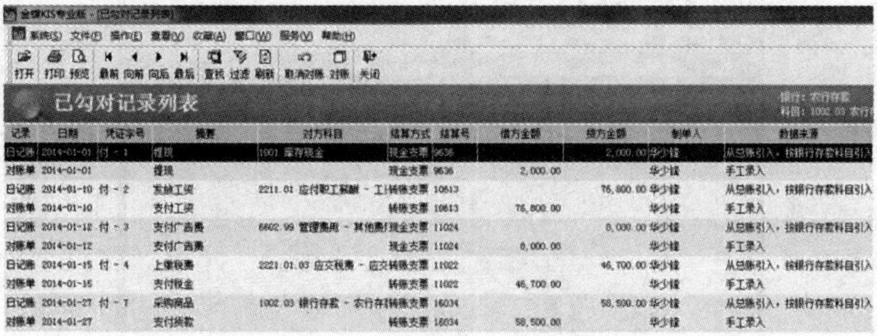

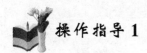

图 4.4.9 "已勾对记录列表"窗口

任务五 支票管理,让你的钱多飞一会

支票购置

【实验资料】

2014 年 1 月 10 日,从农业银行购置转账支票 10 张,支票号:100011～100020。

步骤

① 在"主界面"单击"出纳管理"→"支票管理",进入"支票管理"窗口,单击"购置",在"支票购置"窗口单击"新增",将所购置支票的信息填写完毕后,单击"确定"完成,如图 4.5.1 所示。

② 单击"确定"按钮,系统保存当前录入资料并返回"支票购置"窗口,系统将新增的信息显示在窗口上,如图 4.5.2 所示。

图 4.5.1 "新增支票购置"窗口

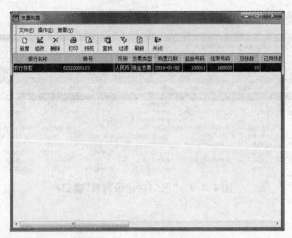

图 4.5.2 "支票购置"窗口

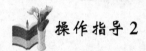

支票领用

【实验资料】

2014年1月15日,行政部孙红梅为招待客户领用农业银行转账支票1张,支票号:100011,限额5 000元。

① 在"支票管理"窗口,选中要领用的"支票购置"记录,如图4.5.3所示。

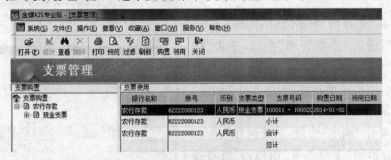

图 4.5.3 "支票管理"窗口

② 单击工具栏上的"领用"按钮,系统弹出"支票领用"窗口。保持支票号码不变,录入领用日期"2014-01-15"、预计报销日期"2014-01-22"、使用限额"5000",

获取领用部门"行政部"、领用人"孙红梅"、领用用途"招待客户",如图 4.5.4 所示。

图 4.5.4 "支票领用"窗口

③ 单击"确定"按钮,保存当前领用记录,系统弹出提示窗口,如图 4.5.5 所示。

图 4.5.5 "信息提示"窗口

④ 单击"确定"按钮,返回"支票管理"窗口,同时在窗口中显示领用的记录,如图 4.5.6 所示。

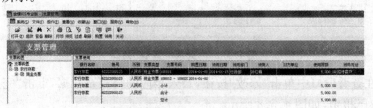

图 4.5.6 "支票管理"窗口

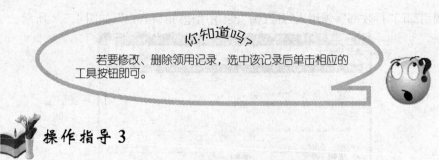

操作指导 3

已领用支票报销

【实验资料】

2014年1月22日,行政部孙红梅报销所领支票 3 500 元,在支票管理系统中进行已领用支票的报销操作。

步骤

① 单击"支票管理"窗口,选择要报销的支票记录,选中支票号码"100011"所在列,单击工具栏上的"查看"按钮,系统弹出"支票-查看"窗口,如图 4.5.7 所示。

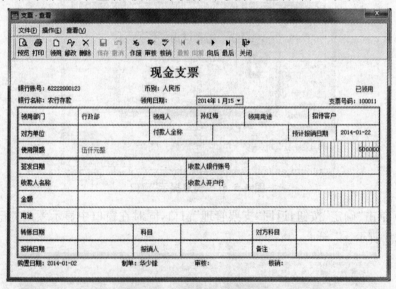

图 4.5.7 "支票-查看"窗口

② 在查看窗口中单击"修改"按钮,录入相应的科目及数据,点击"完成",即可显示支票已报销,如图 4.5.8 所示。

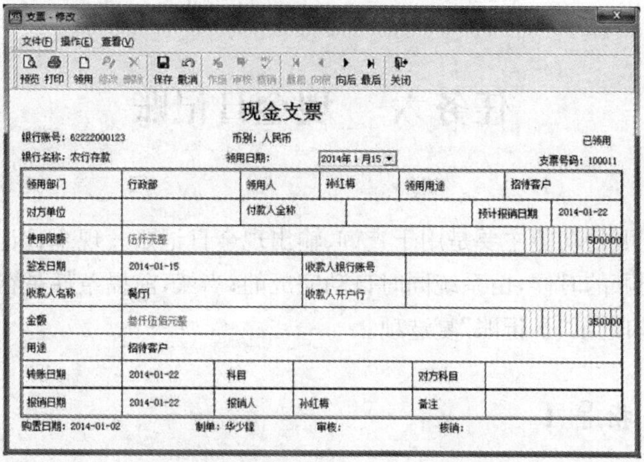

项目四　你的钱很重要，把好出纳关——出纳管理

图 4.5.8　"支票－修改"窗口

你知道吗？

在查看窗口中单击"作废"、"审核"、"核销"按钮，即可完成相应功能的操作。若取消相应操作，则单击菜单"操作"下相应的取消功能。

用友标准版

沫沫："原来支票也是由出纳来管理啊？那我爸爸要用支票，也要在叔叔你这里领用吗？"

小陈："对啊，一视同仁，哈哈。"

沫沫："那陈叔叔，假如我们用的是用友软件，那操作也是一模一样的吗？"

小陈："原理是一样的，但毕竟是两个不同的软件，操作起来还是有一些区别的。我这里正好安装了一个用友的试用版，我们来试试吧。"

沫沫："好啊好啊，如果两个软件都学会了，那不管以后工作用哪个软件都不怕了。"

任务六　现金日记账

现金日记账的功能主要是用于查询、输出现金日记账。现金日记账的登记,是在相关凭证记账的时候,由系统同时自动完成的;当然,前提条件是在设置"现金日记账"科目时勾选了"日记账"复选项。

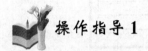

指定现金科目

由账套主管登录"主界面",单击"基础设置"→"财务"→"会计科目",在"会计科目"窗口打开"编辑"→"指定科目",在"指定科目"对话框的左边点选"现金总账科目",在待选科目窗格中选择"1001 库存现金",单击">",把"1001 库存现金"送进右边"已选科目"窗格中,单击"确认"→"退出",如图4.6.1所示。

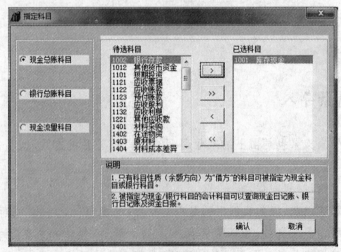

图 4.6.1　"指定科目"窗口

如果在初始化时设置过,就不用再设置了。

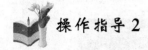

现金日记账的查询

① 在"主界面"工具栏中单击"现金"→"现金管理"→"日记账"→"现金日记账",系统弹出"现金日记账查询条件"窗口,如图4.6.2所示。

图4.6.2 "现金日记账查询条件"窗口

② 在"现金日记账查询条件"窗口输入要查询的条件,点击"确定",进入"现金日记账"界面,如图4.6.3所示。

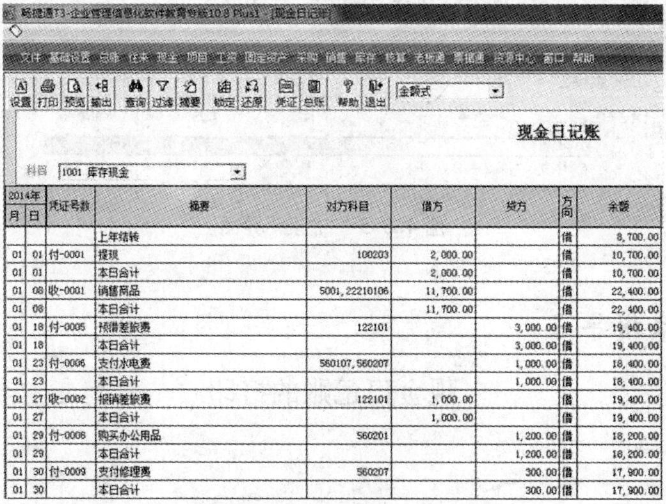

图4.6.3 "现金日记账"界面

③ 在日记账中,双击某行记录或选中某行,单击"凭证"按钮,可查询该记录对

应的凭证信息,如图 4.6.4 所示。

图 4.6.4 "现金日记账"界面

④ 单击"总账"按钮,可查询现金科目总账,如图 4.6.5 所示。

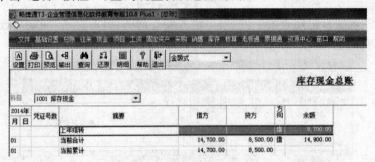

图 4.6.5 "总账"界面

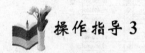

现金日记账的打印

在"主界面"工具栏中单击"现金"→"账簿打印"→"现金日记账",弹出"现金日记账"对话框,输入筛选条件后,单击"打印",如图 4.6.6 所示。

项目四 你的钱很重要,把好出纳关——出纳管理

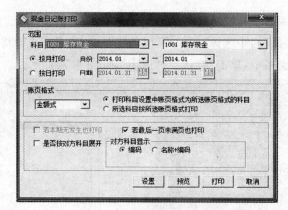

图 4.6.6 "现金日记账"

你知道吗?

在查询现金日记账的时候,打印出来的资料只能作为脱机查询使用,不能作为正式的账簿档案保存。要打印正式的现金日记账账簿档案,必须使用这里所介绍的现金日记账的"账簿打印"功能。

任务七　银行日记账

"银行日记账"的功能用于查询和打印输出银行日记账。银行日记账的登记是在相关凭证记账的时候,同时自动完成的。当然条件是在设置"银行存款"科目的时候勾选了"银行账"复选项。

如果在初始化时设置过,就不用再设置了。

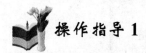

指定银行科目

由账套主管登录"主界面",单击"基础设置"→"财务"→"会计科目",在"会计

科目"窗口打开"编辑"→"指定科目",在"指定科目"对话框的左边点选"银行总账科目",在待选科目窗格中选择"1002 银行存款",单击">",把"1002 银行存款"送进右边"已选科目"窗格中,单击"确认"→"退出",如图 4.7.1 所示。

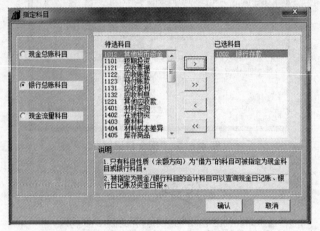

图 4.7.1 "指定科目"对话框

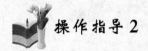

银行日记账的查询

① 在"主界面"工具栏单击"现金"→"现金管理"→"日记账"→"银行日记账",系统弹出"银行日记账查询条件"窗口,如图 4.7.2 所示。

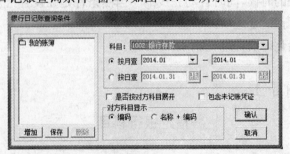

图 4.7.2 "银行日记账查询条件"窗口

② 在"银行日记账查询条件"窗口输入要查询的条件,点击"确定",进入"银行

日记账”界面,如图 4.7.3 所示。

2014年 月	日	凭证号数	摘要	结算号	对方科目	借方	贷方	方向	余额
			上年结转					借	8,325,600.00
01	01	付-0001	提现_现金支票_9636_2014.01.01	现金支票-9636	1001		2,000.00	借	8,323,600.00
01	01		本日合计				2,000.00	借	8,323,600.00
01	10	付-0002	发放工资_转账支票_10613_2014.01.10	转账支票-10613	221101		76,800.00	借	8,246,800.00
01	10		本日合计				76,800.00	借	8,246,800.00
01	12	付-0003	支付广告费_现金支票_11024_2014.01.12	现金支票-11024	560207		8,000.00	借	8,238,800.00
01	12		本日合计				8,000.00	借	8,238,800.00
01	15	付-0004	支付增值税_转账支票_11022_2014.01.15	转账支票-11022	22210102		46,700.00	借	8,192,100.00
01	15		本日合计				46,700.00	借	8,192,100.00
01	27	付-0007	采购商品_转账支票_16034_2014.01.27	转账支票-16034	1402,22210101		58,500.00	借	8,133,600.00
01	27		本日合计				58,500.00	借	8,133,600.00

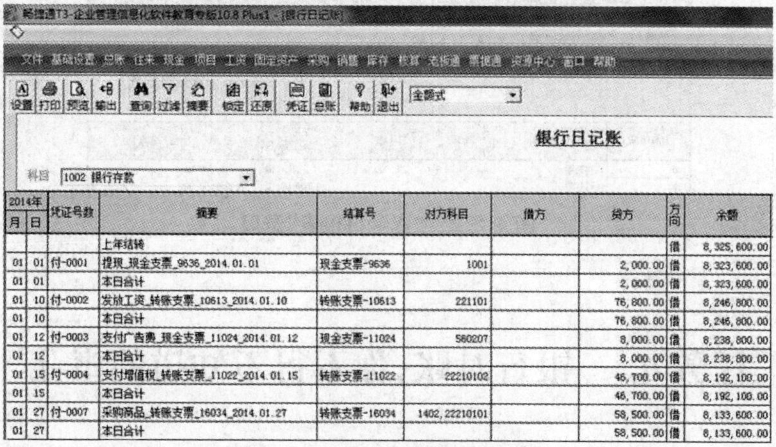

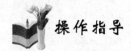

图 4.7.3　“银行日记账”界面

任务八　资金日报,你的贴心小助手

“资金日报”功能用于查询、输出“库存现金”和“银行存款”科目某一天的发生额和余额,并且产生日报单。

操作指导

资金日报查询

步骤

① 在“主界面”单击“现金”→“日记账”→“资金日报”,弹出“资金日报查询条件”窗口,如图 4.8.1 所示。

② 在窗口中,选择需要查询的日期,单击“确认”,如图 4.8.2 所示。

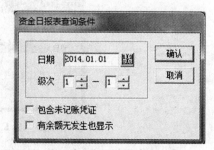

图 4.8.1　“资金日报表查询条件”窗口

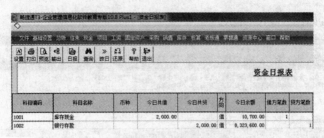

图4.8.2 "资金日报表"窗口

任务九 银行对账,你不得不知道的事儿

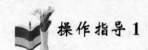

期初设置

【实验资料】

农业银行期初数据

农行对账单调整前余额:3 108 000元。

银行未达账:2013年12月28日,企业开出一张现金支票8 000元,票号为2001234,银行未入账。

① 在"主界面"菜单栏中单击"现金"→"设置"→"银行期初录入",弹出"银行科目选择"窗口,选择"农行存款(100203)",如图4.9.1所示。

图4.9.1 "银行科目选择"窗口

② 单击"确定",在"单位日记账"栏的调整前余额中录入农行期初余额

3 100 000元，在"银行对账单"栏的调整前余额中录入对账单期初余额 3 108 000元，如图 4.9.2 所示。

图 4.9.2　"银行对账期初"窗口

③ 单击"方向"按钮，将银行对账单余额方向调整为贷方。

④ 单击"日记账期初未达项"按钮，进入"企业方期初"窗口，单击"增加"按钮，录入企业日记账期初未达账数据，单击"保存"完成，如图 4.9.3 所示。

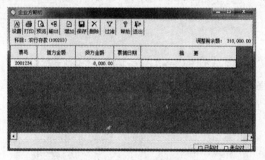

图 4.9.3　"企业方期初"窗口

⑤ 在"银行对账期初"窗口的下方，调整后的单位日记账余额与银行对账单调整后的余额相等，如图 4.9.4 所示。

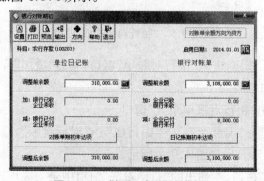

图 4.9.4　"银行对账期初"窗口

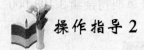

银 行 对 账

【实验资料】

2014年1月31日,收到农行存款对账单资料,如表4.9.1所示。

表 4.9.1 农行对账单

日期	摘要	结算方式	结算号	借方金额	贷方金额
2014-01-01	提现	现金支票	9636	2 000	0
2014-01-10	支付工资	转账支票	10613	76 800	0
2014-01-12	支付广告费	现金支票	11024	8 000	0
2014-01-15	支付税金	转账支票	11022	46 700	0
2014-01-27	支付货款	转账支票	16034	58 500	0

① 选择"现金"→"现金管理"→"银行账"→"银行对账单",在弹出的"银行科目选择"窗口中选择"农行存款(100203)"科目,月份为"2014.01",单击"确定"按钮,进入"银行对账单录入"窗口,如图4.9.5所示。

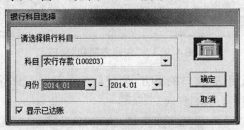

图 4.9.5 "银行科目选择"窗口

② 单击"确定"按钮,进入"银行对账单"窗口,单击"增加"按钮,输入2014年1月的对账单信息,如图4.9.6所示。

录入完毕,退出"银行对账单录入"窗口。

③ 选择"现金"→"现金管理"→"银行账"→"银行对账",选择科目、月份确认后,进入"银行对账"窗口,如图4.9.7所示。

④ 单击"对账"按钮,在弹出的"自动对账"窗口中录入截止日期:2014.01.31,

选择对账条件,如图 4.9.8 所示。

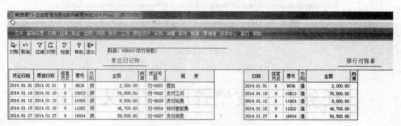

图 4.9.6 "银行对账单"窗口

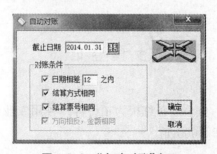

图 4.9.7 "银行对账"窗口

图 4.9.8 "自动对账"窗口

⑤ 单击"确定"按钮,系统自动对账,完成后,显示对账结果,如图 4.9.9 所示。

图 4.9.9 "银行对账"窗口

⑥ 选择"现金"→"现金管理"→"银行账"→"余额调节表查询",查看银行存款余额调节表情况。选中银行科目"农行存款",双击可查看该科目的余额调节表,如

图4.9.10所示。

图4.9.10 "银行存款余额调节表"窗口

任务十 支票管理,省力又省心

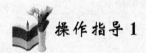

支 票 登 记

【实验资料】

2014年1月15日,办公室孙红梅为招待客户领用农业银行转账支票1张,支票号:100011,预计金额5 000元。

① 在"主界面"选择"现金"→"票据管理"→"支票登记簿",在弹出的"银行科目选择"窗口选择"农行存款(100203)",单击"确定"完成,如图4.10.1所示。

图4.10.1 "银行科目选择"窗口

② 在"支票登记"窗口,单击"增加",录入业务信息后,单击"保存"完成,如图 4.10.2 所示。

图 4.10.2 "支票登记"窗口

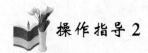

报销已领用支票

【实验资料】

2014 年 1 月 22 日,行政部孙红梅报销所领支票 3 500 元,在支票管理系统中进行已领用支票的报销操作。

① 在"主界面"选择"现金"→"票据管理"→"支票登记簿",在弹出的"银行科目选择"窗口选择"农行存款(100203)",单击"确定",选择要报销的支票记录,输入预计金额和报销日期,如图 4.10.3 所示。

图 4.10.3 "支票登记"窗口

② 点击"保存",即可显示支票已报销。

在用友中,进行以下操作:
1. 查询 001 账套 2014 年 1 月 25 日的银行日记账。
2. 制作 001 账套 2014 年 1 月 25 日 "1001 库存现金"科目的资金日报单。
3. 制作 001 账套 2014 年 1 月 12 日 "1002 银行存款"科目的资金日报单。

项目五　你的工资,hold 得住么?
——工资管理

任务书

任务名称	工资管理	任务编号	007	时间要求	12课时
要　求	1.掌握工资系统的基础资料设置； 2.掌握工资系统的业务操作； 3.掌握工资报表的查询				
培养目标	掌握对员工档案的维护、员工个人工资数据的调整以及某些工资项目的增减设置，包括人员的变动、工资数据的修改、个人所得税的计算与申报、工资数据的计算与汇总等				
教学地点	教室				
教学设备	投影设备、投影幕布、电脑、KIS 专业版 10.0 和用友标准版 10.8 财务软件				
训　练　内　容					
1. KIS 专业版 10.0 工资初始化和日常管理； 2. 用友标准版 10.8 工资初始化、日常管理、工资报表、凭证和期末处理					
训　练　要　求					
1.掌握 KIS 专业版 10.0 工资初始化和日常管理； 2.掌握用友标准版 10.8 工资初始化、日常管理、工资报表、凭证和期末处理					
成果要求及评价标准					
1.能熟练操作 KIS 专业版 10.0 工资初始化和日常管理(50 分) 2.能熟练操作用友标准版 10.8 工资初始化、日常管理、工资报表、凭证和期末处理(50 分)					

续表

任务产出一	成员姓名与分工	组长	学号	分工
		成员1	学号	
		成员2	学号	
		成员3	学号	
		成员4	学号	
		成员5	学号	
		成员6	学号	
任务产出二	1. KIS专业版10.0工资初始化(20分) 2. KIS专业版10.0日常管理(30分) 3. 用友标准版10.8工资初始化(10分) 4. 用友标准版10.8日常管理(20分) 5. 用友标准版10.8工资报表(10分) 6. 用友标准版10.8凭证和期末处理(10分)			
项目组评价				总分
教师评价				

随着经济的发展，企业正向着大型化、规模化方向发展，而对于大中型企业，员工职称等跟工资管理有关的信息随之急剧增加。在这种情况下，单靠人工来处理员工的工资不但显得力不从心，而且极容易出错。而由计算机代替人工执行一系列诸如增加新员工、删除旧员工、工资查询、统计等操作，这样就使办公人员可以轻松快捷地完成工资管理的任务。

1. 工资管理系统的功能目标。
2. 及时、准确地输入职工工资核算的原始数据。
3. 正确计算职工工资，包括应发工资、个人所得税、各种扣款和实发工资等，并编制工资单等。
4. 汇总并输入工资费用。
5. 按比例计提各项费用，包括职工福利费、工会经费和其他以工资为基数计提的费用。
6. 分配工资费用和福利费，输出工资费用分配表，并生成凭证，传输到总账和成本管理子系统，以便汇入总账和计算产品成本。

7. 计算并代扣个人所得税。
8. 根据管理需要提供其他有关的工资统计分析数据。
9. 需要时修改相应的工资核算数据,比如有职工调入、调出、内部调动或工资调整等。

金蝶专业版

任务一 经营好你的钱,把好初始的关

情景导入

沫沫跟着爸爸来到公司,听见小康叔叔在一旁跟同事抱怨说:"真是生不起病啊,这个月请了三天假,又要扣钱了。本来就没多少工资。"沫沫也不知道来龙去脉,就去质问爸爸说:"爸爸,你怎么那么不近人情啊,小康叔叔生病请假,你为什么要扣他工资啊?"

爸爸被问得哑口无言:"这……"

旁边的张会计对沫沫说:"沫沫,公司有公司的规定,而且我们在系统上都设置好了计算程序,员工的工资跟他们的出勤是挂钩的。"

沫沫突然想起在会计电算化中的工资模块,可是没有根据真实企业的情况操作过。

她对张会计说:"张叔叔,我也学过会计电算化,可是工资模块我都没有在实际企业操作过,您能不能教教我呀?"

张会计说:"这有什么难的?那去办公室看看吧。"

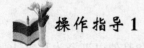操作指导1

新建工资类别

【实验资料】

1. 工资类别:①在职职工;②临时工。

2. 工资核算币别:人民币。

以"李婷"身份登录系统,在"主界面"单击"工资管理"→"类别管理"→"新建",按照"新建工资类别"向导,录入类别名称和币别后,单击"确定",按照系统提示单击"取消"即可完成工资类别的创建,如图5.1.1所示。

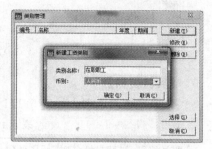

图 5.1.1 类别管理

 操作指导 2

银 行 设 置

【实验资料】

银行:001,农业银行;账号长度:11。

在"主界面"单击"工资管理"→"银行",在"银行"窗口单击"新增",填入银行的相关信息后单击"保存"完成,根据人员档案逐一录入,如图5.1.2所示。

图 5.1.2 "银行-新增"窗口

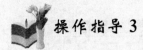

部门和职员设置

【实验资料】

从基础资料中引入如表 5.1.1 所示的部门和职员资料：

表 5.1.1　部门和职员资料

职员编码	职员姓名	所属部门	职员类别	职务	银行	工资账号
10101	孙红梅	行政部	管理人员	部门经理	农行	62222000661
10301	李婷	财务部	管理人员	总经理	农行	62222000601
00201	程晓云	销售部	经营人员	部门经理	农行	62222000658

① 在"主界面"单击"工资管理"→"部门"，系统弹出"部门"管理窗口，如图 5.1.3 所示。

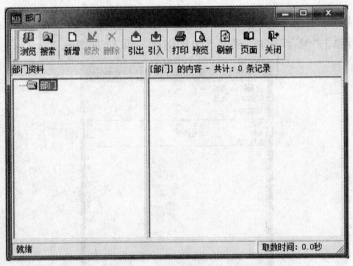

图 5.1.3　"部门"管理窗口

② 单击"引入"按钮，并选择左侧"总账数据"项，系统会显示所有"总账"系统下的部门信息，选择需要引入的部门，然后点击"导入"按钮即可，如图 5.1.4 所示。

③ 在"主界面"单击"工资管理"→"职员"，系统弹出"职员"管理窗口，单击"引

入"按钮，系统切换到"导入数据"状态窗口，系统会显示总账基础资料中的部门资料，选择需要引入的职员，然后点击"导入"，如图 5.1.5 所示。

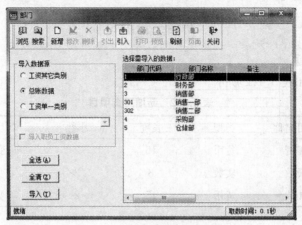

图 5.1.4 "部门"管理窗口

你知道吗？

部门是分类别管理的，即在一个类别设置好，进入另一个类别需要重新设置。总账系统中的部门和职员只能被一个工资类别所引用，如果企业存在多个工资类别，则需要从工资其他类别中引入部门和职员。

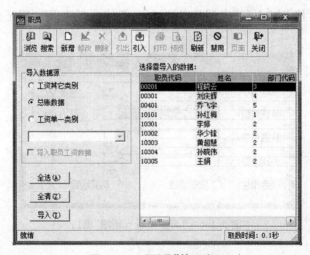

图 5.1.5 "职员"管理窗口

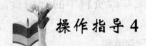

操作指导 4

新增工资项目

【实验资料】

实验资料如表 5.1.2 所示。

表 5.1.2 新增工资项目

工资项目名称	类型	长度	小数	项目属性
职务工资	货币	15	2	可变项目
请假天数	实数	8	2	可变项目
请假扣款	货币	15	2	可变项目

① 在"主界面"单击"工资管理"→"项目设置",选择工资类别后,在"工资项目设置"窗口单击"新增",在"新增"窗口填入工资项目的"项目名称"、"数据长度"、"小数位数"、"项目属性"等信息后单击"新增"完成。在"工资项目设置"窗口,还可以对所设置的工资项目进行编辑、删除等操作,如图 5.1.6、图 5.1.7、图 5.1.8 所示。

② 单击"排序"按钮,系统弹出"设置工资项目显示顺序"窗口,选中要排序的项目后单击"上移"或"下移"来调整它的顺序,排定后单击"确定"完成,如图 5.1.9 所示。

图 5.1.6 "工资项目-新增"窗口

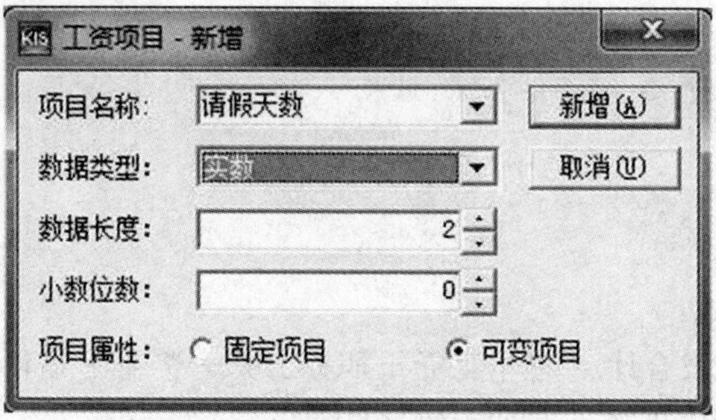

图 5.1.7　“工资项目 - 新增”窗口

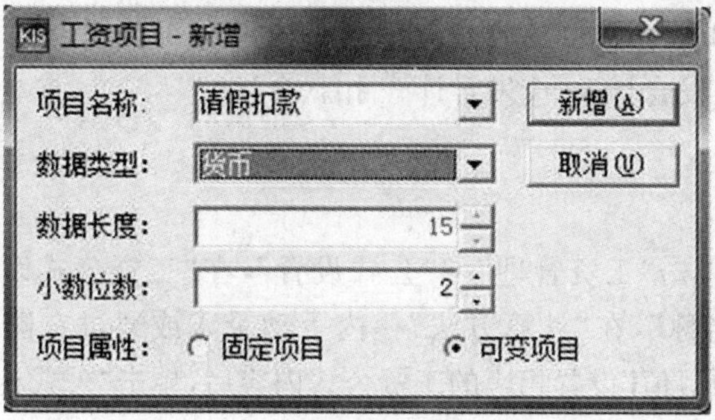

图 5.1.8　“工资项目 - 新增”窗口

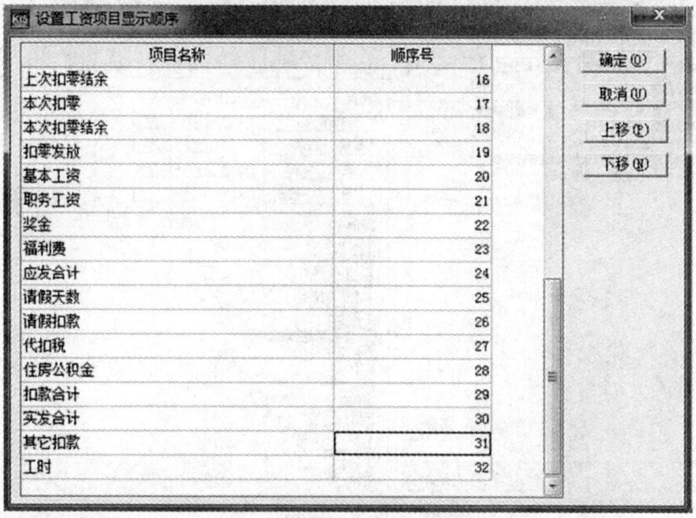

图 5.1.9　“设置工资项目显示顺序”窗口

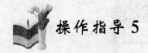

工资公式设置

【实验资料】

工资计算公式:

应发合计 ＝ 基本工资 ＋ 职务工资 ＋ 奖金 ＋ 福利费

请假扣款 ＝ 请假天数 × 50

住房公积金 ＝ 基本工资 × 0.1

扣款合计 ＝ 请假扣款 ＋ 代扣税 ＋ 住房公积金

实发合计 ＝ 应发合计 － 扣款合计

在"主界面"单击"工资管理"→"公式设置",在"工资公式设置"窗口单击"新增",录入"公式名称",在"计算方法"栏内手动录入或通过右侧的"条件"、"运算符"、"项目"和"项目值"设置相应的工资公式内容后,单击"公式检查",检查通过后单击"保存"完成,如图 5.1.10 所示。

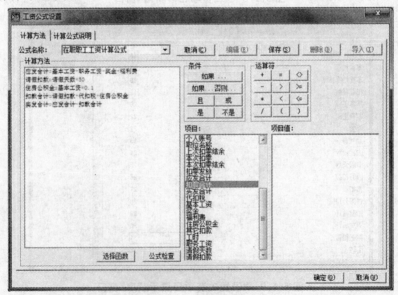

图 5.1.10 "工资公式设置"窗口

任务二 做工资有心人：日常业务处理

张会计："沫沫，我们已经设置好了工资模块的初始资料。跟你在学校学的是不是一样啊？"

沫沫："嗯，是的。原来我们在期初已经把所有公式都设置好了，员工生病、有事请假，都要汇总到你们这来的，是吗？"

张会计："对啊，所以你现在明白了？我们也不可能为了小康一个人来改变企业的规定，改变系统的设置啊。"

沫沫："嗯，我明白了。那接下来要做什么呀？"

张会计："接下来啊，就等到了月末把工资录进去。"

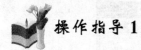

工资数据的录入

【实验资料】

1月基本工资和当月考勤资料如表5.2.1所示。

表5.2.1 1月工资数据

职员姓名	基本工资	职务工资	奖金	福利费(14%)	应发合计	请假天数	请假扣款	代扣税	住房公积金	扣款合计	实发合计
孙红梅	4 500	800	400	630		1					
李婷	4 500	1 500	200	630							
程晓云	4 500	800	200	630		2					

① 按工资发放方案新增过滤条件：在"主界面"单击"工资管理"→"工资录

入",系统弹出"过滤器"窗口,如图5.2.1所示。

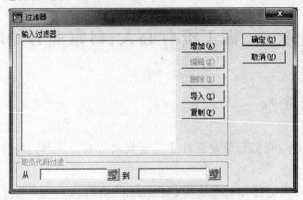

图 5.2.1 "过滤器"窗口

② 单击"增加"按钮,系统弹出"定义过滤条件"窗口,输入过滤名称"在职职工工资",选择计算公式为"职工工资计算公式",在"工资项目"中选择以下项目:职员姓名、基本工资、职务工资、奖金、福利费、应发合计、请假天数、请假扣款、代扣税、住房公积金、扣款合计、实发合计,如图5.2.2所示。

图 5.2.2 "定义过滤条件"窗口

③ 单击"确定",系统弹出提示信息,单击"确定",如图5.2.3所示。
④ 系统返回"过滤器"窗口,并显示刚才新增的方案,选中"在职职工工资"方案,单击"确定"按钮,系统进入"工资数据录入"窗口,如图5.2.4所示。
⑤ 录入表中的数据,移动窗口下部的"滚动条"到相关项目,并录入数据,录入完成的窗口如图5.2.5所示。

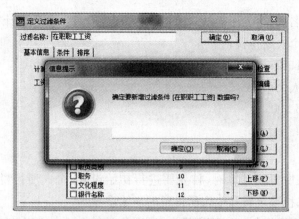

图 5.2.3　提示窗口

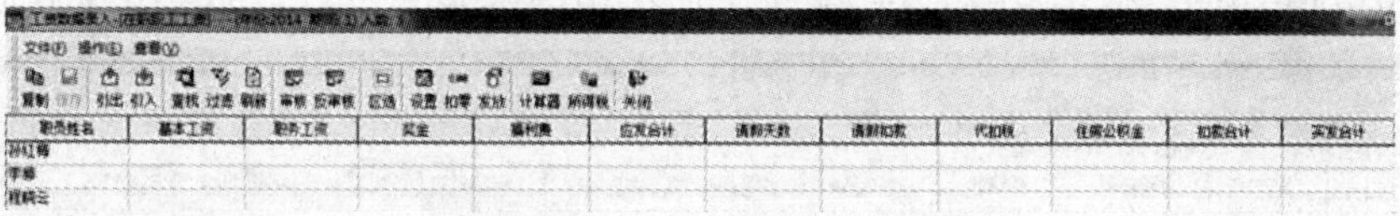

图 5.2.4　"工资数据录入"窗口

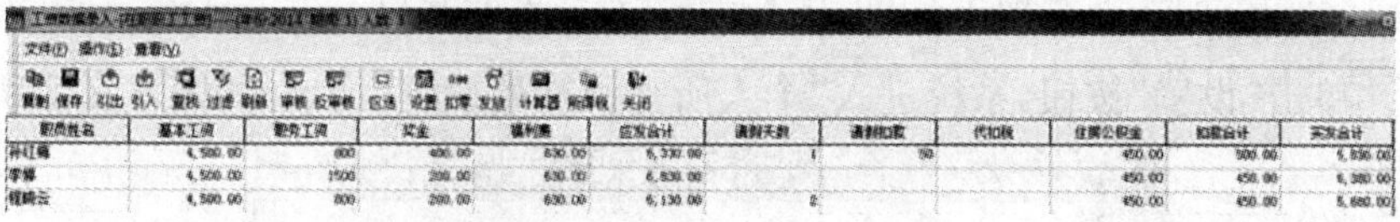

图 5.2.5　录入完成的窗口

你知道吗？

如果工资计算公式发生变化，工资数据没有进行自动更新，则需要通过"工资计算"功能来完成新公式对工资数据的更新。

操作指导 2

个人所得税计算

【实验资料】

代扣税设置

名称：在职职工工资；

税率类别：个人所得税；

税率项目:名称(个人所得税),所得项目(应发合计-扣款合计);
所得计算:个人所得税;
所得时间:1.12;
外币币别:人民币;
基本扣除:3 500。

步骤

在进行个人所得税计算时,首先要进行初始设置,个人所得税的初始设置包括:所得项设置、税率设置和个人所得税的初始设置。

① 在"主界面"单击"工资管理"→"所得税计算",系统弹出"过滤"窗口,保持默认设置值,单击"确定"按钮,进入"个人所得税数据录入"窗口,如图5.2.6所示。

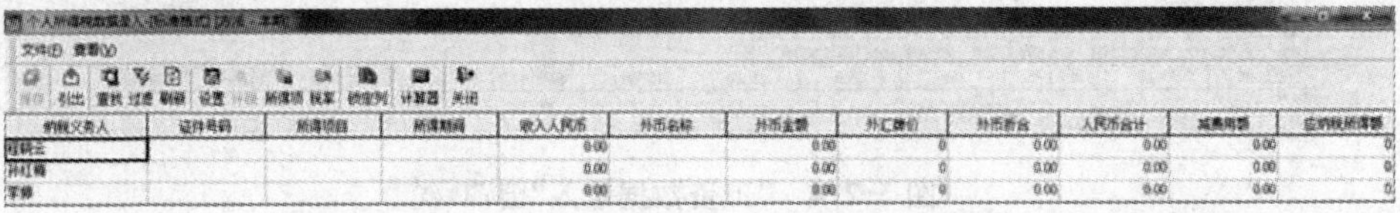

图5.2.6 "个人所得税数据录入"窗口

② 单击"设置"按钮,系统进入"个人所得税初始设置"窗口,如图5.2.7所示。

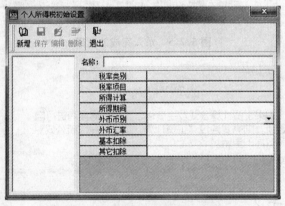

图5.2.7 "个人所得税初始设置"窗口

③ 单击"新增"按钮,再单击"税率类别"右侧的按钮,系统进入"个人所得税税率设置"窗口,单击"新增"按钮,系统弹出提示窗口,单击"是"按钮,系统将自动显示税率设置,在"名称"处录入"个人所得税","税率"设置为"最新标准",如图5.2.8所示。

④ 单击"保存"按钮,保存设置,单击"退出"按钮,返回"个人所得税初始设置"

窗口。请注意“税率类别”旁的按钮变化。单击“税率项目”旁的按钮,系统弹出“所得项目计算”窗口,在此窗口中单击“新增”按钮,输入名称为“个人所得税”,在所得项目1处选择“应发合计”,并选择“增项”,在项目2处选择“扣款合计”,并选择“减项”,如图5.2.9所示。

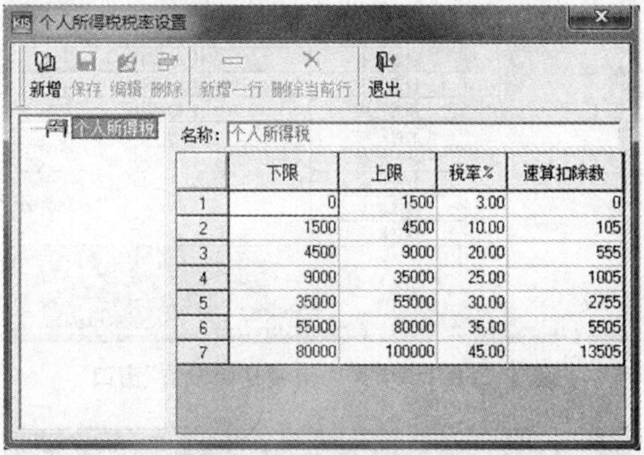

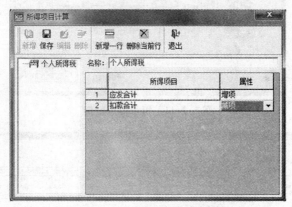

	下限	上限	税率%	速算扣除数
1	0	1500	3.00	0
2	1500	4500	10.00	105
3	4500	9000	20.00	555
4	9000	35000	25.00	1005
5	35000	55000	30.00	2755
6	55000	80000	35.00	5505
7	80000	100000	45.00	13505

图 5.2.8　“个人所得税税率设置”窗口

	所得项目	属性
1	应发合计	增项
2	扣款合计	减项

图 5.2.9　“所得项目计算”窗口

⑤ 单击“保存”按钮,保存设置,单击“退出”按钮,返回“个人所得税初始设置”窗口。请注意“税率项目”旁的按钮变化。单击“所得计算”旁的按钮,系统弹出“所得项目计算”窗口,双击“个人所得税”,并返回“个人所得税初始设置”窗口,在所得期间录入“1.12”,币别选择“人民币”,基本扣除录入“3500”,名称录入“个人所得税”,如图5.2.10所示。

⑥ 单击“保存”按钮,保存设置,单击“退出”按钮,返回“个人所得税数据录入”窗口,系统弹出提示信息窗口,如图5.2.11所示。

⑦ 单击"确定"按钮,系统获取数据成功后,再次弹出提示窗口,单击"确定"按钮,系统开始计算所得税,计算成功的窗口,如图 5.2.12 所示。

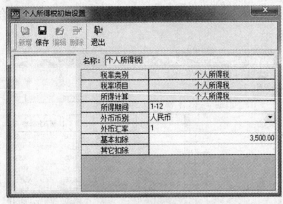

图 5.2.10 "个人所得税初始设置"窗口

图 5.2.11 提示信息窗口

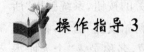

图 5.2.12 "个人所得税数据录入"窗口

⑧ 单击"保存"按钮,保存所得税计算。

操作指导 3

个人所得税导入工资表

计算个人所得税后,并未直接使用在工资表中,只有在"工资录入"窗口,引入个人所得税数据,然后再进行工资计算,才是正确的工资数据。

步骤

① 在"主界面"单击"工资管理"→"工资录入",系统弹出"过滤"窗口,在此窗口选中"在职职工工资"方案,单击"确定"按钮,进入"工资数据录入"窗口,光标放置在"代扣税"列,单击工具栏上的"所得税"按钮,系统弹出提示窗口,单击"确定",系统将当前职员的个人所得税数据引入,如图 5.2.13 所示。

图 5.2.13 "工资数据录入"窗口

② 引入所有职员个人所得税数据,单击工具栏上"区选"按钮,再单击"代扣税"列头,选中整列并反黑显示,单击"所得税"按钮,系统弹出提示窗口,单击"确定"按钮,引入所有职员个人所得税数据,如图 5.2.14 所示。

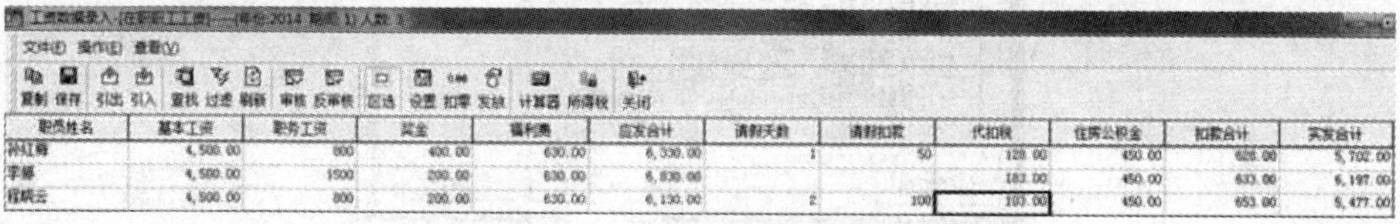

图 5.2.14 "工资数据录入"窗口

③ 单击"保存"按钮,保存个人所得税数据引入。

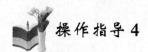

操作指导 4

工 资 计 算

 步骤

① 在"主界面"单击"工资管理"→"工资计算",系统弹出"工资计算向导"窗口,如图 5.2.15 所示。

② 选中"在职职工工资"方案,单击"下一步"按钮,系统进入下一个窗口,在该窗口中单击"计算"按钮,系统开始计算当前工资方案下的数据,结果如图 5.2.16 所示。

③ 工资计算后会自动将计算结果反映到各方案的工资录入表中,单击"完成"按钮,结束计算操作。

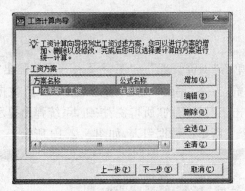

图 5.2.15 "工资计算向导"窗口

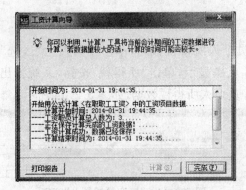

图 5.2.16 "工资计算向导"窗口

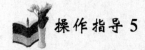

操作指导 5

工资费用的分配

【实验资料】

按部门分配工资费用

分配名称:工资费用;

凭证字:转;

摘要:工资分配;

分配比例:100%;

部门:按不同部门;

工资项目:实发合计;

费用科目:xx 费用—工资;

工资科目：应付职工薪酬—工资。

① 在"主界面"单击"工资管理"→"费用分配"，系统弹出"费用分配"窗口，如图 5.2.17 所示。

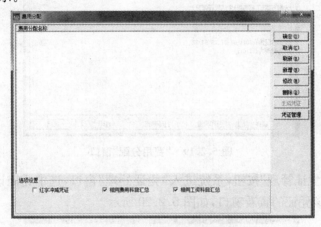

图 5.2.17 "费用分配"窗口

② 单击"新增"按钮，根据工资分配业务设置"分配名称"、"凭证号"、"摘要"、"分配比例"、"部门"、"职员类别"、"会计科目"等信息后，单击"保存"完成，如图 5.2.18 所示。

图 5.2.18 "费用分配－新增"窗口

③ 单击"保存"按钮，保存当前设置，单击"关闭"按钮，返回"费用分配"管理窗口。若要修改、删除该方案，单击工具栏上的"修改"按钮即可。

④ 勾选"工资分配"项,单击"生成凭证"按钮,系统弹出提示,单击"确定"按钮,稍后系统弹出"信息"窗口,如图 5.2.19 所示。

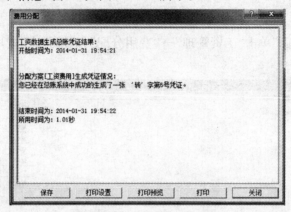

图 5.2.19 "费用分配"窗口

⑤ 单击"凭证管理"按钮,系统进入"凭证处理"窗口,选中凭证记录后双击鼠标,系统弹出该凭证的查看窗口,如图 5.2.20 所示。

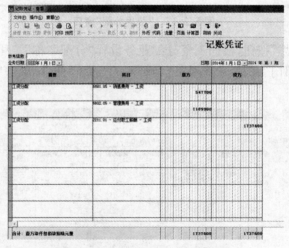

图 5.2.20 "记账凭证 - 查看"窗口

你知道吗?
在"凭证处理"窗口中可以对凭证进行打印、删除等操作。

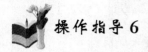

操作指导 6

职员变动

【实验资料】

输入工资变动数据:将职员孙红梅的账号更改为"62222000555"。

① 在"主界面"单击"工资管理"→"职员变动",系统弹出"职员变动"窗口,如图 5.2.21 所示。

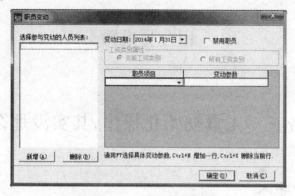

图 5.2.21 "职员变动"窗口

② 单击"新增",选择"孙红梅",并输入实验资料,如图 5.2.22 所示。

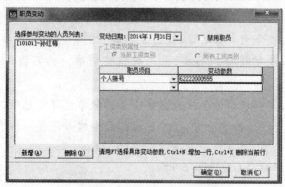

图 5.2.22 "职员变动"窗口

③ 单击"确定",系统提示职员变动成功完成,如图 5.2.23 所示。

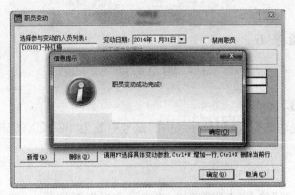

图5.2.23 "职员变动成功完成"提示框

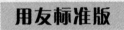

任务三　工资初始化操作,其实没那么难

 情景导入

沫沫从爸爸公司回来以后,非常高兴,跑去找笑笑,她想看看用友的操作是不是跟金蝶的一样。

沫沫:"笑笑,我今天太开心了,我终于弄懂了工资的设置和日常处理了。以前在学校学的时候,总觉得输入公式、录入数据特别难。其实我是被它的外表吓到了,嘿嘿。"

笑笑:"对呀,其实所谓的公式也就是简单的数学运算而已嘛。"

沫沫:"我今天操作的是金蝶,用友的操作跟金蝶是不是一样啊?"

笑笑:"大同小异,要不我们来演练一下?"

沫沫:"好啊好啊。赶快开始吧!"

操作指导

新建工资基础设置

1. 初始化建账

【实验资料】

初始化参数设置

工资类别个数：多个（①在职职工②临时工）；

工资核算币别：人民币；

要求代扣个人所得税；不进行扣零处理；

人员编码长度：6；

账套启用日期：2014-01-01；

工资权限：设置"104 孙晓伟"为工资类别主管。

① 单击"工资管理"，进入"建立工资账套"窗口。

② 按照实验资料中的初始化参数对工资账套参数进行设置。

第一步：参数设置，如图5.3.1所示。

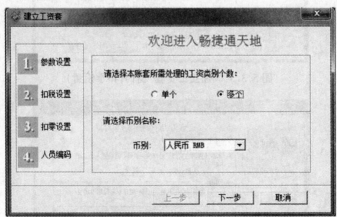

图5.3.1 "建立工资套"窗口(参数设置)

第二步：扣税设置，如图5.3.2所示。

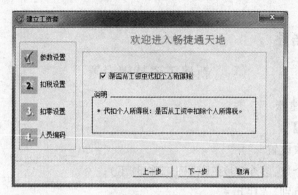

图 5.3.2 "建立工资套"窗口(扣税设置)

第三步:不进行扣零处理,不勾选"扣零",如图 5.3.3 所示。

第四步:人员编码,如图 5.3.4 所示。

③ 设置好参数后,单击"完成"按钮,系统提示新建工资类别,如图 5.3.5 所示。

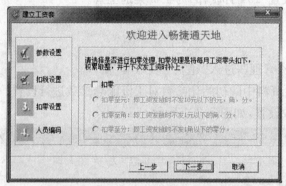

图 5.3.3 "建立工资套"窗口(扣零设置)

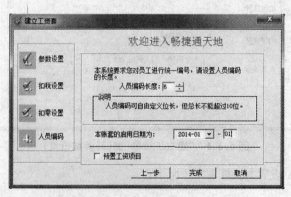

图 5.3.4 "建立工资套"窗口(人员编码)

项目五 你的工资,hold得住么?——工资管理

图5.3.5 "新建工资类别"窗口

④ 单击"完成",完成工资账套的建立。

2. 工资权限设置

① 选择"工资"→"设置"→"权限设置",在权限设置窗口中选择"孙晓伟"操作员,单击"修改"按钮,选择"工资类别主管",如图5.3.6所示。

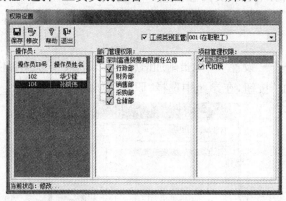

图5.3.6 "权限设置"窗口

② 设置完成后单击"保存"按钮,并退出。

3. 人员类别设置

【实验资料】

人员类别:包括在职职工、临时工。

① 选择"工资"→"设置"→"人员类别设置",系统弹出"类别设置"窗口。
② 在类别框中输入"在职职工",单击"增加"按钮。
③ 在类别框中输入"临时工",单击"增加"按钮,然后单击"返回"按钮,完成人员类别设置,如图5.3.7所示。

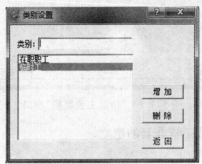

图5.3.7 "类别设置"窗口

4. 人员附加信息

【实验资料】

人员附加信息:增加人员附加信息——"职务"。

① 选择"工资"→"设置"→"人员附加信息设置",进入"人员附加信息设置"窗口。
② 单击"增加"按钮,在参照中选择"职务",如图5.3.8所示。

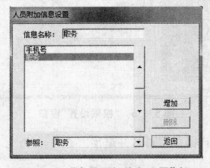

图5.3.8 "人员附加信息设置"窗口

③ 单击"返回"按钮,系统自动保存刚才设置的信息。

5. 工资项目设置

【实验资料】

工资项目增项:基本工资、职务工资、奖金、福利费、应发合计、实发合计。

减项:请假扣款、住房公积金、代扣税、扣款合计。

其他:请假天数、职务、应税收入。

以上项目除"职务"为字符型外,其他均为数字类型,长度均为 8 位,小数 2 位。

① 选择"工资"→"设置"→"工资项目",进入"工资项目设置"窗口。

② 在"工资项目设置"标签页中,单击"增加"按钮,然后单击"名称参照"下拉按钮,选择"基本工资",设置其类型为"数字",长度为 8,小数为 2,增减项为增项,如图 5.3.9 所示。

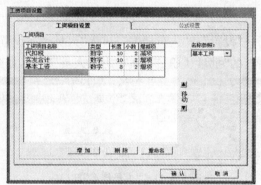

图 5.3.9 "工资项目设置"窗口

③ 重复以上步骤,设置其他工资项目,并将其位置调整到合适的顺序,没有的项目可直接输入,如图 5.3.10 所示。

图 5.3.10 "工资项目设置"窗口

④单击"确认"按钮,退出"工资项目设置"窗口。

6. 人员档案设置

【实验资料】

人员档案:从职员档案中引入下列部门和人员资料。人员附加信息及银行账号信息如表 5.3.1 所示。

表 5.3.1　人员附加信息及银行账号信息

职员编码	职员姓名	所属部门	人员类别	职务	银行	工资账号
10101	孙红梅	行政部	在职职工	部门经理	农行	62222000661
10301	李婷	财务部	在职职工	总经理	农行	62222000601
00201	程晓云	销售部	在职职工	部门经理	农行	62222000658

① 选择"工资"→"设置"→"人员档案",进入"人员档案设置"窗口。

② 单击工具栏上的"批量从职员档案中引入人员"按钮,如图 5.3.11 所示。

图 5.3.11　"人员档案"窗口

③ 系统弹出"人员批量增加"窗口,如图 5.3.12 所示。

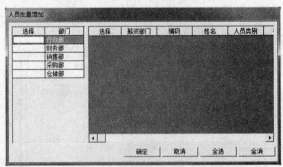

图 5.3.12　"人员批量增加"窗口

④ 单击左边栏中的部门名称,选择案例中的人员,如图 5.3.13 所示。

⑤ 单击"确定"按钮,系统自动将人员引入人员档案中。

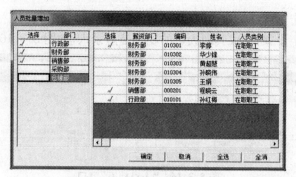

图 5.3.13 "人员批量增加"窗口

⑥ 选中某一人员,单击鼠标右键,在弹出的快捷菜单中选择"修改"命令,添加人员的银行代发信息以及修改人员类别,如图 5.3.14 所示。

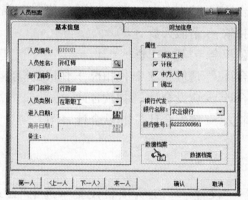

图 5.3.14 "人员档案"窗口("基本信息"标签页)

⑦ 选择"附加信息"标签页,完成附加信息"职务"的录入,如图 5.3.15 所示。

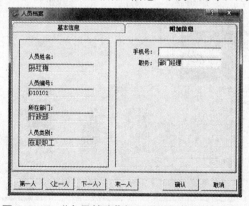

图 5.3.15 "人员档案"窗口("附加信息"标签页)

⑧ 然后单击"确认"按钮,保存人员档案资料。
⑨ 重复以上步骤,完成其他人员的相关信息录入,如图5.3.16所示。

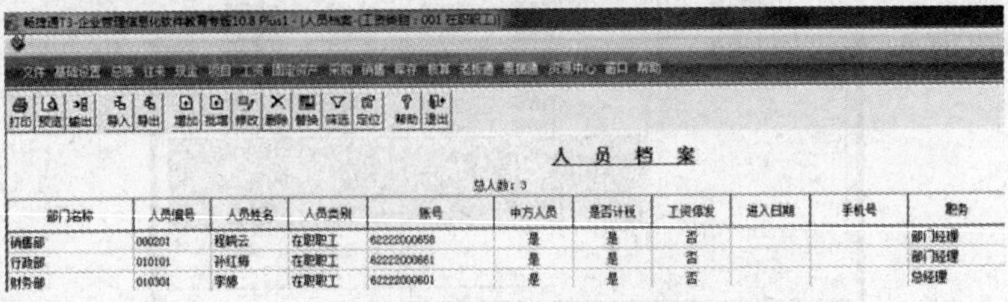

图 5.3.16 "人员档案"窗口

7. 设置计算公式

【实验资料】

应发合计 = 基本工资＋职务工资＋奖金＋福利费
请假扣款 = 请假天数×50
住房公积金 = 基本工资×0.1
扣款合计 = 请假扣款＋代扣税＋住房公积金
实发合计 = 应发合计－扣款合计
应税收入 = 应发合计－扣款合计

步骤

① 单击"工资"→"设置"→"工资项目设置",选中"公式设置"标签页,如图5.3.17所示。

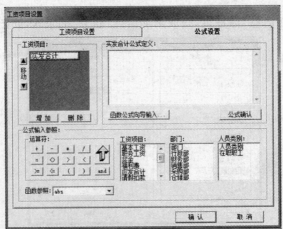

图 5.3.17 "公式设置"标签页

② 单击"增加"按钮,选择"应发合计",公式输入完毕后,单击"公式确认"按钮,将公式存入并执行公式的语法检查,否则,公式是没有成功存入的,如图5.3.18所示。

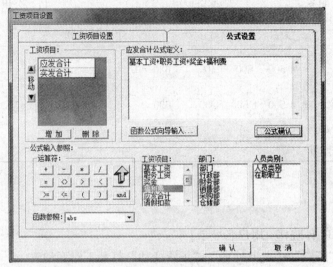

图 5.3.18 "公式设置"标签页

③ 重复以上步骤,完成其他计算公式的设置。
④ 全部设置完成后,单击"确认"按钮完成。

任务四　　工资日常管理

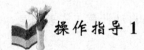操作指导1

工资录入与计算

【实验资料】
1月基本工资和当月考勤资料如表5.4.1所示。

表 5.4.1 1 月工资数据

职员姓名	职务	基本工资	职务工资	奖金	福利费（14%）	应发合计	请假天数	请假扣款	代扣税	住房公积金	扣款合计	实发合计
孙红梅	部门经理	4 500	800	400	630		1					
李婷	总经理	4 500	1 500	200	630							
程晓云	部门经理	4 500	800	200	630		2					

步骤

① 以“104 孙晓伟” 用户名登录。

② 单击“工资”→“业务处理”→“工资变动”，打开工资变动表。

③ 输入工资表中职员的职务信息、考勤资料，如图 5.4.1 所示。

人员编号	姓名	部门	人员类别	职务	基本工资	职务工资	奖金	福利费	应发合计	请假天数	请假扣款
010101	孙红梅	行政部	在职职工	部门经理	4,500.00	800.00	400.00	630.00	6,830.00	1.00	
010301	李婷	财务部	在职职工	总经理	4,500.00	1,500.00	200.00	630.00	6,130.00		
000201	程晓云	销售部	在职职工	部门经理	4,500.00	800.00	200.00	630.00		2.00	

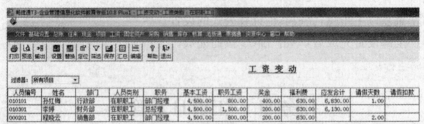

图 5.4.1 工资变动表信息的输入

④ 单击工具栏的“保存”按钮，系统根据定义好的公式，自动计算工资表信息，如图 5.4.2 所示。

人员编号	姓名	部门	人员类别	职务	基本工资	职务工资	奖金	福利费	应发合计	请假天数	请假扣款	代扣税	住房公积金	扣款合计	实发合计
010101	孙红梅	行政部	在职职工	部门经理	4,500.00	800.00	400.00	630.00	6,330.00	1.00	50.00		450.00		6,330.0
010301	李婷	财务部	在职职工	总经理	4,500.00	1,500.00	200.00	630.00	6,830.00				450.00		6,830.0
000201	程晓云	销售部	在职职工	部门经理	4,500.00	800.00	200.00	630.00	6,130.00	2.00	100.00		450.00		6,130.0

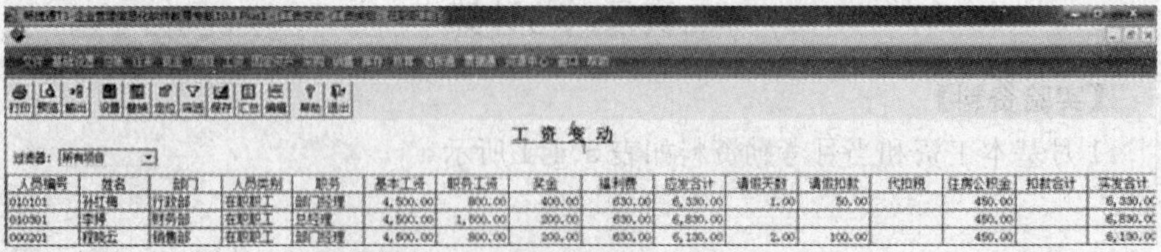

图 5.4.2 自动计算工资表信息

⑤ 单击“退出”按钮完成。

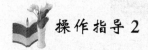

扣缴个人所得税

【实验资料】

计算个人所得税的扣税项目为"应税收入",每个职员须选择"征收个人所得税",扣税基数为 3 500 元;附加费用为 0。

① 选择"工资"→"业务处理"→"扣缴所得税",在打开的"栏目选择"窗口中,选择对应的工资项目为"应税收入",如图 5.4.3 所示。

图 5.4.3 "栏目选择"窗口

② 单击"确认"按钮,系统自动打开"个人所得税扣缴申报表"窗口,如图 5.4.4 所示。

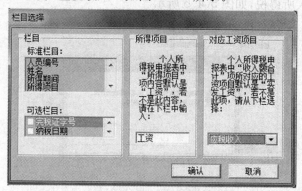

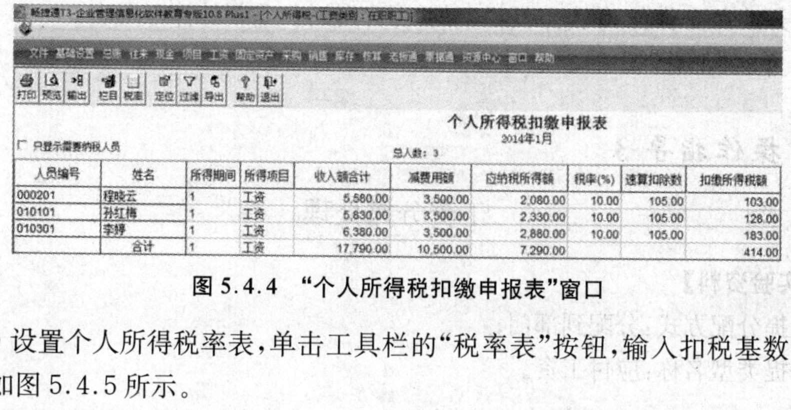

图 5.4.4 "个人所得税扣缴申报表"窗口

③ 设置个人所得税率表,单击工具栏的"税率表"按钮,输入扣税基数与附加费用,如图 5.4.5 所示。

图 5.4.5 "个人所得税申报表－税率表"窗口

④ 确认无误后单击"确认"按钮，在弹出的"个人所得说"对话框中选择"是"，即重新计算个人所得税，如图 5.4.6 所示。

图 5.4.6 "个人所得税"对话框

⑤ 确认无误后单击"退出"按钮，然后选择"工资"→"业务处理"→"工资变动"，打开工资变动表，单击工具栏上的"保存"按钮，重新计算工资表。

⑥ 单击"汇总"按钮，汇总计算全部工资项目。

工资分摊处理

【实验资料】

计提分配方式：分配到部门；

计提类型名称：应付工资。

① 选择"工资"→"业务处理"→"工资分摊",弹出"工资分摊"窗口,如图 5.4.7 所示。

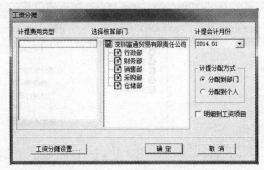

图 5.4.7 "工资分摊"窗口

② 单击"工资分摊设置"按钮,打开"分摊类型设置"窗口,然后单击"增加"按钮,在"计提类型名称"栏录入"应付工资",分摊比例设为 100%,如图 5.4.8 所示。

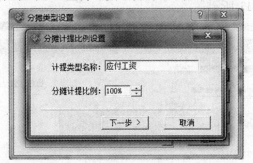

图 5.4.8 "分摊计提比例设置"窗口

③ 单击"下一步"按钮,进行分摊构成设置,如图 5.4.9 所示。

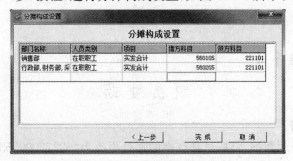

图 5.4.9 "分摊构成设置"窗口

④ 单击"完成"按钮,返回"分摊类型设置"窗口,然后单击"返回"按钮,回到"工资分摊"窗口。

⑤ 选中工资分摊窗口左边栏中的"应付工资",然后选择参与分摊的部门(选中后颜色变为深蓝),选中"明细到工资项目"、"分配到部门",如图 5.4.10 所示。

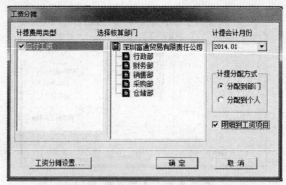

图 5.4.10　"工资分摊"窗口

⑥ 单击"确定"按钮,进入应付工资一览表,选中"合并科目相同、辅助项相同的分录",如图 5.4.11 所示。

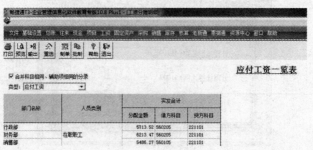

图 5.4.11　应付工资一览表

⑦ 单击"制单"按钮,生成凭证,设为"转账凭证",单击"保存"按钮,将凭证传递到总账系统。

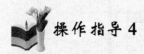

操作指导 4

职　员　变　动

【实验资料】

输入工资变动数据:将职员孙红梅的账号更改为"62222000555"。

① 在"主界面"单击"工资管理"→"设置"→"人员档案",系统弹出"人员档案"窗口,如图 5.4.12 所示。

图 5.4.12 "人员档案"窗口

② 选择"孙红梅",单击"修改",即可修改账号信息,如图 5.4.13 所示。

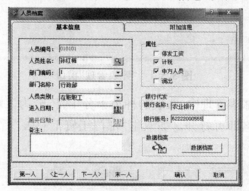

图 5.4.13 "人员档案"窗口("基本信息"标签页)

任务五 工资报表,让你的数据"活"起来

工资报表管理

① 选择"工资"→"统计分析"→"账表"→"我的账表",进入"账表管理"窗口,

如图 5.5.1 所示。

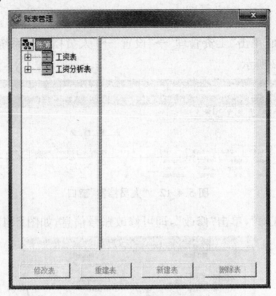

图 5.5.1 "账表管理"窗口

② 用友 T3 的账表管理中,账表的种类十分丰富,分为工资表和工资分析表,双击右边栏的账表名即可打开。如双击"部门工资汇总表"后,选择"财务部",如图 5.5.2 所示。

图 5.5.2 "部门工资汇总表"窗口

③ 点击"确定"之后,出现了财务部的部门工资汇总表,如图 5.5.3 所示。

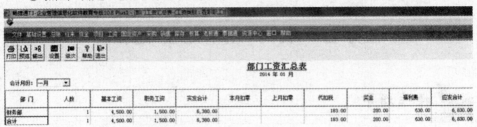

图 5.5.3 部门工资汇总表

任务六 你的凭证你做主

工资凭证管理

① 选择"工资"→"统计分析"→"凭证查询",进入"凭证查询"窗口,如图 5.6.1 所示。

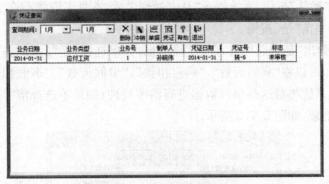

图 5.6.1 "凭证查询"窗口

② 点击"凭证",即可查看凭证具体内容。该凭证也可以从总账系统中的查询凭证里查看。

任务七　打好"期末处理"这张牌

操作指导

月末处理

步骤

① 选择"工资"→"业务处理"→"月末处理",打开"月末处理"窗口,如图5.7.1所示。

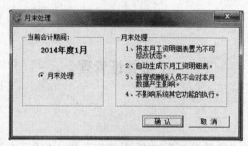

图5.7.1　"月末处理"窗口

② 单击"确认"按钮,系统提示"月末处理之后,本月工资将不许变动!继续月末处理吗?",单击"是"按钮。

③ 系统弹出"是否选择清零项?"提示框,如果选择"是",系统将打开"选择清零项目"窗口,可以将"病假天数"、"病假扣款"、"事假天数"、"事假扣款"等项目作为清零项目,系统将对这些项目数据进行清零处理;如果不选择清零项目,系统直接进行月末处理,如图5.7.2所示。

图5.7.2　"月末处理"窗口

任务八　其他功能，你不能不知道的秘密

银 行 代 发

① 选择"工资"→"业务处理"→"银行代发"，打开"银行文件格式设置"窗口，根据银行实际要求进行格式设置，如图 5.8.1 所示。

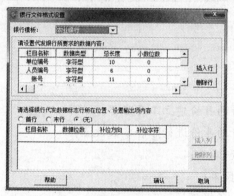

图 5.8.1　"银行文件格式设置"窗口

② 单击"确认"按钮，进入"银行代发一览表"窗口，将按上一步设置的银行文件格式显示代发信息，如图 5.8.2 所示。

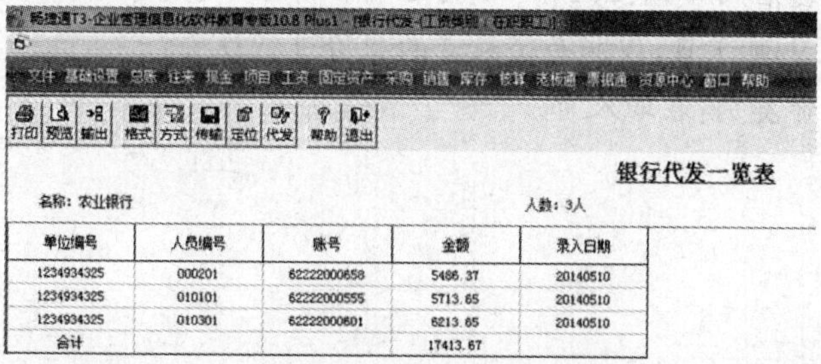

图 5.8.2　"银行代发一览表"窗口

③ 单击工具栏上的"方式"按钮,可以设置银行代发文件以 TXT、DAT 和 DBF 三种文件格式输出,然后存储为具体的文件,如图 5.8.3 所示。

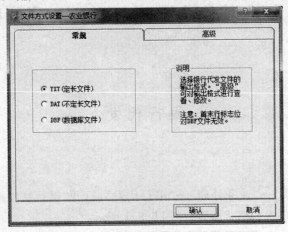

图 5.8.3 "文件方式设置－农业银行"窗口

实战演练

1. 以账套登录者的身份建立工资账套。
2. 以账套登录者的身份进行账套参数设置。
   工资类别个数:多个;
   核算币种:人民币;
   要求代扣个人所得税;
   不进行扣零处理;
   人员编码长度:3 位;
   工资账套启用日期:2014 年 1 月 1 日。
3. 2014 年 1 月 1 日,以账套登录者的身份进行设置:
   增加工资类别:在职人员。

项目六 硬汉形象展示——固定资产管理

任务书

任务名称	固定资产管理	任务编号	008	时间要求	8课时
要　　求	1.掌握固定资产系统的业务操作,包括固定资产的新增、清理及变动; 2.掌握固定资产相关报表的查询处理				
培养目标	掌握固定资产增加的核算、固定资产减少的核算、固定资产变动的核算、固定资产的折旧处理等固定资产日常业务处理系统的操作技巧				
教学地点	教室				
教学设备	投影设备、投影幕布、电脑、KIS专业版10.0和用友标准版10.8财务软件				
训 练 内 容					
KIS专业版10.0固定资产管理系统初始设置、折旧、增加和减少、变动、凭证管理和期末处理					
训 练 要 求					
掌握KIS专业版10.0固定资产管理系统初始设置、折旧、增加和减少、变动、凭证管理和期末处理					
成果要求及评价标准					
1.能熟练操作KIS专业版10.0固定资产管理系统初始设置(10分) 2.能熟练操作固定资产折旧(20分) 3.能熟练操作固定资产增加、减少和变动(30分) 4.能熟练操作固定资产凭证管理(20分) 5.能熟练操作固定资产期末处理(20分)					

任务产出一	成员姓名与分工	组长	学号	分工
		成员1	学号	
		成员2	学号	
		成员3	学号	
		成员4	学号	
		成员5	学号	
		成员6	学号	

任务产出二	1. KIS专业版10.0固定资产管理系统初始设置(10分) 2. KIS专业版10.0固定资产折旧(20分) 3. KIS专业版10.0固定资产增加、减少和变动(30分) 4. KIS专业版10.0固定资产凭证管理(20分) 5. KIS专业版10.0固定资产期末处理(20分)		
项目组评价		总分	
教师评价			

金蝶专业版

情景导入

笑笑今天又在宿舍加班了。沫沫想找她去逛街,可是她完全没时间。

沫沫:"笑笑,为什么你的事情不能在上班做完呢?总是看到你在宿舍加班。"

笑笑:"如果上班能做得完还加班干什么?"

沫沫:"那你今天要做什么呀?"

笑笑拿出一沓单据,开始在整理,准备工作了。

笑笑:"这段时间公司买了好多固定资产,也淘汰了很多,老板这是在折腾我们啊。"

沫沫:"那有什么难的,把买的固定资产填制凭证不就行了?"

笑笑:"哪里有那么简单啊?还有很多设置呢!"

任务一　"硬汉"起步：固定资产管理系统的初始设置

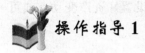

资产类别的设置

要强化固定资产管理，及时、准确地做好核算，必须科学地对固定资产做好分类，为核算和统计管理提供依据。

【实验资料】

表 6.1.1　固定资产类别

代码	类别名称	使用年限（年）	净残值率	折旧方法	计量单位
01	交通设备	10	4%	平均年限法（一）	台
02	运输设备	8	4%	平均年限法（一）	台

用"李婷"身份登录系统，在"主界面"中单击"固定资产"→"资产类别"→"新增"，进入"新增固定资产类别"窗口，在此窗口中，根据企业固定资产分类信息录入后，单击"新增"，保存数据，如图 6.1.1 所示。

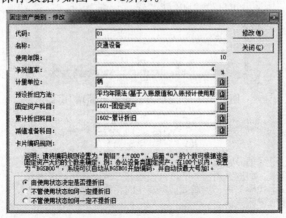

图 6.1.1　"固定资产类别－修改"窗口

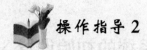

操作指导 2

变动方式的设置

变动方式指固定资产发生增加、减少和变动的方式。设置好资产变动方式可以用来确定资产计价和处理的原则。

【实验资料】

变动方式如表 6.1.2 所示。

表 6.1.2 新增变动方式

代码	方式名称	凭证字	摘要	对方科目
002.004	报废	转	报废固定资产	固定资产清理

在"主界面"中单击"固定资产"→"变动方式",在"变动方式类别"窗口单击"新增",在弹出的窗口中根据经济业务内容填写完毕后,单击"新增",保存数据,如图 6.1.2 所示。

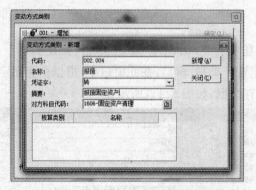

图 6.1.2 "变动方式类别－新增"窗口

系统已经预设好常用的变动方式,用户可对预设好的变动方式进行修改,根据经济业务的内容设置好"凭证字"、"摘要"、"对方科目代码"等,当增减业务发生时,系统就能根据这些设置自动生成记账凭证。

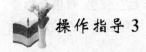

使用状态的设置

使用状态是指固定资产当前的使用情况,如使用中、未使用、不需用等,明确资产的使用状况,可以确定固定资产是否计提折旧,从而正确地计算折旧。系统已根据固定资产的常用状态预设好了资产的使用状态,用户可根据需要进行新增、修改和删除。

【实验资料】

所有固定资产均为正常使用。

在"主界面"中单击"固定资产"→"使用状态",在"使用状态类别"窗口可以看到固定资产管理系统,如有需要,就可通过窗口中的"新增"、"修改"、"删除"进行相关操作,如图6.1.3所示。

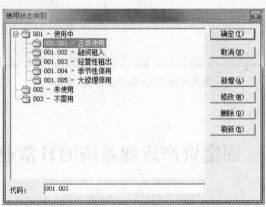

图6.1.3 "使用状态类别"窗口

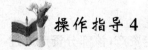

折旧方法的设置

折旧方法设置是系统自动计提折旧的基础。系统已根据会计处理原则预设好了计提折旧的常用方法,即平均年限法(基于入账原值和入账预计使用期间)、平均年限法(基于入账净值和入账剩余使用期间)、工作量法、年数总和法、双倍余额递减法、动态平均年限法、动态年数总和法、动态双倍余额法,并列出了它们的定义说明及计算公式说明。

【实验资料】

本企业固定资产折旧方法:平均年限法(基于入账原值和入账预计使用期间)。

在"主界面"中单击"固定资产"→"折旧方法",查看固定资产管理系统已经预设好的几种常用折旧方法,根据资料选择折旧方法,如图 6.1.4 所示。

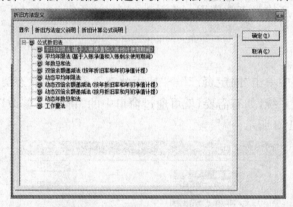

图 6.1.4 "折旧方法定义"窗口

任务二 固定资产管理系统的日常业务处理

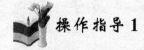

固定资产增加的处理

在日常生活中,企业会通过购进或其他方式增加固定资产,该部分资产通过"固定资产"功能来录入系统。

【实验资料】

本月新增固定资产如表 6.2.1 所示,已用工商银行转账支票支付,票号 1111。

表 6.2.1　固定资产新增表

资产类别	运输设备
资产编码	YS-03
资产名称	货运车
使用状况	正常使用
变动方式	购入
使用部门(单一)	销售部
折旧费用分配(单一)	销售费用
入账及开始使用日期	2014-01-10
预计使用期间	8 年
原值(元)	200 000
净残值率	4%
折旧方法	平均年限法①

用"李婷"身份登录系统,在"主界面"中单击"固定资产"→"固定资产增加",在"固定资产卡片及变动"窗口中根据新增固定资产的信息录入"基本信息"、"部门及其他"、"原值与折旧"几个栏目的相关内容后,单击"保存"完成,操作步骤与固定资产期初余额的录入相同,如图 6.2.1 所示。

① 基本信息。

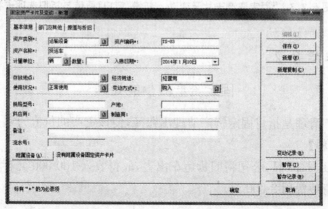

图 6.2.1　"固定资产卡片及变动-新增"窗口(基本信息选项卡)

② 部门及其他。

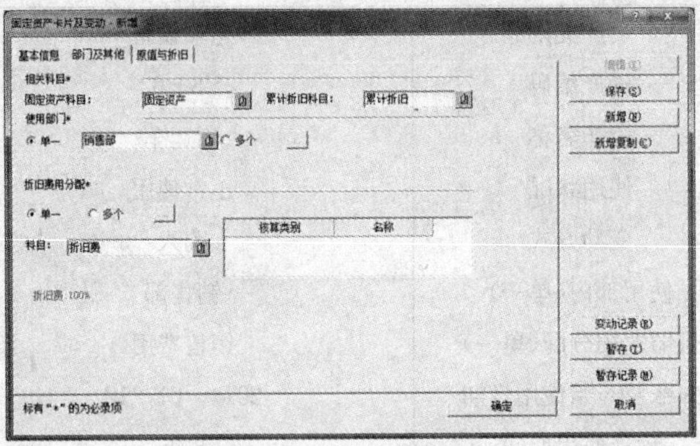

图 6.2.2 "固定资产卡片及变动－新增"窗口（部门及其他选项卡）

③ 原值与折旧。

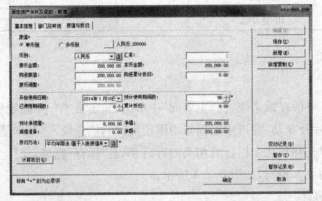

图 6.2.3 "固定资产卡片及变动－新增"窗口（原值与折旧选项卡）

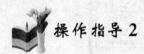操作指导 2

固定资产减少的处理

固定资产清理是指将固定资产清理出账簿，使该资产的价值为零。

【实验资料】

2014 年 1 月 10 日，公司将旧货运车出售，取得收入 100 000 元存入工商银行，用现金支付清理费用 3 000 元。

① 在"主界面"中单击"固定资产"→"固定资产变动",系统进入"固定资产卡片管理"窗口,如图 6.2.4 所示。

图 6.2.4 "固定资产卡片管理"窗口

② 选中"YS-02"号固定资产,单击工具栏上"清理"按钮,系统弹出"固定资产清理-新增"窗口,日期修改为"2014 年 1 月 10 日",清理费用录入"3000",录入残值收入为"100000",获取变动方式"002.001 出售",录入摘要"出售货运车",如图 6.2.5 所示。

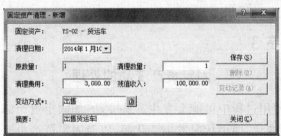

图 6.2.5 "固定资产清理-新增"窗口

③ 单击"保存"按钮,系统弹出"信息提示"窗口,如图 6.2.6 所示。

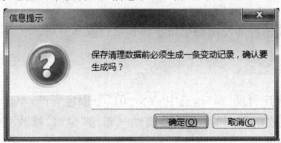

图 6.2.6 "信息提示"窗口

④ 单击"确定"按钮,会在"固定资产卡片管理"窗口显示出一条清理记录,如图 6.2.7 所示。

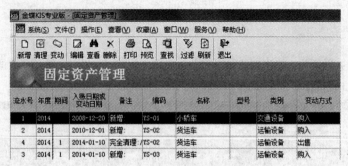

图 6.2.7 "固定资产管理"窗口

⑤ 单击"关闭"按钮,返回"固定资产管理"窗口。

你知道吗?

本月录入的卡片和本月增加的资产不允许进行变动处理。已经审核过的固定资产,必须经过反审核后才能作变动处理。

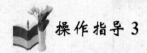

固定资产变动的处理

固定资产在使用过程中可能会发生一些变动,如固定资产的原值发生增减变化、使用部门发生变化、使用状况发生变化等,以及固定资产由于毁损、出售、盘亏等原因退出企业,即资产的减少,这些变化会影响固定资产的核算,需要进行相应的处理。

【实验资料】

1月31日,原销售部使用的小轿车转移给行政部使用。

① 在"固定资产管理"窗口,选中"YS-01"号固定资产,单击工具栏上"变动"按钮,系统弹出该固定资产的"卡片及变动-新增"窗口,修改变动日期和变动方式,如图 6.2.8 所示。

② 在"部门及其他"选项卡中将"部门"修改为"101 行政部门",如图 6.2.9 所示。

③ 单击"确定"按钮,系统保存当前变动资料并返回"固定资产管理"窗口。

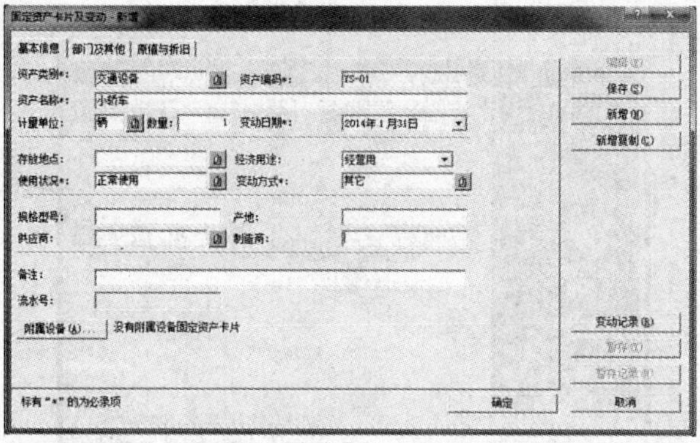

项目六 硬汉形象展示——固定资产管理

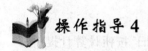

图 6.2.8 "固定资产的卡片及变动－新增"窗口

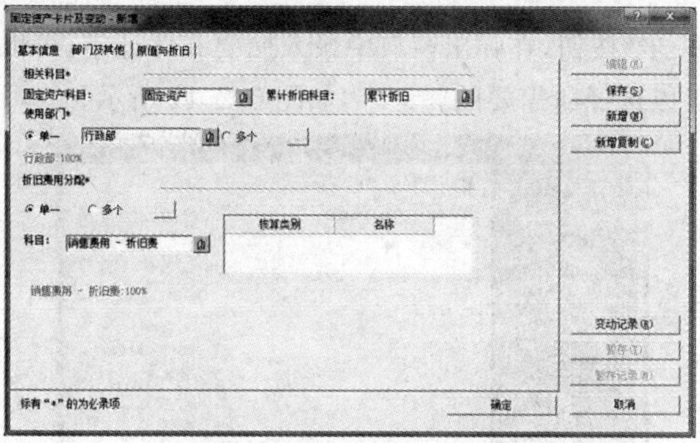

图 6.2.9 "部门及其他"选项卡

操作指导 4

计 提 折 旧

自动计提折旧是固定资产系统的主要功能之一。系统会根据已经录入系统的固定资产资料,每期计提折旧一次,并自动生成折旧费用分配表,然后制作记账凭证,将本期的折旧费用自动登账。

【实验资料】

1月31日,计提本月份的固定资产折旧。

步骤

① 在"主界面"中单击"固定资产"→"计提折旧",系统弹出"计提折旧"向导窗

口,如图 6.2.10 所示。

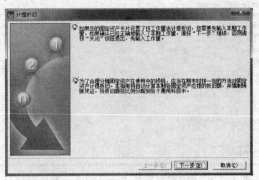

图 6.2.10 "计提折旧"向导窗口

② 单击"下一步"按钮,在弹出窗口中录入摘要和凭证字,可以修改摘要,如有多个凭证字时,可以选择所需要的凭证字,如图 6.2.11 所示。

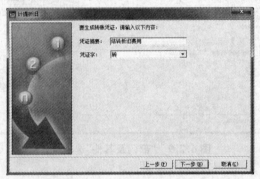

图 6.2.11 "计提折旧"窗口

③ 单击"下一步"按钮,在弹出的窗口中单击"计提折旧"按钮计算计提折旧,稍后系统提示计提成功,如图 6.2.12 所示。

图 6.2.12 "计提折旧完成"提示框

④ 单击"完成"按钮,结束"计提折旧"工作。

计提折旧生成的凭证可以在"会计分录序时簿"中进行管理:在"凭证管理"窗口单击工具栏上"序时簿"按钮,系统进入"会计分录序时簿",找到"计提"凭证进行相应的操作即可。在"账务处理"系统中也可以进行查询,但不能编辑。计提折旧凭证如图 6.2.13 所示。

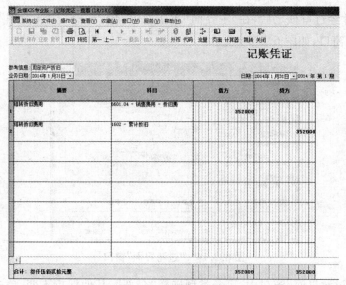

图 6.2.13　计提折旧凭证

你知道吗?

系统在一个期间内可以多次计提折旧,每次计提折旧后,只是将计提的折旧累加到月初的累计折旧,不会重复累计。
计提折旧生成的转账凭证会自动传递给总账系统,调用总账系统的凭证管理功能就可以看到相应的凭证。

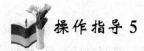

操作指导5

固定资产日常业务的凭证管理

凭证管理是指根据固定资产的增加、变动等业务资料生成凭证,并对凭证进行有效的管理,包括生成凭证、修改凭证、审核凭证等操作。固定资产系统和账务处理链接使用时,所生成的凭证会传递到账务处理系统,以保证固定资产和总账系统的固定资产科目、累计折旧科目数据一致。

【实验资料】

1月31日,将本月固定资产日常业务进行制单处理,生成相应的记账凭证。

① 卡片经过审核之后,在"主界面"单击"固定资产"→"凭证管理",系统弹出"过滤界面"窗口,如图6.2.14所示。

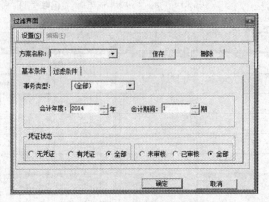

图6.2.14 "过滤界面"窗口

② 在"过滤界面"窗口中,事务类型选择"全部",其他保持不变,单击"确定"按钮,系统进入"凭证管理"窗口,如图6.2.15所示。

图6.2.15 "凭证管理"窗口

③ 选择第一条记录,单击工具栏上的"按单"按钮,系统弹出"按单生成凭证"窗口,如图6.2.16所示。

④ 单击"开始"按钮,稍后系统弹出提示"凭证出错是否手工修改字样"的对话框,单击"是"按钮,系统进入"记账凭证"窗口,在第二条分录处获取会计科目,修改正确的凭证如图6.2.17所示。

⑤ 单击"保存"按钮,保存当前凭证,单击"关闭"按钮,返回"按单生成凭证"窗口,系统显示生成几张凭证,单击"查看报告"按钮,可以查看生成凭证的过程,单击"退出"按钮返回"凭证管理"窗口。请注意已生成凭证后记录的显示颜色。

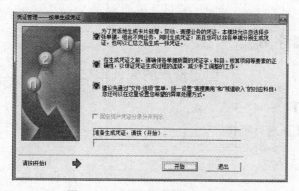

图 6.2.16 "按单生成凭证"窗口

图 6.2.17 记账凭证

固定资产系统生成的凭证也可以在总账系统中进行查询,步骤如下:选择"账务处理"→"凭证管理",即可选择需要查询的凭证。

如果生成记账凭证时提示出错,那是因为所生成的凭证缺少项目,系统会提醒是否运用手工调整,这时则需要选择手工调整完成凭证生成。凭证生成后可以在会计分录序时薄中对凭证进行审核、修改、查询、删除等相关操作。

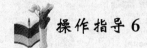

操作指导 6

固定资产的凭证审核

【实验资料】

将生成的凭证进行审核。

在"主界面"中点击"系统"→"重新登录",以"manager"的身份进入,然后在"主界面"中单击"固定资产"→"凭证管理",在"过滤界面"中单击"确定"按钮,进入"会计分录序时簿",在"会计分录序时簿"中选中要进行审核的凭证后,单击"审核"完成,如图 6.2.18 所示。

图 6.2.18 "会计分录序时簿"

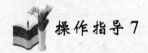

操作指导 7

期 末 对 账

对账是指将固定资产管理系统中的固定资产原值、累计折旧及固定资产减值准备的数据与总账中相应的数据进行核对,即固定资产明细账与总账进行核对,达到账账相符。

① 在"主界面"中点击"固定资产"→"与总账对账",系统弹出"对账方案"窗口。首先增加一个方案,单击"增加"按钮,系统弹出"固定资产对账"窗口,在"固定资产原值科目"窗口单击"增加"按钮,获取"1601 固定资产"科目,如图 6.2.19 所示。

② 在"累计折旧科目"窗口,单击"增加"按钮,获取科目"1602 累计折旧"科目,如图 6.2.20 所示。

项目六　硬汉形象展示——固定资产管理　　291

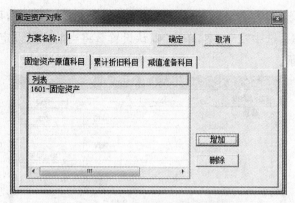

图 6.2.19　"固定资产原值科目"窗口

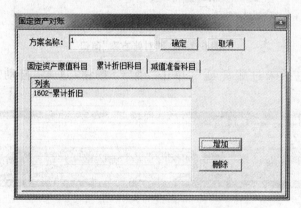

图 6.2.20　"累计折旧科目"窗口

③ 在"减值准备科目"窗口获取"1603"科目,如图 6.2.21 所示。

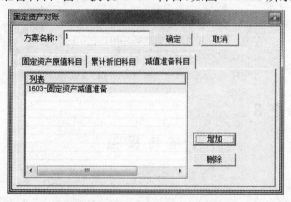

图 6.2.21　"减值准备科目"窗口

④ 单击"确定"按钮,系统弹出提示,单击"确定"按钮,并返回"对账方案"窗

口,可以看到新增的"方案名称"。若对"自动对账"的方案不满意,可以对方案进行编辑和删除操作。选中"1"方案,单击"默认设置",将当前方案设定为"默认方案",如图 6.2.22 所示。

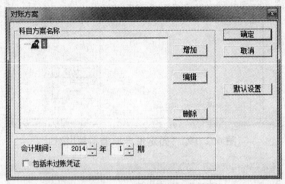

图 6.2.22 "对账方案"窗口

⑤ 选中"包括未过账凭证",单击"确定"按钮,进入"自动对账"窗口,如图 6.2.23 所示。

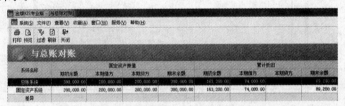

图 6.2.23 "自动对账"窗口

> 你知道吗?
> 在进行与总账对账之前必须将所有固定资产生成凭证,否则将造成与总账对账不平。

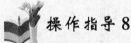操作指导 8

结 转 损 益

步骤

① 选择"账务处理"→"结转损益",进入"结转损益"向导界面,单击"下一步",

系统弹出所有损益类科目及各自对应的系统参数预设的本年利润科目,如图 6.2.24 所示。

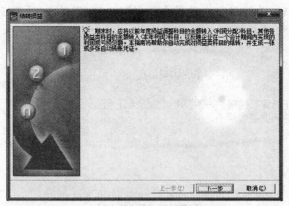

图 6.2.24 "结转损益"向导界面

② 单击"下一步",进入结转损益设置界面,如图 6.2.25 所示。

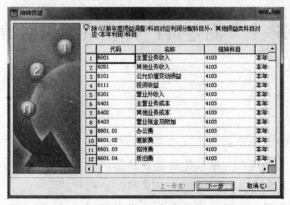

图 6.2.25 "结转损益"设置界面

③ 单击"下一步",系统自动完成结转损益的过程,并提示生成转账凭证的信息,如图 6.2.26 所示。

图 6.2.26 提示生成转账凭证的信息

> **提示**
>
> 若结转损益时,系统提示未设置本年利润科目,则单击"主界面",选择"基础设置"→"系统参数"→"财务参数"中维护"本年利润"和"利润分配"科目即可。

你知道吗?

在结转损益前,一定要将所有的凭证全部录入并审核过账,否则结转损益数据不正确。

用友标准版

任务三 固定资产管理系统的初始化

 **情景导入**

笑笑把所有固定资产的凭证操作完,已经到了晚上 10 点,沫沫恍然大悟,说:"原来如此,我还天真地以为输入凭证就可以呢,哎哟,我都晕了。看来我要再深入一点学习会计电算化了。我之前学的原来都是皮毛啊。"

笑笑说:"那是因为你还没有接触过企业真正的业务,这个比课本接触的面广多了。"

沫沫说:"是啊,看来要好好计划一下了。"

 **操作指导**

固定资产初始设置

1. 初始向导参数设置

【实验资料】

实验资料如表 6.3.1 所示。

表 6.3.1 初始向导参数设置信息表

控制参数	参 数 设 置
启用与设置	2014 年 1 月
折旧信息	本账套计提折旧 主要折旧方法：平均年限法（一） 折旧汇总分配周期 1 个月 当（月初已计提月份＝可使用年份－1）时，将剩余折旧全部提足
编码方式	资产类编码方式：编码长度 2112 固定资产编码方式，按"类别编码＋部门编码＋序号"自动编码
财务接口	与账务系统进行对账；业务发生后立即制单； 月末结账前一定要完成制单登账业务； 对账科目，固定资产对账项目 1601 固定资产，累计折旧对账项目 1602

① 选择"固定资产"，首次使用时，系统要进行初始化工作。系统将提示"这是第一次打开此账套，是否进行初始化"，单击"是"进行初始化，如图 6.3.1 所示。

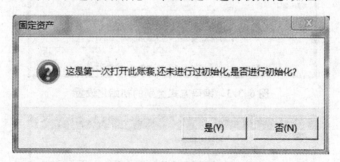

图 6.3.1 提示框

② 系统弹出"固定资产初始化向导"窗口，按照实验资料内容，完成初始化向导参数设置，如图 6.3.2 所示。

③ 编码方式类别的初始化如图 6.3.3 所示。

④ 财务接口的初始化设置如图 6.3.4 所示。

⑤ 各个步骤设置完毕，单击"完成"按钮，系统弹出"是否确定所设置的信息完全正确并保存对新账套的所有设置"提示框，单击"是"按钮，系统初始化后弹出"已成功初始化本固定资产账套"提示框，单击"确定"按钮，完成固定资产账套初始化，

并进入固定资产系统。

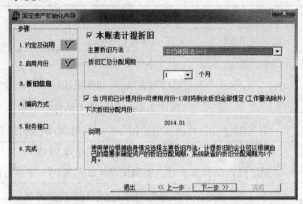

图 6.3.2 "固定资产初始化向导"窗口

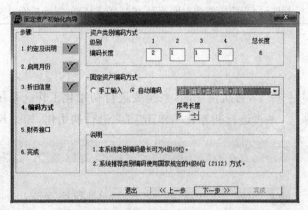

图 6.3.3 编码方式类别的初始化设置

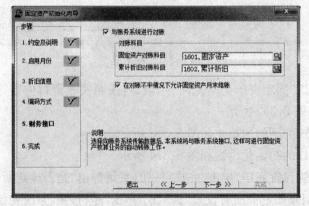

图 6.3.4 财务接口的初始化设置

⑥ 选择"固定资产"→"设置"→"选项",在弹出的选项窗口中,选择"与账务系统接口"标签页进行选项设置,如图6.3.5所示。

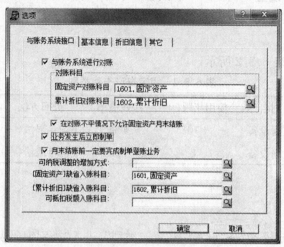

图 6.3.5 选项设置

2. 部门对应折旧科目设置

【实验资料】

销售部:销售费用-折旧费

① 选择"固定资产"→"设置"→"部门对应折旧科目",在弹出的"部门编码表"窗口右边的列表中选择"销售部",单击右键,然后选择"修改",系统自动切换到单张视图,在折旧科目中输入"560104 折旧费",如图6.3.6所示。

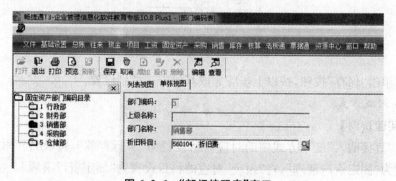

图 6.3.6 "部门编码表"窗口

② 单击"保存"按钮。

3. 基础资料设置

1) 资产类别设置

【实验资料】

实验资料如表 6.3.2 所示。

表 6.3.2　固定资产卡片类别

类型编码	类别名称	使用年限（年）	净残值率	折旧方法	计量单位
051	交通设备	10	4%	平均年限法（一）	辆
052	运输设备	8	4%	平均年限法（一）	辆

步骤

① 选择"固定资产"→"设置"→"资产类别",进入"类别编码表"窗口。

② 单击"增加"按钮,根据实验资料输入数据,如图 6.3.7 所示。

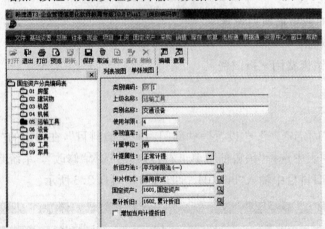

图 6.3.7　"类别编码表"窗口

③ 单击"保存"按钮,按以上步骤完成其他资产类别设置。

2) 增减方式

【实验资料】

将"直接购入"变动方式中的对应科目设置为"工行存款",将"出售"对应的科目设置为"固定资产清理",将"报废"对应的科目设置为"固定资产清理"。

① 选择"固定资产"→"设置"→"增减方式",进入"增减方式"设置窗口。
② 在左侧列表框中,选中"直接购入"增加方式,单击"修改"按钮。
③ 在单张视图中,输入对应入账科目资料,如图 6.3.8 所示。

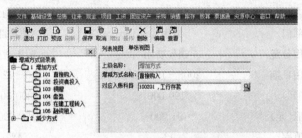

图 6.3.8 "增减方式"设置窗口

④ 重复以上步骤,完成其他增减方式对应科目设置,如图 6.3.9 所示。

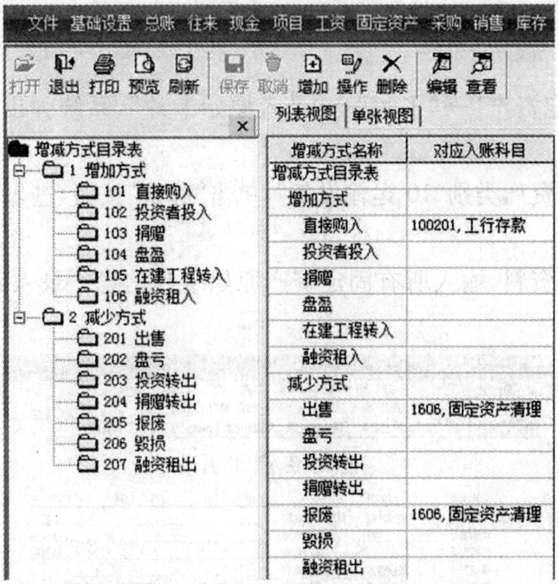

图 6.3.9 其他增减方式对应科目设置

3) 录入原始卡片
【实验资料】
实验资料如表 6.3.3 所示。

表 6.3.3 固定资产卡片资料表

资产类别	交通设备	运输设备
类型编号	051	052
资产名称	小轿车	货运车
使用状况	在用	在用
增加方式	直接购入	直接购入
使用部门	销售部	销售部
折旧费用分配	销售费用	销售费用
开始使用日期	2008-12-20	2010-12-01
原值(元)	190 000	200 000
累计折旧(元)	91 200	72 000
净残值率	4%	4%
折旧方法	平均年限法(一)	平均年限法(一)

步骤

① 选择"固定资产"→"卡片"→"录入原始卡片",系统弹出"资产类别参照"窗口。

② 选择固定资产类别"10 运输设备",单击"确认"按钮,进入"固定资产卡片录入"窗口。

③ 根据实验资料,输入所有固定资产原始卡片信息。录入固定资产卡片,如图 6.3.10 所示。

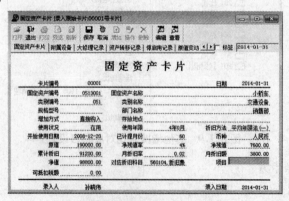

图 6.3.10 "固定资产卡片"窗口

④ 选择"固定资产"→"处理"→"对账",系统将对固定资产原始卡片数据与账务系统期初余额的对应科目数据进行检查,弹出检查结果提示,如图 6.3.11 所示。

图 6.3.11 "检查结果提示"窗口

任务四　"硬汉"受损:固定资产折旧

计提本月折旧

① 选择"固定资产"→"处理"→"计提本月折旧",单击"是"按钮,系统提示"本操作将计提本月折旧,并花费一定时间,是否要继续?",如图 6.4.1 所示。

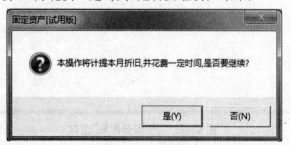

图 6.4.1 提示框

② 单击"是"按钮,系统自动进行折旧计算,完成后弹出"是否查看折旧清单"提示。如果单击"是"按钮,可查看本期折旧明细;如果单击"否"按钮,则系统直接进入"折旧分配表"窗口。本期折旧清单如图 6.4.2 所示。

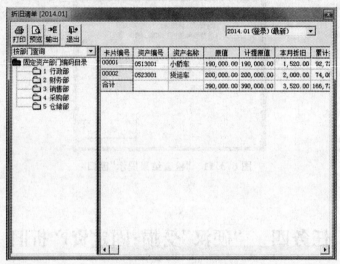

图 6.4.2　折旧清单

③ 在本期"折旧清单"窗口中,单击"退出"按钮,系统进入"折旧分配表"窗口,如图 6.4.3 所示。

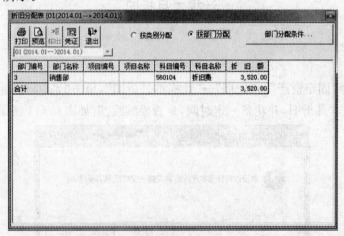

图 6.4.3　"折旧分配表"窗口

④ 单击"凭证"按钮,生成折旧凭证,凭证类型为转账凭证,如图 6.4.4 所示。

项目六 硬汉形象展示——固定资产管理　　　　　　　　　303

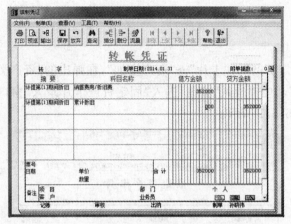

图 6.4.4　转账凭证

任务五　"硬汉"动态呈现:固定资产的增加和减少

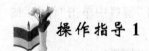

操作指导 1

固定资产的增加

【实验资料】

本月新增固定资产如表 6.5.1 所示,已用工商银行转账支票支付,票号 1111。

表 6.5.1　固定资产新增表

资产类别	运输设备
资产名称	货运车
使用状况	正常使用
变动方式	直接购入
使用部门(单一)	销售部
折旧费用分配(单一)	销售费用
入账及开始使用日期	2014-01-10
预计使用期间	8 年
原值(元)	200 000
净残值率	4%
折旧方法	平均年限法(一)

① 选择"固定资产"→"卡片"→"资产增加",在弹出的"资产类别参照"窗口中选择"运输设备",单击"确认"按钮,进入"固定资产卡片录入"窗口,输入案例资料中的数据,如图 6.5.1 所示。

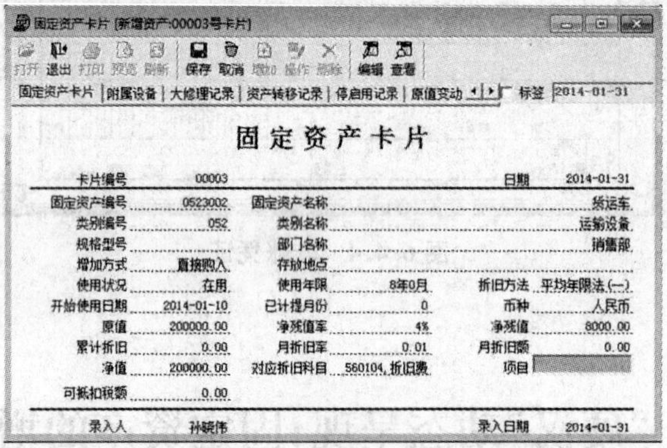

图 6.5.1 固定资产卡片

② 单击"保存"按钮,系统立即生成凭证,在"填制凭证"窗口中单击"保存"按钮,完成凭证生成,如图 6.5.2 所示。

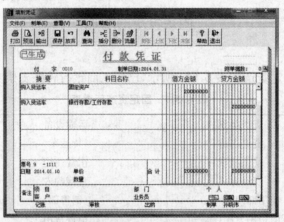

图 6.5.2 付款凭证

③ 退出"填制凭证"窗口,返回"固定资产卡片"窗口,系统提示"数据成功保存!",如图 6.5.3 所示。

图 6.5.3 "数据成功保存!"提示框

你知道吗?

卡片输入完毕后,也可以不立即制单,即不保存凭证,月末再批量制单。

如果凭证因为账务中参数设置等原因生成的凭证保存不成功,也可以选择"固定资产"→"卡片"→"卡片管理",删除该卡片后重新输入再生成。

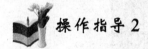

固定资产的减少

【实验资料】

2014 年 1 月 10 日,公司将旧货运车出售,取得收入 100 000 元,存入工商银行,用现金支付清理费用 3 000 元。

① 选择"固定资产"→"卡片"→"资产减少",进入"资产减少"窗口。

② 输入资产编号"00002",如图 6.5.4 所示。

③ 单击"增加"按钮,在显示的固定资产栏中,选择减少方式为"出售",清理收入 100 000,以及清理费用 3 000,单击"确定"按钮,系统进入"填制凭证"窗口,如图 6.5.5 所示。

④ 选择凭证类型"转账凭证",单击"保存"按钮,生成资产减少凭证,如图 6.5.6 所示。

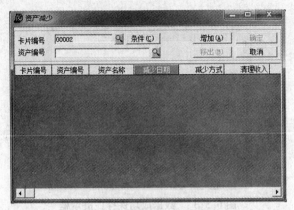

图 6.5.4 "资产减少"窗口

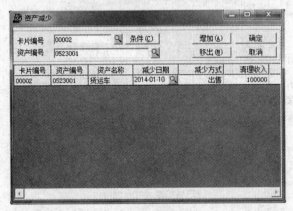

图 6.5.5 "填制凭证"窗口

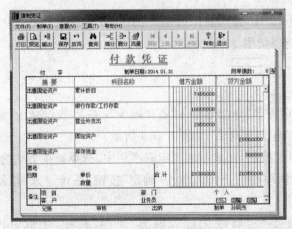

图 6.5.6 "付款凭证"窗口

你知道吗？

只有在计提折旧后，才能减少资产。
如果资产减少错误，且已制作凭证，只能删除凭证后才能恢复减少的固定资产。

任务六　"硬汉"没那么简单：固定资产变动

固定资产的调拨

【实验资料】

原销售部使用的小轿车转移给行政部使用。

① 选择"固定资产"→"卡片"→"变动单"→"部门转移"，进入"固定资产变动单"窗口，如图6.6.1所示。

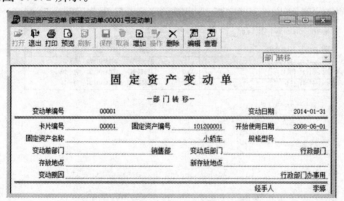

图6.6.1　"固定资产变动单"窗口

② 单击"保存"按钮，系统弹出"数据成功保存！"。

> **你知道吗?**
>
> 如果系统已经计提折旧并生成记账凭证,将数据传递到了总账系统,那么必须删除该凭证后才能重新计提折旧。
>
> 计提折旧后,如果重新进行了影响折旧计算的操作,如调整资产原值、累计折旧额等,则必须重新计算折旧,否则系统不允许结账。

任务七 "硬汉"的证据:固定资产凭证管理

① 固定资产模块生成的凭证,可以在总账系统中通过凭证查询功能查询,也可选择"固定资产"→"处理"→"凭证查询",如有关固定资产的凭证,如图 6.7.1 所示。

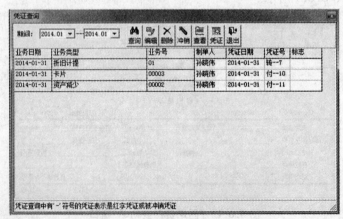

图 6.7.1 有关固定资产的凭证

② 双击即可查询所选凭证。

任务八 "硬汉"的谢幕：固定资产管理的期末处理

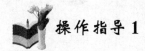

月末对账与结账

① 在对账前应将固定资产生成的有关凭证记账，然后选择"固定资产"→"处理"→"对账"，进行固定资产系统与账务系统数据的核对检查，显示账务与账套对账结果，如图 6.8.1 所示。

图 6.8.1 "与账务对账结果"窗口

② 如果对账平衡，就可以进行月末结账，单击选择"固定资产"→"处理"→"月末结账"即可，如图 6.8.2 所示。

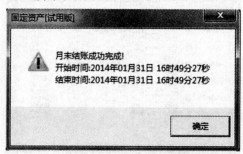

图 6.8.2 月末结账

你知道吗?

本月还有未记账凭证时,不能结账。结账必须按月进行,上月未结账,本月也不能结。

结 转 损 益

① 选择"总账"→"期末"→"转账定义"→"期间损益",进入"期间损益结转损益设置"向导界面,选择"转账凭证",输入本年利润科目"3103 本年利润",单击"确定",如图6.8.3所示。

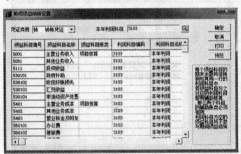

图6.8.3 "期间损益结转设置"窗口

② 选择"总账"→"期末"→"转账生成",进入"转账生成"界面,选择"期间损益结转",如图6.8.4所示。

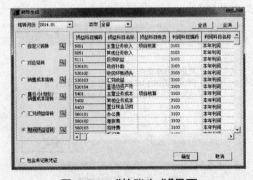

图6.8.4 "转账生成"界面

③ 单击"全选",再单击"确定",系统完成结转损益的过程,并生成转账凭证的信息,如图 6.8.5 所示。

图 6.8.5　生成转账凭证的信息

 **实战演练**

请在用友 T3 中进行如下操作:

1. 初始设置

1) 登录企业门户

(1) 服务器:默认;

(2) 操作员:101 李婷;

(3) 密码:1;

(4) 账套:"001"深圳富通贸易有限公司;

(5) 会计年度:2014;

(6) 操作日期:2014-04-01。

2) 业务页签

打开固定资产模块(财务会计-固定资产)如表 6.8.1 所示。

表 6.8.1 固定资产模块

固定资产初始化向导	
资产类别编码方式	1222
固定资产编码方式	自动编码(部门编号+序号)
固定资产对账科目	固定资产
累计折旧对账科目	累计折旧
其他	默认

3) 选项:固定资产缺省

(1) 入账科目:固定资产;

(2) 累计折旧缺省入账科目:累计折旧。

4) 其他

默认。

5) 部门对应折旧科目

(1) 总经理办公室——550206 管理费用——折旧费;

(2) 财务部——550206 管理费用——折旧费。

6) 资产类别

(1) 1 房屋及建筑物;

(2) 2 设备。

7) 增减方式

(1) 直接购入:100201 工行银行;

(2) 投资者投入:3101 实收资本;

(3) 出售:1701 固定资产清理;

(4) 盘亏:1701 固定资产清理。

8) 使用状况

采用系统默认。

9) 折旧方法

采用系统默认。

2. 录入原始卡片

(1) 资产名称:apple 笔记本;

(2) 资产类别:设备——办公设备;

(3) 增减方式:直接购入;
(4) 使用状况:在用;
(5) 原值:11 000元;
(6) 累计折旧:700元;
(7) 开始使用日期:2012-09-10;
(8) 使用部门:单部门—财务部;
(9) 使用年限:5年。

项目七　花点心思——财务报表的编制

任务书

任务名称	财务报表的编制		任务编号	009	时间要求	12课时
要　　求	1.熟练利用报表模板编制资产负债表； 2.会自定义报表格式、报表公式，进行报表数据处理； 3.会根据企业需要自定义内部报表					
培养目标	掌握财经报表处理系统中设计报表格式的方法和步骤；掌握报表取数公式和计算公式的编辑方法以及打印参数的设置；掌握关键字的录入方法，熟悉表页增加操作；掌握报表取数的意义和方法，完成报表的实际操作应用；掌握如何利用报表模板生成一张报表					
教学地点	教室					
教学设备	投影设备、投影幕布、电脑、KIS专业版10.0和用友标准版10.8财务软件					
训　练　内　容						
1. KIS专业版10.0报表模板和自定义会计报表； 2. 用友标准版10.8会计报表取数函数、运算公式和审核公式以及报表模板的应用						
训　练　要　求						
1.掌握KIS专业版10.0报表模板和自定义会计报表的操作； 2.掌握用友标准版10.8会计报表取数函数、运算公式和审核公式以及报表模板的　应用						
成果要求及评价标准						
1.能熟练操作KIS专业版10.0报表模板和自定义会计报表(50分) 2.能熟练操作用友标准版10.8会计报表取数函数、运算公式和审核公式以及报表模板的应用(50分)						

续表

任务产出一	成员姓名与分工	组长	学号	分工
		成员1	学号	
		成员2	学号	
		成员3	学号	
		成员4	学号	
		成员5	学号	
		成员6	学号	
任务产出二	1. KIS 专业版 10.0 报表模板(20分) 2. KIS 专业版 10.0 自定义会计报表(30分) 3. 用友标准版 10.8 会计报表取数函数、运算公式和审核公式(30分) 4. 用友标准版 10.8 报表模板的应用(20分)			
项目组评价				总分
教师评价				

金蝶专业版

任务一　巧用报表模板,财务报表好编制

情景导入

沫沫吃完早饭就要爸爸带她去公司,爸爸好奇地问:"你都很少跟我去公司的,怎么最近这么喜欢去公司啊?"

沫沫:"笑笑说我接触真实公司业务太少了,对会计电算化了解得并不深入。我想多去公司跟张叔叔讨教讨教。"

来到公司,沫沫第一件事就是去找张会计。这时财务部正在做期末的结算,制作报表。沫沫想起她们以前学手工做账的时候,报表是最头痛的一项,非常复杂,而且数据还不能有丝毫算错,一旦算错,全部又要重新计算。她问张会计:"张叔叔,你们每个月末是不是做报表都特别辛苦啊?我以前在学校也做过。"

张会计一听就知道她在说手工账,说:"以前我们做手工账的时候确实是一到期末就头痛。不过用财务软件就不同了。不信的话,你可以跟着学学。"

沫沫:"太好了,我今天就是过来学习的呢。"

 知识链接

报 表 函 数

报表中的数据一般来源于账簿,这些数据在日常的账务处理中已经采集进入账套的数据库文件中,因此,报表系统提供了"定义计算公式"功能,可以从相应的数据源中采集数据,填入相应的单元格中,从而得到报表数据。要定义报表公式需要用到许多函数,下面就来认识一些金蝶 KIS 中主要的报表函数。

1. 数学函数(表 7.1.1)

表 7.1.1 数学函数

函数名称	说　　明
ABS	计算给定数据的绝对值
ATN	计算数据的反正切值
AVG	求平均数函数
COS	返回给定数据余弦值
COUNT	统计数量函数,计算所有非空格单元的个数
EXP	将定值以 e 的幂形式表现
LOG	计算给定数值的自然对数值
MAX	求最大值函数
MIN	求最小值函数
ROUND	根据指定数值四舍五入
SIN	返回给定数据正弦值
SQR	返回给定正数的平方根
SUM	求和函数
TAN	返回给定数值的正切值
VAL	数据转换函数

2. 财务函数(表 7.1.2)

表 7.1.2 财务函数

函数名称	说明
DDB	计算用双倍余额递减法求解某一固定资产的折旧值
FV	基于固定利率及等额分期付款方式,返回某项投资的未来值
IPMT	返回给定期次内某项投资回报或贷款偿还的给定利息
NPER	基于固定利率和等额付款的方式,返回一项贷款或投资的期数
PMT	返回在固定利率下,投资或贷款的等额分期偿还款
PPMT	返回在给定期次内某项投资回报(或货款偿还)的本金部分
PV	返回某项投资的一系列等额分期偿还额之和(或一次性偿还额)的现值)
RATE	基于等额分期付款(或一次性付款)方式,返回投资或贷款的实际偿还率
REF_F	返回指定报表,指定页,指定单元的值
SLN	返回指定固定资产的每期线性折旧额
SYD	返回指定固定资产按年数总和法计算的每期折旧额

3. 常用函数(表 7.1.3)

表 7.1.3 常用函数

函数名称	说明
ACCT	总账科目取数函数
COMPUTERTIME	返回计算机当前日期
DATE	返回计算机当前日期
DATEDIFF	求指定日期参数2与参数1之间的天数差
ITEMINFO	返回指定核算项目的属性值
KEYWORD	取表页的关键字的函数
PAGENAME	取表页名称函数
PAGENO	返回当前表页的值
REF	返回指定表页、指定单元格的值
RPRDATA	返回指定格式的当前报表日期
RPTQUARTER	季度取数函数
RPTSHEETDATE	获取当前报表指定表页的开始日期或结束日期,并以指定日期格式返回
SYSINFO	返回指定关键字的系统信息

4. 总账函数(表 7.1.4)

表 7.1.4 总账函数

函数名称	说　　明
ACCTEXT	科目按日取数函数
ACCTCASH	现金流量及附表项目取数公式
ACCTCASHEXT	现金流量项目按日取数函数
ACCTEXT	科目按日取数函数
ACCTNAME	总账科目名称取数公式

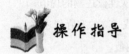

利用报表模板编制财务报表

根据企业会计准则规定财务报表应包括资产负债表、利润表、现金流量表、所有者权益(股东权益)变动表及附注,因此,一般财务软件都把这几张表的格式预先设计好,并根据填报要求设计了相应的取数公式,形成了一个报表模板,用户则可以通过调用预设好的模板来快速地编制相应的财务报表。

【实验资料】

利用报表模板生成"资产负债表"。

① 在"报表与分析"界面,选择"我的报表"→"资产负债表",进入"资产负债表"窗口,如图 7.1.1 所示。

② 单击菜单"数据"→"报表重算",系统会自动按照设置的取数公式完成报表的计算,如图 7.1.2 所示。

③ 单击"文件"→"另存为",将报表命名为"资产负债表"。利用报表模板生成利润表和现金流量表,其步骤与生成资产负债表的步骤一致,此处不再赘述。

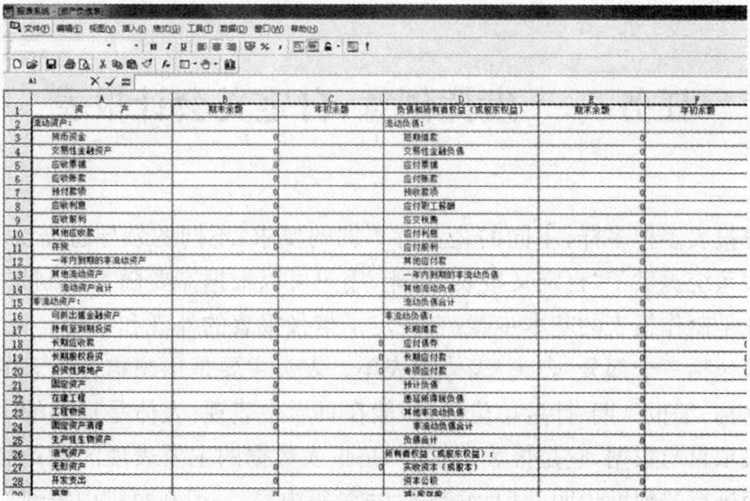

	A	B	C	D	E	F
1	资　　产	期末余额	年初余额	负债和所有者权益（或股东权益）	期末余额	年初余额
2	流动资产：			流动负债：		
3	货币资金	0		短期借款	0	
4	交易性金融资产	0		交易性金融负债	0	
5	应收票据	0		应付票据	0	
6	应收账款	0		应付账款	0	
7	预付款项	0		预收款项	0	
8	应收利息	0		应付职工薪酬	0	
9	应收股利	0		应交税费	0	
10	其他应收款	0		应付利息	0	
11	存货	0		应付股利	0	
12	一年内到期的非流动资产			其他应付款	0	
13	其他流动资产	0		一年内到期的非流动负债		
14	流动资产合计	0		其他流动负债	0	
15	非流动资产：			流动负债合计	0	
16	可供出售金融资产	0		非流动负债：		
17	持有至到期投资	0		长期借款	0	
18	长期应收款	0	0	应付债券	0	0
19	长期股权投资	0	0	长期应付款	0	0
20	投资性房地产	0	0	专项应付款	0	0
21	固定资产	0		预计负债	0	
22	在建工程	0		递延所得税负债	0	
23	工程物资	0		其他非流动负债	0	
24	固定资产清理	0		非流动负债合计	0	
25	生产性生物资产			负债合计	0	
26	油气资产			所有者权益（或股东权益）：		
27	无形资产	0	0	实收资本（或股本）	0	
28	开发支出	0		资本公积	0	

图 7.1.1　“资产负债表”窗口

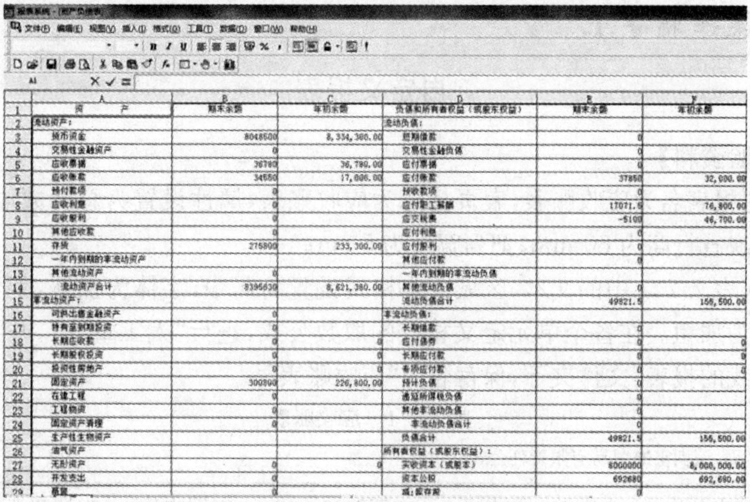

	A	B	C	D	E	F
1	资　　产	期末余额	年初余额	负债和所有者权益（或股东权益）	期末余额	年初余额
2	流动资产：			流动负债：		
3	货币资金	8048500	8,334,300.00	短期借款	0	
4	交易性金融资产	0		交易性金融负债	0	
5	应收票据	36780	36,780.00	应付票据	0	
6	应收账款	34650	17,000.00	应付账款	37850	32,000.00
7	预付款项	0		预收款项	0	
8	应收利息	0		应付职工薪酬	17071.5	76,800.00
9	应收股利	0		应交税费	-5100	46,700.00
10	其他应收款	0		应付利息	0	
11	存货	275800	233,300.00	应付股利	0	
12	一年内到期的非流动资产			其他应付款	0	
13	其他流动资产	0		一年内到期的非流动负债		
14	流动资产合计	8395630	8,621,380.00	其他流动负债	0	
15	非流动资产：			流动负债合计	49821.5	155,500.00
16	可供出售金融资产	0		非流动负债：		
17	持有至到期投资	0		长期借款	0	
18	长期应收款	0	0	应付债券	0	0
19	长期股权投资	0	0	长期应付款	0	0
20	投资性房地产	0	0	专项应付款	0	0
21	固定资产	300800	226,800.00	预计负债	0	
22	在建工程	0		递延所得税负债	0	
23	工程物资	0		其他非流动负债	0	
24	固定资产清理	0		非流动负债合计	0	
25	生产性生物资产			负债合计	49821.5	155,500.00
26	油气资产			所有者权益（或股东权益）：		
27	无形资产	0	0	实收资本（或股本）	8000000	8,000,000.00
28	开发支出	0		资本公积	692680	692,680.00
29	商誉	0		减：库存股	0	

图 7.1.2　报表的自动计算

你知道吗？

发现公式有错误时，要检查公式中的科目代码是否引用正确，如果把没有的代码也引用进来，只要把错误代码修正为正确的代码即可。

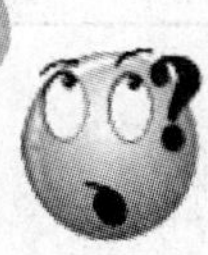

任务二 发挥创意,自定义会计报表

企业报表多种多样,不同的企业有不同的要求,不同的领导也需要不同的报表。报表系统提供了"自定义报表"功能,用户可以根据需要随意编制报表。报表格式设计是制作报表的基本步骤,它决定了整张报表的外观和结构。完整的报表格式一般包括三个部分:表头、表体和表尾。表头主要是用来描述报表的名称、编制单位名称、编报日期、计量单位等,一般在页眉中表现;表体是报表的主体部分,包括报表项目与数据,它是报表的核心,是报表数据的主要表现区域;表尾是指在表体下面进行的辅助说明,以及编制人、主管等内容,一般在页脚中表现。

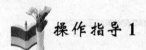

自定义报表

【实验资料】

新建报表名为应收账表,表页标志为应收账表,属性设置为总行数4行,列数为5列,缺省行高为60 mm;把列宽设为5 cm;

输入表7.2.1中的文本,区域文本格式设置为居中,字体为黑体,字号为小四号,字体为加粗。在各个单元定义相应的取数公式,进行"人工重算",并将该报表保存在"我的报表"文件夹下,保存名为"应收账表"。

表7.2.1 应收账表

单位名称:深圳富通贸易有限责任公司

客户名称	本期期初余额	本期增加货款	本期收款	本期期末余额
深圳顺达商贸	12 000	0	0	12 000
福建荣华贸易	0	11 700	0	11 700
西安田丰贸易	5 000	5 850	0	10 850

① 在"主界面"中单击"报表与分析"→"自定义报表",系统进入"自定义报表"

管理窗口,如图 7.2.1 所示。

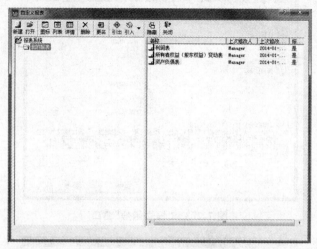

图 7.2.1 "自定义报表"管理

② 单击"新建"按钮,系统进入一空白报表窗口,选择菜单"视图"→"显示公式"功能,录入文字项目,选定 A1 单元格录入"客户名称",以同样方法录入其他单元格内容,如图 7.2.2 所示。

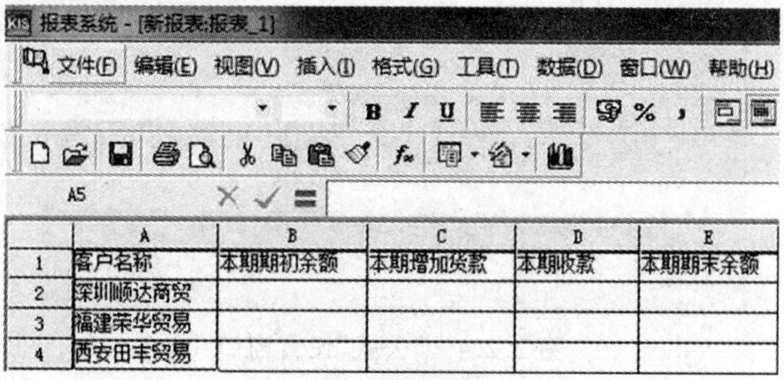

图 7.2.2 "报表系统"窗口

③ 在 B2 单元格选取"应收账款"下"深圳顺达商贸"客户的本期期初数,选定 B2 单元格,单击工具栏上的"fx(函数)"按钮,系统弹出"报表函数"窗口,如图 7.2.3 所示。

④ 选择"全部函数"下的"ACCT(总账科目取数公式)"项,单击"确定"按钮,系统进入"公式"设置窗口,如图 7.2.4 所示。

⑤ 在"科目"处按 F7 键,系统弹出"取数科目向导",获取科目代码"1122",选择核算类别"客户",获取代码"001",设置完成后单击"填入公式"按钮,将设置显示在"科目参数"栏中,如图 7.2.5 所示。

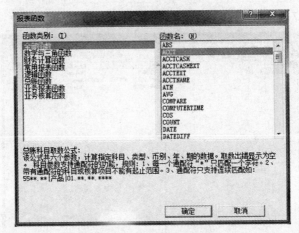

图 7.2.3 "报表函数"窗口

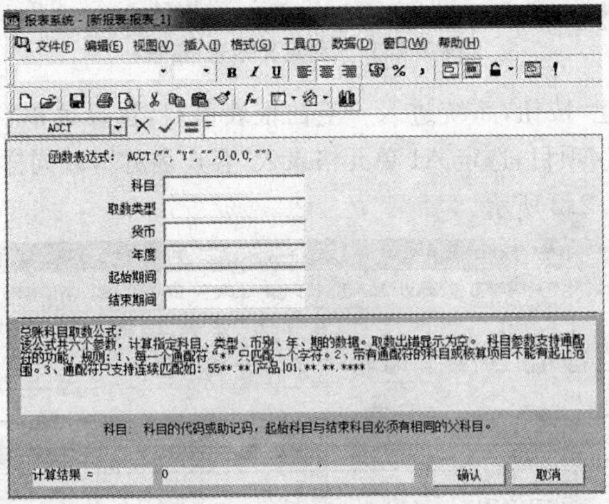

图 7.2.4 "公式"设置窗口

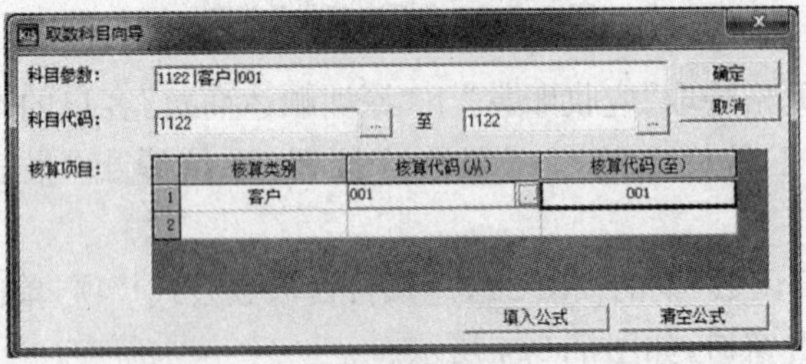

图 7.2.5 "取数科目向导"窗口

⑥ 单击"确定"按钮,保存取数设置,并返回"公式"设置窗口。请注意窗口的变化。光标移到"取数类型"处,按 F7 功能键,系统弹出"类型"窗口,如图 7.2.6 所示。

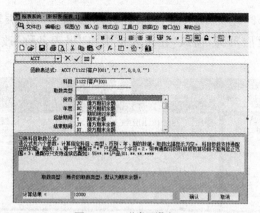

图7.2.6 "类型"窗口

⑦ 选择"期初余额"类型,单击"确认"按钮,保存该公式。以同样的方法录入其他单元格的公式,公式录入完成后,选择"视图"→"显示数据",系统根据所设置的公式自动计算出数据,如图7.2.7所示。

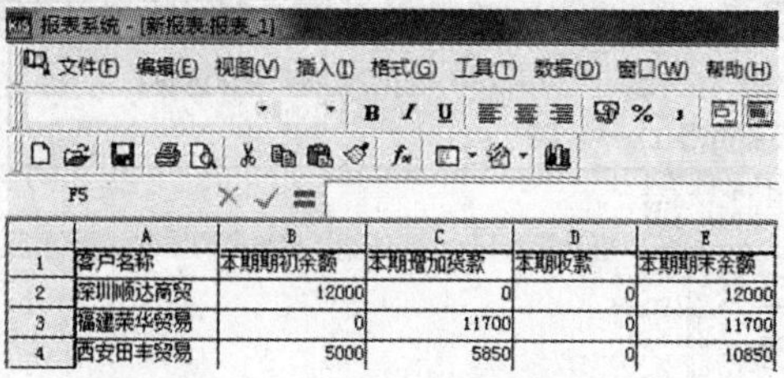

图7.2.7 自动计算数据

⑧ 单击"格式"→"表属性",在行列选项卡中,将"总行数"修改为"4","总列数"修改为"5",缺省行高修改为"60",如图7.2.8所示。

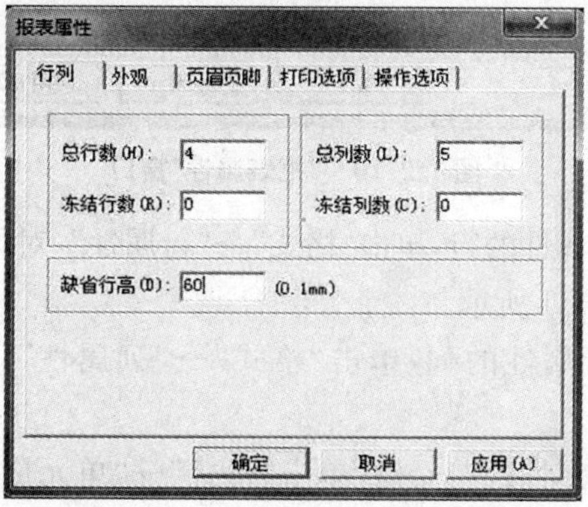

图7.2.8 "报表属性"窗口

⑨ 在"页眉页脚"选项卡中,选中"报表名称"页眉,单击"编辑页眉页脚"按钮,系统弹出"自定义页眉页脚"窗口,在录入框中将"报表名称"改为"应收账表",如图7.2.9所示。

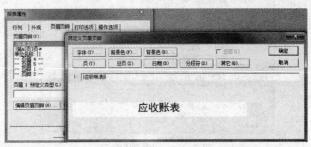

图7.2.9 "自定义页眉页脚"窗口

⑩ 单击"确定"按钮,返回"报表属性"窗口。以同样的方法在"单位名称"页眉后增加"深圳富通贸易有限责任公司",如图7.2.10所示。

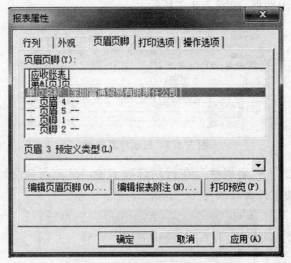

图7.2.10 "报表属性"窗口

⑪ 选择需要设置属性的行,单击"格式"→"行属性",对行高进行设置,此处采用缺省行高,如图7.2.11所示。

⑫ 选择需要设置属性的列,单击"格式"→"列属性",对列宽进行设置,如图7.2.12所示。

⑬ 选择需要设置属性的单元格,单击"格式"→"单元格属性",对单元格的字体颜色和对齐方式进行设置,如图7.2.13所示。

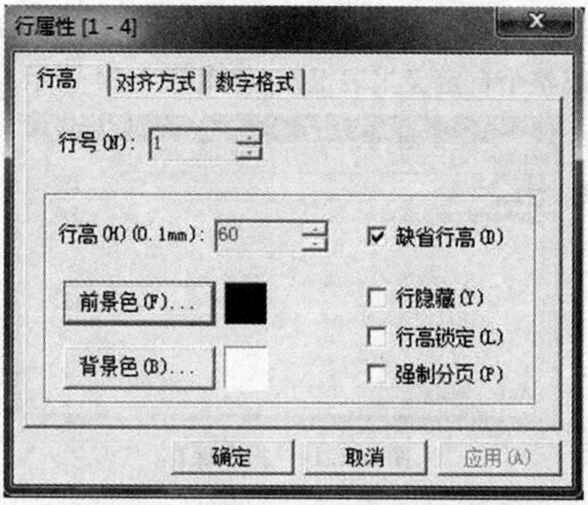

项目七　花点心思——财务报表的编制　　325

图 7.2.11　"行属性"窗口

图 7.2.12　"列属性"窗口

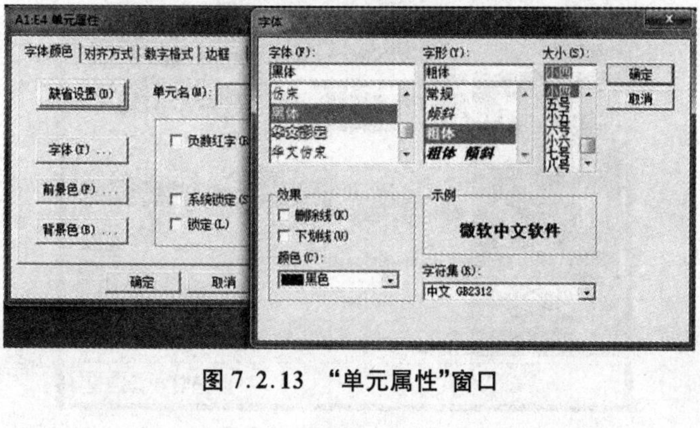

图 7.2.13　"单元属性"窗口

⑭ 选择"文件"→"保存",将当前自定义报表以"应收账表"的文件名保存起来,单击"保存",完成整个自定义报表工作,如图7.2.14所示。

图 7.2.14 报表保存

你知道吗?

若要修改单元格内容,修改后单击"√"表示确定,不单击表示取消,此操作不能省略。修改报表内容、公式或自定义报表时建议在"显示公式"状态下进行。

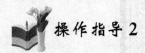

结　账

① 单击"账务处理"→"期末结账",在结账向导中选择"结账",如图7.2.15所示。

图 7.2.15 "期末结账"窗口

② 单击"开始",在弹出的金蝶提示中单击"确定"完成结账操作。结账后,系统当前期间将变成下一期,如图 7.2.16 所示。

图 7.2.16 "信息提示"窗口

因账务处理系统与固定资产、工资等系统连接使用,所以一定要固定资产、工资等系统结账后才能进行账务处理模块的结账。

用友标准版

情景导入

沫沫听完张会计的讲解,觉得金蝶中财务报表的操作并不是那么难。她说:"张叔叔,我记得我们以前考会计电算化的时候是要自己编函数的,我最怕编函数了,刚开始学的时候一点都听不懂。我们以前考的是用友。"

张会计:"是的,有时我们需要自己输入函数,不过别被它吓坏了,实际上你了解了函数的构成,就不觉得难了。"

沫沫:"那张叔叔,您快给我讲讲用友软件中的函数吧。我最怕函数了,以前学数学也是这里学不好。"

张会计:"哈哈,这和数学里的函数可不完全一样。不过,用友有个最大的优点就是它有 10 多个行业的报表模板，可以很轻松地生成复杂的报表哦，还可以根据企业自己的实际需要来定制模板。"

任务三　拉开电算化会计报表的帷幕

知识链接 1

报表的基本功能

在 T3 系统中，财务报表集成在 T3 系统中，需要登录 T3 后才能使用。利用报表系统的功能既可以编制各种对外报表，也可以编制内部报表。报表系统的主要功能是对报表文件进行管理，设计报表格式，定义报表公式，从总账系统和其他业务系统中取得有关会计数据，自动编制会计报表；对报表进行审核汇总，生成各种分析图，并按预定格式输出各种报表。

1．文件管理

对报表文件进行创建、保存、备份管理；提供对多种文件格式的转换，包括文本文件、MDB 文件、DBF 文件、Excel 文件等；提供了财务数据的导入、导出功能，可以和其他财务软件交换数据。

2．报表格式管理

提供了报表格式设计功能，如设置组合单元、画表格线（包括斜线）、设置字体和颜色等，可以制作各种要求的报表。

3．数据处理

报表系统以固定的格式管理大量不同的表页，能够将多达 99 999 张具有相同格式的报表统一在一个报表文件中管理，并且可在每张表页间建立有机联系。报表系统同时还提供了排序、审核、舍位平衡、汇总功能；提供了绝对单元公式和相对单元公式，可以方便地定义计算公式；提供了丰富的函数，可以从账务、工资、固定资产、采购、销售、库存等子系统中提取数据，生成财务报表。

4．图表功能

利用图表混排，可以将制作的报表以图形的方式进行表示，能够制作包括直方图、立体图、折线图、圆饼图在内的多种分析图表。

项目七 花点心思——财务报表的编制

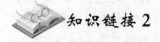

报表管理中的基本概念

1. 格式状态和数据状态

报表系统将含有数据的报表分为两大部分来处理,即报表格式设计工作与报表数据处理工作。报表格式设计工作和报表数据处理工作是在不同的状态下进行的,实现状态切换的是"格式/数据"按钮,单击这个按钮可以在格式状态和数据状态之间切换。

在格式状态下可以设计报表的格式,如行高列宽、单元属性、组合单元、关键字等。报表的三类公式:单元公式(计算公式)、审核公式、舍位平衡公式也在格式状态下定义。在格式状态下所做的操作对本报表所有的表页都发生作用。

在格式状态下不能进行数据的录入、计算等操作。在数据状态下能管理报表的数据,如输入数据、增加或删除表页、审核、舍位平衡、做图形、汇总、合并报表等。在数据状态下不能修改报表的格式。

2. 单元、组合单元和区域

单元是组成报表的最小单位,单元名称由所在行、列标志,行号用数字 1~9999 表示,列标用字母 A~IU 表示。单元分为三种类型:数据单元、字符单元、表样单元。在建立一个新表时,所有单元的类型默认为数值。组合单元由相邻的两个或更多的单元组成,这些单元必须是同一种单元类型(表样、数值、字符),财务报表在处理报表时将组合单元视为一个单元。

区域由一张表页上的一组单元组成,自起点单元至终点单元是一个完整的长方形矩阵。在财务报表中,区域是二维的,最大的区域是一个二维表的所有单元(整个表页),最小的区域是一个单元。

3. 表页

一个财务报表最多可容纳 99 999 张表页,所有表页具有相同的格式,但其中的数据不同,每一张表页是由许多单元组成的。表页在报表中的序号在表页的下方以标签的形式出现,称为页标。页标用"第 1 页"~"第 99999 页"表示。

4. 维

二维表和三维表确定某一数据位置的要素称为"维"。在一张有方格的纸上填写一个数,这个数的位置可通过行和列(二维)来描述。如果将一张有方格的纸称为表,那么这个表就是二维表,通过行(横轴)和列(纵轴)可以找到这个二维表中任何位置的数据。如果将多个相同的二维表叠在一起,找到某一个数据的要素需增加一个,即表页号(Z轴)。这一叠表称为一个三维表。如果将多个不同的三维表放在一起,要从这多个三维表中找到一个数据,又需增加一个要素,即表名。三维表中的表间操作即称为"四维运算"。

5. 关键字

关键字是一种特殊的数据单元,可以唯一标志一个表页,用于在大量表页中快速选择表页。关键字的显示位置在格式状态下设置,关键字的值则在数据状态下录入,每个报表可以定义多个关键字。财务报表共提供了6种关键字:单位名称(该报表表页编制单位的名称)、单位编号(该报表表页编制单位的编号)、年(该报表表页反映的年度)、季(该报表表页反映的季度)、月(该报表表页反映的月份)、日(该报表表页反映的日期)。

任务四 一枝独秀:取数函数

财务函数基本说明

企业会计报表数据一般来自于总账系统,而财务函数则是总账系统与财务报表之间的联系桥梁,通过定义财务函数,将总账系统数据取出放在定义的报表单元格中,生成报表。财务函数的基本格式是:

函数名("科目编码",会计期间,["方向"],[账套号],[会计年度],[编码1],[编码2])

其中:

(1) 科目编码可以是科目名称,使用英文字符的双引号括起来。

(2) 会计期间可以是年、月等变量,也可以是具体的某年数值。

(3) 方向指借或贷,可以省略。

(4) 账套号指取数账套的代号,可以省略,如果省略,表示从默认账套中取数,可以利用"数据"菜单中的"账套初始"功能,用于指定默认账套。

(5) 会计年度即数据取数时的年度,可以省略;编码 1、编码 2 是可以取科目的相关辅助项,如部门、个人等,如果科目没有辅助核算项,也可以省略。

(6) 在公式定义中,如果省略的参数后面没有内容了,则可以不写逗号;如果省略的参数后面还有内容,则必须写逗号,把它们的位置留出来。

主要账务取数函数如表 7.4.1 所示。

表 7.4.1 主要财务取数函数

函数名	金额式	数量式	外币式
期初函数	QC( )	SQC( )	WQC( )
期末额函数	QM( )	SQM( )	WQM( )
发生额函数	FS( )	S FS( )	W FS( )
累计发生额函数	LFS( )	S LFS( )	W LFS( )
条件发生额函数	TFS( )	S TFS( )	W TFS( )
对方科目发生额函数	DFS( )	S DFS( )	W DFS( )
净额函数	JE( )		
汇率函数	HL( )		

任务五 携手共进:计算公式和审核公式

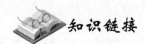

计算公式和审核公式的概念

财务报表有三类公式:计算公式(单元公式)、审核公式和舍位平衡公式。公式的定义在格式状态下进行,现金流量表编制时的格式状态如图 7.5.1 所示。

计算公式定义了报表数据之间的运算关系,在报表数值单元中键入"="就可直接定义计算公式,所以称为单元公式。

审核公式用于审核报表内或报表之间的钩稽关系是否正确,需要用"审核公式"菜单项定义。

舍位平衡公式用于报表数据进行进位或小数取整时调整数据,避免破坏原数据平衡,需要用"舍位平衡公式"项定义。

图 7.5.1 现金流量表

你知道吗?
在公式定义中,如果省略的参数后面没有内容了,则可以不写逗号;如果省略的参数后面还有内容,则必须写逗号,把它们的位置留出来。

任务六　编好你的财务报表

操作指导 1

利用模板制作财务报表

利用模板制作财务报表,以资产负债表为例。

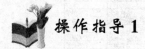

① 选择"财务报表",进入"财务报表"窗口。

② 选择"文件"→"新建",系统弹出"新建"窗口,在"模板分类"中选择"小企业会计准则(2013)",然后选择资产负债表,如图7.6.1所示。

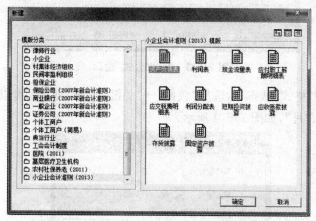

图 7.6.1　"新建"窗口

③ 单击"确定"按钮,返回报表窗口,系统按照模板生成相应的报表,此时报表处于格式状态,如图7.6.2所示。

④ 单击写有"公式单元"的单元格,在窗口上部的编辑框中会显示出当前单元格的公式。如果要修改公式,可以单击工具栏上的"fx"按钮或双击单元格,在弹出的"定义公式"窗口中通过函数向导进行函数定义,或者直接手工输入公式,如图7.6.3所示。

⑤ 根据企业的实际情况,调整资产负债表的公式定义、报表格式。

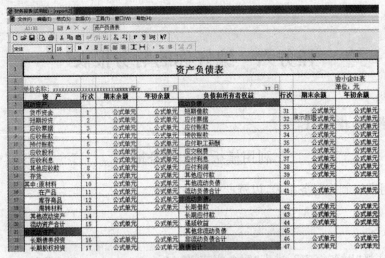

图 7.6.2 "财务报表"窗口

图 7.6.3 "定义公式"窗口

⑥ 在报表"格式"状态下,选择"数据"→"关键字"→"设置",可以选择设置"单位名称"、"年"、"月",如图 7.6.4 所示。

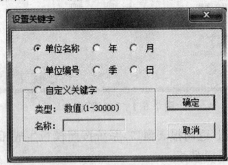

图 7.6.4 "设置关键字"窗口

⑦ 单击"确定"按钮后,单击报表左下角的"格式"按钮,报表计算后将报表状态转换为"数据"。

⑧ 选择"数据"→"关键字"→"录入",输入关键字,如图 7.6.5 所示。

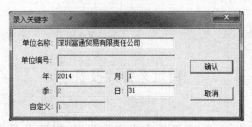

图 7.6.5　"录入关键字"窗口

⑨ 单击"确认"按钮，系统弹出提示"是否重算第 1 页?"，单击"是"按钮，系统自动根据单元公式计算报表数据，之后要对数据、公式进行核对，并进行修改和调整。本案例的资产负债表如图 7.6.6 所示。

资产负债表

会小企01表

2014 年　1 月　31 日　单位：元

资　产	行次	期末余额	年初余额	负债和所有者权益	行次	期末余额	年初余额
流动资产：				流动负债：			
货币资金	1	[illegible]	[illegible]	短期借款	31		
短期投资	2			应付票据	32		
应收票据	3	36780.00	36780.00	应付账款	33	37850.00	32000.00
应收账款	4	34550.00	17000.00	预收账款	34		
预付账款	5			应付职工薪酬	35	17413.26	76800.00
应收股利	6			应交税费	36	-5100.00	46700.00
应收利息	7			应付利息	37		
其他应收款	8			应付利润	38		
存货	9	275800.00	233300.00	其他应付款	39		
其中：原材料	10	65500.00	65500.00	其他流动负债	40		
在产品	11			流动负债合计	41	50163.26	155500.00
库存商品	12	210300.00	167800.00	非流动负债：			
周转材料	13			长期借款	42		
其他流动资产	14			长期应付款	43		
流动资产合计	15	8395630.00	8621380.00	递延收益	44		
非流动资产：				其他非流动负债	45		
长期债券投资	16			非流动负债合计	46		

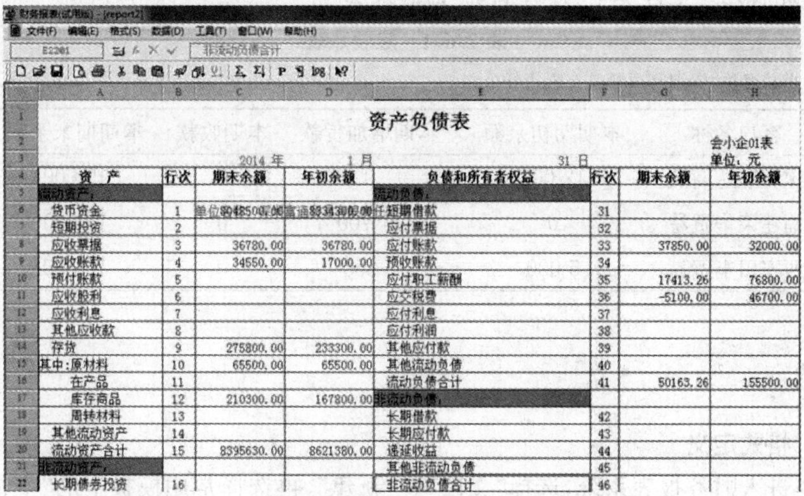

图 7.6.6　资产负债表

⑩ 单击"保存"按钮，以"资产负债表"为名保存。利用报表模板生成利润表和现金流量表，其步骤与生成资产负债表的步骤一致，此处不再赘述。

你知道吗?

生成资产负债表之前，应在总账系统结转当期损益，并生成转账凭证，再审核、记账。

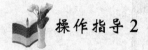

操作指导 2

自定义会计报表

【实验资料】

新建报表名为应收账表,表页标志为应收账表,属性设置为总行数 6 行,列数为 5 列,缺省行高为 60 mm;把列宽设为 5 cm。

输入表 7.6.1 中的文本,区域文本格式设置为居中,字体为黑体,字号为 10 号,字体加粗。在各个单元定义相应的取数公式,进行"人工重算",并将该报表保存在"我的报表"文件夹下,保存名为"应收账表"。

表 7.6.1 应收账表

单位名称:深圳富通贸易有限责任公司

客户名称	本期期初余额	本期增加货款	本期收款	本期期末余额
深圳顺达商贸	12 000	0	0	12 000
福建荣华贸易	0	11 700	0	11 700
西安田丰贸易	5 000	5 850	0	10 850

1. 格式定义

① 进入财务报表系统,选择"文件"→"新建",再选择常用模板下的"空报表",单击"确定"按钮,如图 7.6.7 所示。

图 7.6.7 "财务报表系统"

② 查看报表左下角的"格式/数据"按钮,让报表处于"格式"状态。

③ 选择"格式"→"表尺寸",设置报表行列数,行数为 6 行,列数为 5 列,如图 7.6.8 所示。

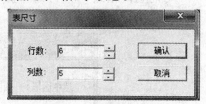

图 7.6.8 "表尺寸"设置

④ 选择单元格区域 A1:E1,单击菜单"格式"→"组合单元",在组合单元窗口中单击"整体组合",将所选择的单元格组合成一个单元格,然后在单元格中输入"应收账表"。

⑤ 选择单元格 A2,选择"数据"→"关键字"→"设置",选择"单位名称",在 D2 单元格设置关键字"年",在 E2 单元格设置关键字"月",如图 7.6.9 所示。

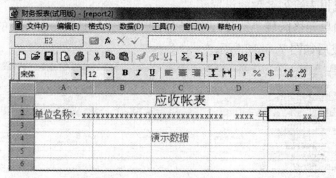

图 7.6.9 "单位名称"设置

⑥ 选择"格式"→"单元格属性",将设置的组合单元格设为字符型,字体为黑体,字号为 16 号,水平、垂直方向均为居中,如图 7.6.10 所示。

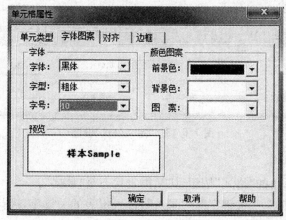

图 7.6.10 "单元格属性"设置

⑦ 选择"格式"→"行高",设置行高,并按同样步骤设置列宽,如图 7.6.11 所示。

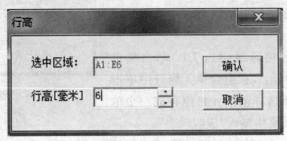

图 7.6.11 "行高"设置

⑧ 完成报表行列名称的设置。

⑨ 选中单元格区域 A3:E6,选择"格式"→"区域画线",在弹出的窗口中选择"网线",完成后如图 7.6.12 所示。

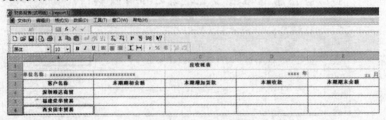

图 7.6.12 "网线"设置

2. 公式定义

选中单元格 B4,单击"fx"按钮,在弹出的"定义公式"窗口中输入公式,本案例使用的是用友财务函数,如图 7.6.13 所示。按此步骤定义好各个单元格的公式。

图 7.6.13 "定义公式"设置

3. 数据取数

① 单击左下角的"格式"按钮,切换报表状态至"数据"。

② 选择"数据"→"关键字"→"录入",输入报表的关键字,进行报表计算,完成报表编制,如图 7.6.14 所示。

图 7.6.14 "财务报表"窗口

③ 单击"保存"按钮,以"应收账表"为名保存。

结　账

① 选择"总账"→"期末"→"结账",进入"结账"窗口,如图 7.6.15 所示。

图 7.6.15　"结账"窗口

② 选择要进行结账的时期,单击"下一步"按钮,单击"对账",确认无误后,单击"下一步",生成"月度工作报告",如图 7.6.16 所示。

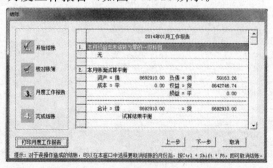

图 7.6.16　生成"月度工作报告"

③ 单击"下一步",完成结账。

实战演练

在用友软件中,进行以下操作:

以用户名"101 李婷"为操作员(密码为1)于2014年1月31日登录001账套的财务报表。

要求:

(1) 新建报表,定义表尺寸为8行6列。

(2) 在B3:B6单元格中依次输入下列数据:科目名称、现金、银行存款、其他货币资金。

(3) 将B3:B6单元格中的文字设置为水平居中对齐。

完成操作后,将表格以"bg11.rep"为文件名保存。

项目八 讲原则,重信誉——应收应付管理

任务书

任务名称		应收应付管理	任务编号	010	时间要求	8课时
要 求		1.了解应收应付系统的业务流程; 2.掌握应收应付系统初始化的一般方法和日常业务处理的操作方法				
培养目标		掌握供应商档案管理、客户档案管理和应收应付款系统业务处理流程。				
教学地点		教室				
教学设备		投影设备、投影幕布、电脑、KIS 专业版 10.0 和用友标准版 10.8 财务软件				
训 练 内 容						
1. KIS 专业版 10.0 应收应付管理初始化设置; 2. KIS 专业版 10.0 应收应付管理日常业务处理						
训 练 要 求						
1. 掌握 KIS 专业版 10.0 应收应付管理初始化设置; 2. 掌握 KIS 专业版 10.0 应收应付管理日常业务处理						
成果要求及评价标准						
1. 能熟练操作 KIS 专业版 10.0 应收应付管理初始化设置(30分) 2. 能熟练操作 KIS 专业版 10.0 应收应付管理日常业务处理(70分)						
任务产出一	成员姓名与分工	组长	学号		分工	
		成员1	学号			
		成员2	学号			
		成员3	学号			
		成员4	学号			
		成员5	学号			
		成员6	学号			

续表

任务产出二	1. KIS专业版10.0应收应付收支类别的设置(20分) 2. KIS专业版10.0凭证模板的设置(10分) 3. KIS专业版10.0应收应付初始数据的录入(10分) 4. KIS专业版10.0收款单、付款单业务处理(20分) 5. KIS专业版10.0往来核销业务处理(20分) 6. KIS专业版10.0其他收、付款单及生成凭证业务处理(20分)	
项目组评价		总分
教师评价		

 情景导入

沫沫今天一到办公室,就听见张会计交代会计人员小李:"今天别忘了问下客户那笔欠款的事。"

小李:"好的,我一会儿就问。"

沫沫:"张叔叔,怎么我们公司老是有欠款啊,客户为什么总是订货不给钱啊?"

张会计:"这是公司业务的一部分,企业跟企业做生意啊,不像我们去超市买东西,一手交钱一手交货,企业为了扩大销量,有时会有一些赊销款,我们去进货也是一样的,有时也不给钱。"

沫沫:"既然没给钱,那我们是不是不用记账啊?等付钱或者收钱的时候再记账。"

张会计:"当然不是了,我们把这些没收钱或没付钱的业务记在应收和应付款里,等到真正收到或者支付了,就进行核销。来,我来给你讲讲。"

任务一　初始化设置：应收应付管理

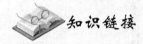

应收应付系统

应收应付系统,是通过对购货发票以及销售发票的后续处理,以及对业务资金运用分析的综合管理系统,对采购和销售资金流的全过程进行有效的控制和跟踪,从而实现完善的企业资金信息管理。

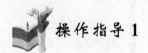

收支类别的设置

【实验资料】

实验资料如表8.1.1所示。

表8.1.1　新增收支类别

序号	项目	代码	名称	贷方科目
1	收入类别	01	押金收入	其他应付款
2	支出类别	02	押金支出	其他应收款

① 在"基础设置"界面中单击"收支类别",如图8.1.1所示。

图8.1.1　"基础设置"界面

② 在"收支类别"窗口中单击"收入类别"→"新增",弹出"收支类别[新增]"对话框,如图 8.1.2 所示。

图 8.1.2 "收支类别[新增]"对话框

③ 在"收支类别[新增]"窗口中依次填入"代码"、"名称"、"科目"的具体内容,单击"保存"→"退出",如图 8.1.3 所示。

图 8.1.3 填入信息

项目八 讲原则,重信誉——应收应付管理

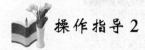

凭证模板设置

记账凭证管理模块可将应收应付系统各种业务单据根据凭证模板上选定的科目属性生成不同的凭证。

【实验资料】

实验资料如表8.1.2所示。

表8.1.2 凭证模板表

序号	项目	凭证字	借方科目	贷方科目
1	收款	收		应收账款
2	预收款	收		预收账款
3	付款	付	应付账款	
4	预付款	付	预付账款	

① 在"应收应付"界面单击"账簿报表"中的"凭证模板",如图8.1.4所示。

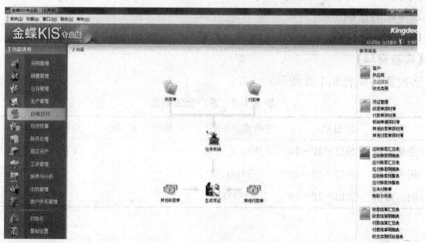

图8.1.4 "应收应付"界面

② 进入"凭证模板"窗口,单击"事物类型"中的"收款",单击"修改",进入"凭证模板",填入"科目",修改"凭证字",单击"保存",如图8.1.5所示。

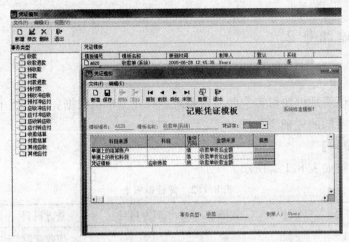

图 8.1.5 "凭证模板"窗口

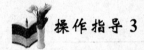

应收应付初始数据录入

"应收应付初始数据"功能是处理往来单位的截止启用期间时的期初数据。客户要录入期初应收账款金额和期初预收账款金额,供应商要录入期初应付账款和期初预付账的金额。

1. 应收初始数据录入

【实验资料】

实验资料如表 8.1.3 所示。

表 8.1.3 客户初始数据

客户	日期	应收账款(元)	预收账款(元)	期初余额(元)
荣华贸易	2013-12-14	1 000(美元)		1 000(美元)
田丰贸易	2013-12-20	5 000		5 000
顺达商贸	2013-12-18	12 000		12 000

① 单击"初始化",选择应收应付初始数据,进入"应收应付初始数据"管理窗口,单击"客户"按钮,切换到处理"客户"期初数据管理窗口,如图 8.1.6 所示。

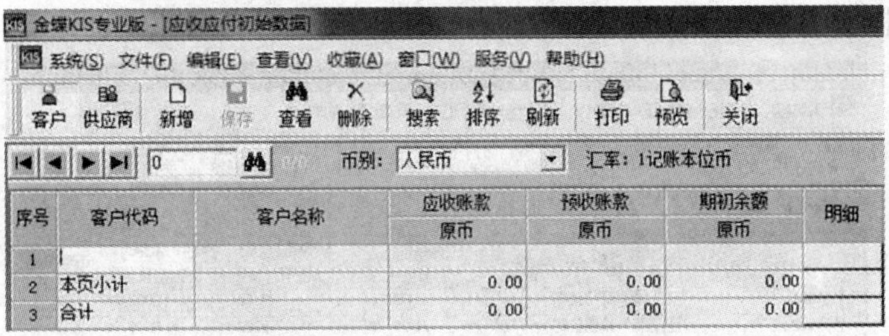

图 8.1.6 "应收应付初始数据"管理窗口

② 选择正确的币别,此处选择"美元",并将光标置"客户代码"处,单击工具栏上的"查看"按钮,系统弹出"客户"档案窗口,如图 8.1.7 所示。

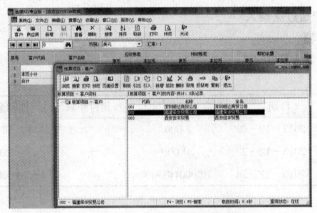

图 8.1.7 "客户"档案窗口

③ 双击"002 福建荣华贸易公司"客户记录,弹出初始化管理窗口,单击"明细"下打的"√",系统进入"应收应付初始余额录入"窗口,输入资料中的数据,如图 8.1.8 所示。

图 8.1.8 "应收应付初始余额录入"窗口

④ 单击"保存"按钮,按照以上步骤输入其他客户的初始数据,如图 8.1.9 所示。

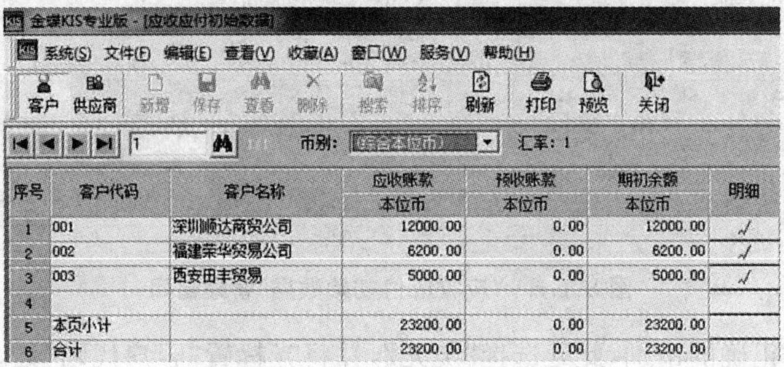

图 8.1.9 "应收应付初始数据"窗口

2. 应付初始数据录入

【实验资料】

实验资料如表 8.1.4 所示。

表 8.1.4 供应商初始数据

客户	日期	应付账款(元)	预付账款(元)	期初余额(元)
大元商行	2013-12-09	2 000		2 000
天安贸易	2013-12-23	30 000		30 000
华安贸易	2013-12-26	10 000(港币)		10 000(港币)

步骤

① 单击"初始化"按钮,选择"应收应付初始数据",进入"应收应付初始数据"管理窗口,单击"供应商"按钮,切换到处理"供应商"期初数据管理窗口,如图 8.1.10 所示。

图 8.1.10 处理"供应商"期初数据管理窗口

② 选择正确的币别,此处选择"人民币",并将光标移置"客户代码"处,单击工

具栏上的"查看"按钮,系统弹出"供应商"档案窗口,如图8.1.11所示。

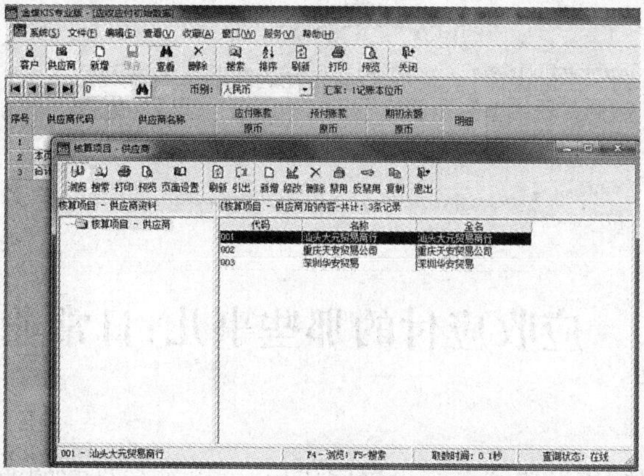

图 8.1.11 "供应商"档案窗口

③ 双击"001 汕头大元贸易商行"客户记录,弹出初始化管理窗口,单击"明细"下打的"√",系统进入"应收应付初始余额录入"窗口,输入资料中的数据,如图 8.1.12 所示。

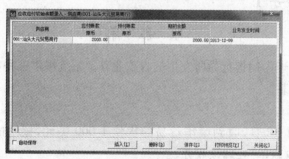

图 8.1.12 "应收应付初始余额录入"窗口

④ 单击"保存"按钮,按照以上步骤输入其他客户的初始数据,如图8.1.13所示。

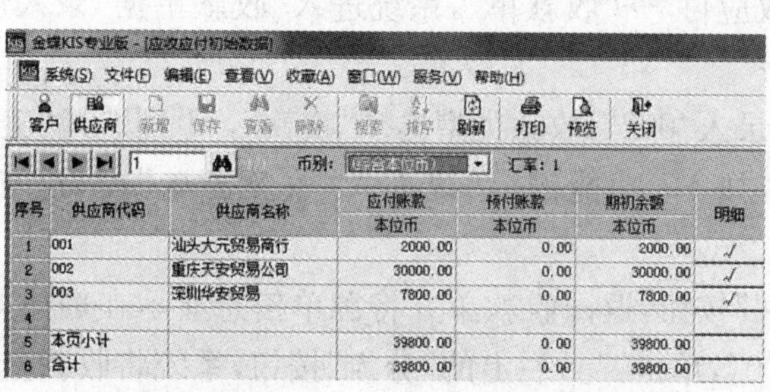

图 8.1.13 输入其他客户的初始数据

你知道吗？

在"基础设置"→"应收应付初始数据"中录入了期初数据并启用业务系统之后，才可以进行应收应付管理的初始设置和日常处理。

任务二　应收应付的那些事儿：日常业务处理

基础资料、初始化设置和系统设置完成后，可以进行日常的业务处理。日常业务处理包括收款单、付款单、其他应收款单、其他付款单、往来核销和生成凭证处理操作。

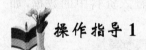

操作指导1

收　款　单

收款单是处理由销售行为所发生的收款业务。系统提供三种收款类型：收款、预收款和收款退款。

【实验资料】

2014年1月12日，收到荣华贸易的货款1 000美元，核销的是期初应收款1 000美元，以"收款单"处理该业务。

步骤

① 单击"应收应付"→"收款单"，系统进入"收款单据"录入窗口，如图8.2.1所示。

② 在客户处录入"002"，收款类型选择"收款"，币别选择"美元"，光标移至表体"源单编号"处，按F7功能键，系统进入"收款源单"窗口，选中期初记录，如图8.2.2所示。

③ 单击"返回"按钮，返回收款单并将源单信息显示在表体中。在"表头收款金额"处录入"1000"，单击工具栏上的"分摊"按钮，系统将收款金额依次分摊到表体的"本次核销"处，如图8.2.3所示。

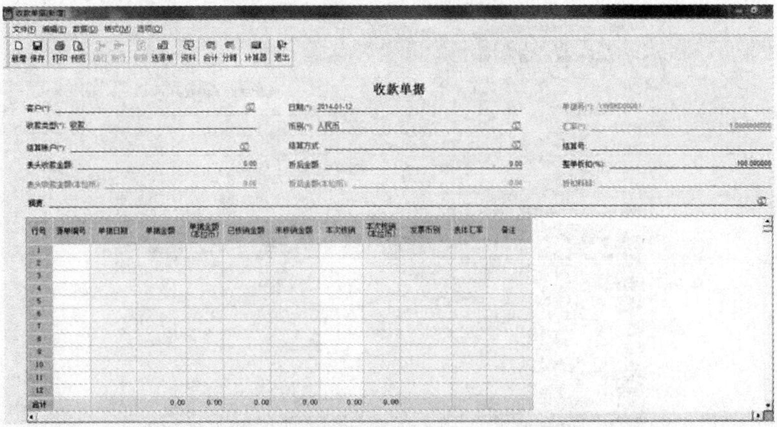

图 8.2.1 "收款单据"录入窗口

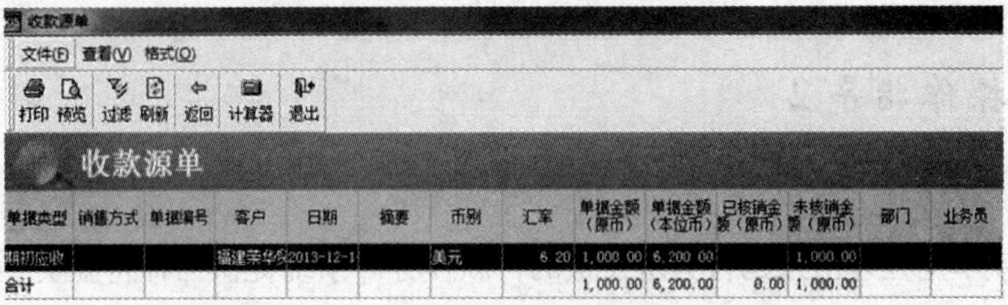

图 8.2.2 "收款源单"窗口

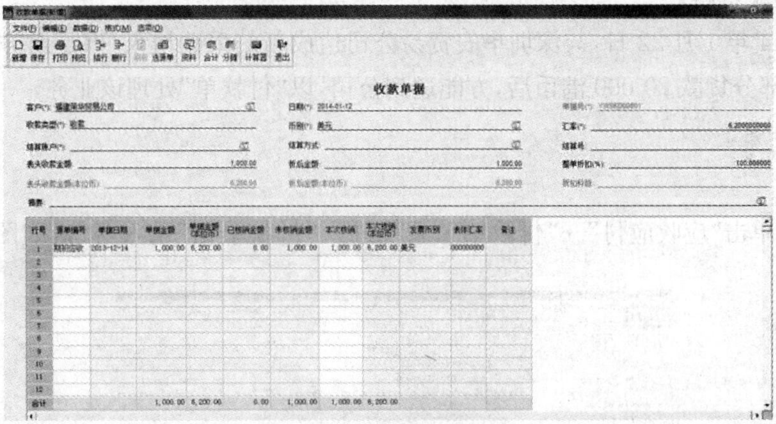

图 8.2.3 "交款单据[新增]"窗口

④ 结算账户选择"100202 中行存款",结算方式选择"银行汇票",保存并审核当前收款单,审核成功后的窗口如图 8.2.4 所示。

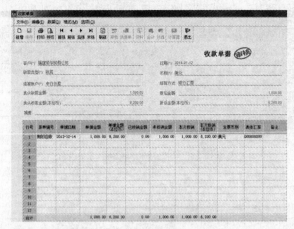

图 8.2.4 "收款单据"窗口

付 款 单

付款单是处理由采购行为所发生的付款业务。系统提供三种付款类型:付款、预付款和付款退款。

【实验资料】

2014 年 1 月 22 日,与深圳华安贸易公司达成新的采购协议,但是对方要求公司预付部分货款 20 000 港币后,方能送到公司,以"付款单"处理该业务。

① 单击"应收应付"→"付款单",系统进入"付款单据"录入窗口,如图 8.2.5 所示。

图 8.2.5 "付款单据"录入窗口

② 在此窗口中,将供应商处录入"003",付款类型选择"预付款",结算账户选择"100204 建行存款",结算方式选择"银行汇票",表头付款金额录入"20000",如图 8.2.6 所示。

图 8.2.6 "付款单据[新增]"窗口

③ 保存并审核当前付款单,如图 8.2.7 所示。

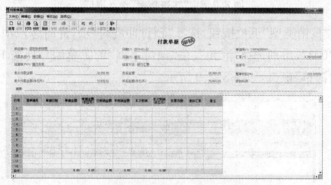

图 8.2.7 保存并审核当前付款单

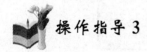

往 来 核 销

往来核销是解决企业往来业务款项转销的需求。此单据可以处理预收冲应收、预付冲应付、应收冲应付和应付冲应收、应收转应收和应付转应付6种业务。

【实验资料】

2014 年 1 月 24 日,深圳华安贸易来电沟通,先前预付的 20 000 港币作为前期应付款进行核销,待送货后再重新核算新的应付账款,以"往来核销"处理该笔业务。

① 单击"应收应付"→"往来核算",系统进入"往来核销"录入窗口,如图 8.2.8 所示。

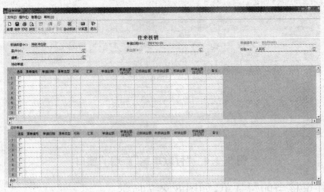

图 8.2.8 "往来核销"录入窗口

② 单击"核销类型"下拉按钮,选择"预付冲应付"项,此时客户项被屏蔽,在供应商处录入"003",币别选择"港元",在"预付单据"的源单编号处按 F7 功能键,系统进入"预付源单"窗口,如图 8.2.9 所示。

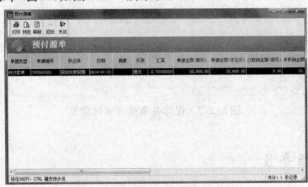

图 8.2.9 "预付源单"窗口

③ 选中"YWFKD00001"号预付单,单击"返回"按钮,返回"往来核销"窗口。在"应付单据"的源单编号处按 F7 功能键,系统进入"应付源单"窗口,如图 8.2.10 所示。

④ 选中"期初应付"的记录,单击"返回"按钮,将该记录显示在表体中。单击工具栏上的"自动核销"按钮,此时"预付单据"中的"核销金额"修改为"10000 港

元",如图 8.2.11 所示。

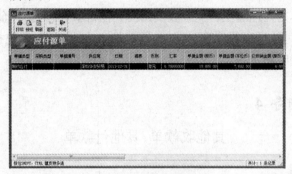

图 8.2.10 "应付源单"窗口

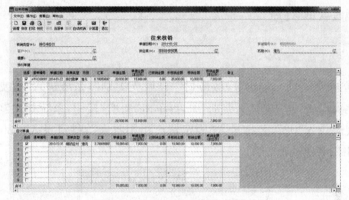

图 8.2.11 "往来核销"窗口

⑤ 保存并审核当前核销单据。

取消该笔核销业务的方法是在"核销单据序时簿"窗口中删除该笔业务即可。

其他收款单、其他付款单

其他收款单是处理非主营业务收入的其他收款业务,如押金收入、员工借款等,主要是对收款过程的管理。同时,通过输入收入类别,系统提供不同收入类别的收款汇总及明细报表。

其他付款单是处理非主营业务收支出的其他付款业务,如押金支出、差旅费支出等,主要是对付款过程的管理。同时,通过输入支出类别,系统提供不同支出类别的付款汇总及明细报表。

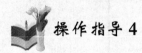

操作指导4

其他收款单、其他付款单

【实验资料】

2014年4月12日,将大众商务车借给福建荣华贸易公司使用,收到费用500元,以"其他收款单"处理。

步骤

① 建立收支类别。单击"应收应付"→"收支类别",系统进入"收支类别"管理窗口。在此窗口中,选中"收支类别"项,再单击"新增"按钮,系统弹出"收支类别新增"窗口,代码录入"02",名称录入"固定资产租用收入",科目录入"6301 营业外收入",如图 8.2.12 所示。

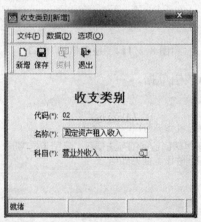

图 8.2.12 "收支类别[新增]"窗口

② 保存录入资料,并返回"主界面"窗口,单击"应收应付"→"其他收款单",系统进入"其他收款单"窗口,如图 8.2.13 所示。

③ 数据类型选择"收款结算",客户录入"002",结算账户选择"1001 现金",表体收入类别选择"固定资产租用收入",收款金额录入"500",如图 8.2.14 所示。

项目八　讲原则，重信誉——应收应付管理　　357

图 8.2.13　"其他收款单"窗口

图 8.2.14　"其他收款单[新增]"窗口

④ 保存并审核其他收款单。

"其他付款单"业务的操作方法可以参照"其他收款单"的方法。

生 成 凭 证

生成凭证是将相关单据生成凭证的过程。"生成凭证"功能可以将应收应付系统中各种业务单据按凭证模板生成凭证，并可根据凭证模板上选定的科目属性生成不同的凭证，如数量金额凭证、外币凭证等，并传递到账务处理系统；还可对生成的凭证进行查询和修改，实现单据和凭证之间的联查，使物流和资金流在本模块中实现同步。

【实验资料】

将收款单据生成凭证，将付款单据生成凭证，将往来核销单据生成凭证，将其他收款单生成凭证。

步骤

① 在"主界面"上,单击"应收应付"→"生成凭证",系统弹出选择"事务类型"窗口,一次只能处理一种单据类型,选中"收款"项,如图 8.2.15 所示。

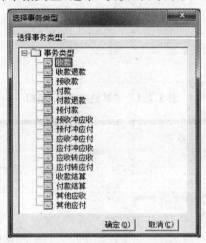

图 8.2.15 "选择事务类型"窗口

② 单击"确定"按钮,系统弹出"过滤"窗口,保持默认值,单击"确定"按钮,进入"单据序时簿"窗口,如图 8.2.16 所示。

在选项窗口可以设置异常处理设置,查询默认模板,设置科目合并选项,单击"模板设置"按钮,可以进入模板设置窗口。

图 8.2.16 "单据序时簿"窗口

③ 由于系统中只有一张收款单,选中该项,单击工具栏上的"按单"按钮,稍后系统弹出"生成凭证成功"提示窗口,如图 8.2.17 所示。

图 8.2.17 "生成凭证成功"提示窗口

当系统提示生成凭证不成功时,则需要退出窗口,检查并修改凭证模板后,再生成凭证。

"付款单"、"往来核销单"、"其他收款单"生成凭证的操作方法可以参照"收款单"的方法,此处不再赘述。

实战演练

在金蝶系统中,进行以下操作:

1. 2014年4月4日,收到顺达商贸的部分货款12 000,核销的是期初应收款12 000元。以"收款单"处理该笔业务。

2. 2014年4月10日,与汕头大元贸易商行达成新的采购协议,对方要求公司预付部分货款4 800元后,方能送到公司。以"付款单"处理该笔业务。

3. 2014年4月12日,汕头大元贸易来电沟通,先前预付款5 000元作为前期应付款进行核销,待送货后再重新核算新的应付账款。以"往来核销"处理该笔业务。

项目九 打好你的算盘——用友购销存管理

任务书

任务名称	用友购销存管理		任务编号	011	时间要求	12课时
要 求	1. 了解购销存及核算管理子系统的功能； 2. 掌握购销存及核算系统的初始化设置					
培养目标	掌握购销存及核算管理子系统的功能和初始化设置					
教学地点	教室					
教学设备	投影设备、投影幕布、电脑、KIS专业版10.0和用友标准版10.8财务软件					
训 练 内 容						
用友标准版10.8操作员及权限设置、基础设置、采购子系统的功能、销售子系统的功能和存货子系统的功能						
训 练 要 求						
掌握用友标准版10.8操作员及权限设置、基础设置、采购子系统的功能、销售子系统的功能和存货子系统的功能						
成果要求及评价标准						
1. 能熟练操作用友标准版10.8操作员及权限设置、基础设置（20分） 2. 能熟练操作采购子系统的功能、销售子系统的功能和存货子系统的功能（80分）						
任务产出一	成员姓名与分工	组长		学号		分工
		成员1		学号		
		成员2		学号		
		成员3		学号		
		成员4		学号		
		成员5		学号		
		成员6		学号		

续表

任务产出二	1. 用友标准版10.8购销存和核算系统的操作员及权限设置(10分) 2. 用友标准版10.8基础设置(仓库档案设置、收发类别设置、采购类别设置、销售类型设置)(10分) 3. 采购子系统的功能(20分) 4. 销售子系统的功能(30分) 5. 存货子系统的功能(30分)	
项目组评价		总分
教师评价		

任务一　购销存和核算系统的操作员及权限设置

沫沫:"张叔叔,我知道企业的购销存非常重要,企业的主要业务就是这些,可是我都没接触过购销存管理系统,会不会很复杂?"

张叔叔:"购销存实际上就是企业的购买、销售和入库行为,就好像你买了件衣服放进柜子里,然后不喜欢,又拿到淘宝去卖,卖掉以后收到钱。其实企业的购销存也就是这样一个小循环。"

沫沫:"哦,我知道了。那企业的购销存行为是不是比我们买衣服复杂多了?"

张叔叔:"由于企业的业务比较庞大,所以我们在登记的时候会更细,更具体。要不,我们先从操作员的设置说起吧。"

购销存管理概念及意义

购销存管理是对企业生产经营中的物料流、资金流进行条码全程跟踪管理,从接获订单合同开始,进入物料采购、入库、领用到产品完工入库、交货、回收货款、支付原材料款等,每一步都为您提供详尽、准确的数据。有效辅助企业解决业务管理、分销管理、存货管理、营销计划的执行和监控、统计信息的收集等方面的业务问题。它包括:

购:指询价、采购到入库与付款的过程。

销:指报价、销售到出库与收款的过程。

存:指除出、入库之外,包括领料、退货、盘点、报损报益、借出、调拨等影响库存数量的动作。

随着信息技术的飞速发展,企业购销存的管理应用相应的软件使这一动态的购销存过程更加有条理,应用购销存管理软件,不仅使企业的购销存管理实现了即时性,结合互联网技术更使购销存管理实现了跨区域管理。

购销存管理系统的意义包括以下几个方面:

1. 准确的采购进货管理

严密的取价控制,确保降低成本;采购变更的忠实记录,杜绝管理真空;分批进货控制和检验方式控制,直接复制前置单据的功能,提升采购人员的工作效率。

2. 完全掌握的库存管理

运用先进的 WEB 化物流管理理念及技术,集中统一管理各地仓库存货的进出状况,并提供商品在途管理、差异处理、安全存量预警、出货信用控制;提供循环盘点并支持不停业盘点,保证盘点作业轻松自如;针对高层更提供库存 ABC 分析表和呆滞分析等管理报表。

3. 完整的配销流程

提供对各种销售通路的集中管理,并通过 POS 系统及时地将各种销售信息传递到公司,进行销售分析和处理,为管理决策提供依据。

操作指导

设置操作员及其权限

本书第二部分项目二已经对购销存及核算系统的操作员及其权限进行了如表 9.1.1 的设置,在这里不再赘述。

表 9.1.1　操作员及其权限信息

104	孙晓伟	4	制单	公用目录设置、老板通、现金管理、往来、固定资产、财务分析、总账（取消"审核凭证"功能）、项目管理、财务报表、系统工具、工资管理、应付管理、应收管理、核算、采购管理、销售管理、库存管理	财务部
105	刘庆辉	5	采购员	公用目录,采购管理	采购部
106	程晓云	6	销售员	公用目录,销售管理	销售部
107	乔飞宇	7	库管员	公用目录,库存管理	仓储部

如需修改,步骤如下:

系统管理→系统→注册→用户名为 admin→确定→权限→权限,在右上角选择账套,左边选择操作员→增加→在明细权限选择对话框中选择对应的权限即可,设置完成后点确定→以相同方式设置其他操作员的权限→所有操作员权限设置完成后退出。

任务二　敲开芝麻的门:如何基础设置

情景导入

张叔叔:"我们刚刚设置了操作员,也就是不同部门的会有一个专员或主管有权限录入相关数据。"

沫沫:"哦,我明白了,原来不是只有财务人员才能进入系统啊?"

张叔叔:"是的。除了设置操作员的权限,还要进行其他的基本设置。我们继续吧。"

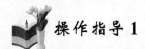
操作指导1

仓库档案设置

本书第二部分项目二已经对存货类型和存货档案进行了设置,在这里不再赘述。本章介绍仓库档案的设置。

【实验资料】

按照以下参数(表9.2.1)设置仓库档案。

表 9.2.1 仓库档案

仓库编码	仓库名称	计价方式
01	原料库	移动平均法
02	材料库	移动平均法
03	成品库	移动平均法

① 在"主页面"打开"基础设置"→"购销存"→"仓库档案",进入"仓库档案"界面,如图9.2.1所示。

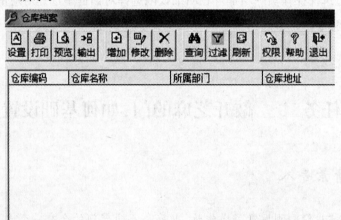

图 9.2.1 "仓库档案"界面

② 单击"增加"按钮,弹出"仓库档案卡片"窗口,在卡片上录入相关信息资料后,单击"保存"完成,如图9.2.2所示。

③ 输入其他仓库档案后单击"退出",可以看到整个仓库档案,如图9.2.3所示。

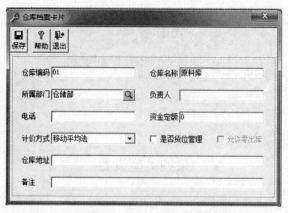

图 9.2.2　“仓库档案卡片”窗口

仓库编码	仓库名称	所属部门	仓库地址	电话	负责人	计价方式
01	原料库	仓储部				移动平均法
02	材料库	仓储部				移动平均法
03	成品库	仓储部				移动平均法

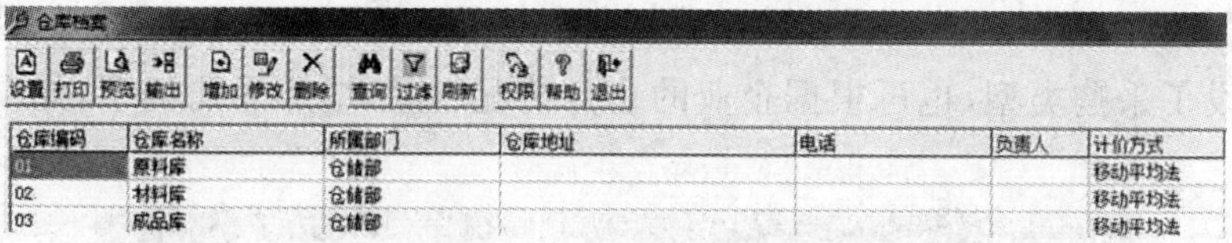

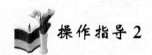

图 9.2.3　整个仓库档案

操作指导 2

收发类别设置

步骤

在“主页面”打开“基础设置”→“购销存”→“收发类别”，进入“收发类别”窗口，如图 9.2.4 所示。

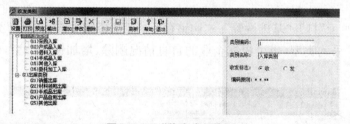

图 9.2.4　“收发类别”窗口

你知道吗？
系统已经为我们设置了入库类别和出库类别，企业可根据自身情况进行删除、修改和增加。

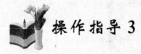

采购类型设置

在"主页面"打开"基础设置"→"购销存"→"采购类型"，进入"采购类型"窗口。系统预设了采购类型，也可根据企业的自身情况删除、增加采购类型，如图9.2.5所示。

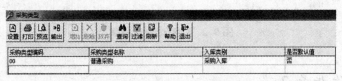

图9.2.5 "采购类型"窗口

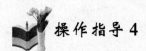

销售类型设置

在"主页面"打开"基础设置"→"购销存"→"销售类型"，进入"销售类型"窗口。系统预设了采购类型，也可根据企业的自身情况删除、增加销售类型，如图9.2.6所示。

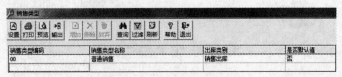

图9.2.6 "销售类型"窗口

任务三　采购子系统的知识讲解

情景导入

沫沫:"哇,张叔叔,为什么我觉得购销存管理比其他的模块要复杂呢?"

张会计:"沫沫,购销存管理其实是由三个模块构成的,这三个模块互相关联,可能是因为这样你才觉得复杂吧。"

沫沫:"哦,对的,那我们是不是可以进行账务处理了?"

张会计:"别急,虽然权限和基础设置已经做好了,但是我们还要进行各个子系统的初始化。"

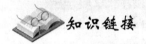知识链接

采购管理功能概述

采购管理是企业物资供应部门按照企业的物资供应计划,通过市场采购、加工定制等渠道,取得企业生产经营活动所需要的各种物资。采购业务的任何状况都会影响到企业的整体运营状况,如采购作业管理不善会使生产缺料或物料过剩,而无论是生产缺料还是物料过剩,都将给企业造成无法计算的损失。

采购管理系统是企业管理软件的一个子系统,与"库存管理"及"核算"联合使用可以追踪存货的入库信息,把握存货的畅滞信息,从而减少盲目采购,避免库存积压;同时,还可以将采购结算成本自动记录到存货成本(原材料、库存商品)账中,便于财务部门及时掌握存货的采购成本。

采购管理系统主要提供对企业采购业务全流程的管理。采购管理系统支持以采购订单为核心的业务模式,其主要任务是在采购管理系统中处理采购入库单和采购发票,并根据采购发票确认采购入库成本及采购付款的全过程管理。

 采购子系统初始化

【实验资料】

2013年12月29日,向重庆天安贸易公司订购龙井茶共50公斤,单价100元。价税合计5 850元,发票已经收到,由于对方企业暂无存货,无法马上发货。货未到,款未付。请完成期初在途录入,发票号0001。

以"105 刘庆辉"的身份登录主页面,点击"采购管理"→"采购发票"→"增加"右侧下拉菜单"专用发票",进入"期初采购专用发票"界面,如图9.3.1所示。

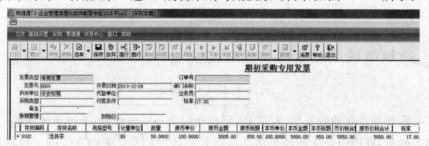

图9.3.1 "期初采购专用发票"界面

任务四　销售子系统的知识体系

 销售管理功能概述

销售管理系统是企业管理软件的一个子系统,销售管理系统主要提供对企业销售业务全流程的管理。销售管理系统支持以销售订单为核心的业务模式,其主要任务是在销售管理系统中处理销售发货单和销售发票,并根据销售发货单等发货成本信息确认销售成本及根据销售发票进行销售收款的全过程管理。在销售系

统中,通过销售订货、发货、开票来处理销售发货和销售退货业务,同时在发货处理时对客户信用额度、存货现存量、最低售价等进行检查和控制,经审核的发货单可以自动生成销售出库单,冲减库存的现存量。此外,还可以进行账表查询及统计分析等。

销售管理与库存、总账系统紧密结合,它主要以库存管理系统、库存核算系统、总账系统等一起组成完整的企业管理系统。与库存管理及核算系统联合使用可以追踪存货的出库信息、销售收款情况及销售成本的数据资料,及时了解企业的销售状况。

操作指导

客户往来期初录入

【实验资料】

2013年12月28日,销售给深圳顺达商贸100公斤龙井茶,单价为80元,合计金额8 000元,税率17%,总计9 360元。货已发出,款项未收,作为期初应收款录入。

步骤

① 以"106 程晓云"的身份登录系统,在"主界面"左侧主菜单上单击"销售管理",进入"销售管理"界面,如图9.4.1所示。

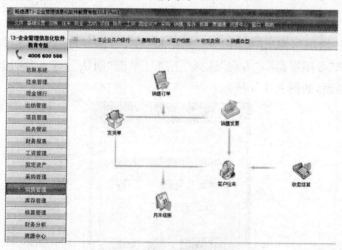

图9.4.1 "销售管理"界面

② 单击"客户往来"→"客户往来期初",弹出"期初余额-查询"对话框,如图9.4.2所示。

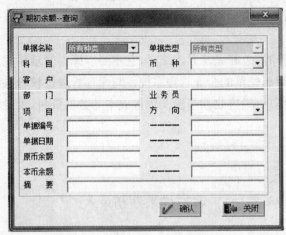

图9.4.2 "期初余额-查询"对话框

③ 点击"确认",进入"期初余额"界面,如图9.4.3所示。

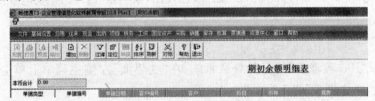

图9.4.3 "期初余额"界面

④ 单击"增加",弹出"单据类别"对话框,在"单据名称"选择"销售发票","单据类型"选择"专用发票","方向"选择"正向",单击"确认",进入"期初录入-销售专用发票"界面,如图9.4.4所示。

图9.4.4 "单据类别"界面

⑤ 把开票日期改成实际开票日期(2013年12月28日),发票号自动生成,根据实验资料录入数据,如图9.4.5所示。

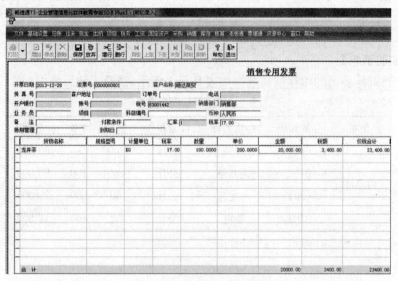

图9.4.5 "期初录入"界面

任务五　库存子系统的任务描述

库存管理的功能概述

库存管理的主要功能是有效管理库存商品,对存货进行入库及出库管理,并有效地进行库存控制,实时地进行库存账表查询及统计分析,能够满足采购入库、销售出库、产成品入库、材料出库、其他出入库等业务需要,并且提供了仓库货位管理、批次管理、保质期管理、不合格产品管理、现存量管理、条形码管理等业务的全面应用。

库存管理系统主要提供对企业库存业务全流程的管理,为企业管理者提供一个在新的市场环境中使资源合理应用、提高经济效益的库存管理方案,以满足当前企业利用计算机进行库存管理的需求。企业可以根据本单位的实际情况来构建自己的库存管理平台。

库存期初录入

【实验资料】

富通贸易公司的库存期初数据如表 9.5.1 所示,请录入到系统中。

表 9.5.1 期初库存存货

仓库	存货编码	存货名称	计量单位	数量	单价	金额
成品库	0101	绿茶	公斤	1 000	50	50 000
	0102	龙井茶	公斤	800	100	80 000
	0201	乌龙茶	公斤	50	500	25 000
	0202	普洱	公斤	32	400	12 800

① 以库存管理员"107 乔飞宇"的身份登录系统,在菜单栏单击"库存"→"期初数据"→"库存期初",进入界面,如图 9.5.1 所示。

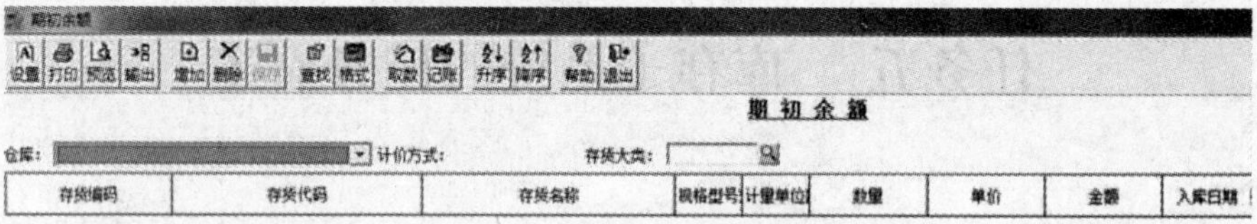

图 9.5.1 "期初余额"界面

② 选择"仓库",单击"增加",录入相关信息资料,单击"保存"完成,如图 9.5.2 所示。

图 9.5.2 "期初余额"信息录入

③ 单击菜单栏上的"记账",完成初始记账,如图9.5.3所示。

图 9.5.3　完成初始记账

你知道吗？

"仓库"和"库存大类"右侧都有一个下拉按钮,可以从中选择我们基础设置时设置好的分类。

任务六　核算子系统的情况概览

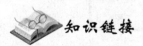

存货核算的功能概述

在企业中,存货成本直接影响利润的增长,尤其是在市场经济条件下,存货品种日益更新,存货价格变化较快,企业领导层更为关心存货的资金占用及周转情况,因而使得存货核算的工作量越来越大。随着先进的计算机技术不断发展,利用计算机技术来加强对存货的核算和管理不仅能减轻财务人员繁重的手工劳动、提高核算的精度,更重要的是,还能保证核算的及时性、可靠性和准确性。

存货的核算是企业会计核算的一项重要内容。存货核算是从资金角度管理存货的出/入库业务,核算企业的入库成本、出库成本、节余成本。进行存货核算,应准确计算存货购入成本,促使企业努力降低存货成本。存货核算反映和监督存货的收发、领退和保管情况;反映和监督存货资金的占用情况,促进企业提高资金的利用率。

 操作指导

核算子系统初始化

1. 核算业务范围设置

 步骤

以存货核算管理员"104 孙晓伟"的身份登录系统,在菜单栏单击"核算"→"核算范围设置",进入"基本设置"界面,如图 9.6.1 所示。

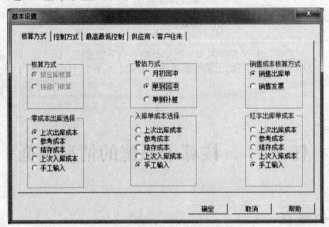

图 9.6.1 "基本设置"界面

核算的业务范围设置的内容主要包括核算方式、控制方式、最高/最低控制、供应商/客户往来。系统已经预设了相关数据,但也可根据企业的自身情况修改。

你知道吗?

与采购系统集成使用时,如果明细账中有暂估业务未报销或本期期末进行期末处理时,暂估方式将不允许修改。当明细账中没有未报销的暂估业务且各仓库已经进行了期末处理,则系统允许修改暂估方式。

2. 科目设置

1) 存货科目设置

【实验资料】

原料库的"存货科目"设置成"原材料"。

在菜单栏单击"核算"→"科目设置"→"存货科目设置",进入"科目设置"界面,输入实验资料如图9.6.2所示。

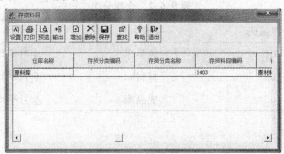

图9.6.2 "科目设置"界面

2) 存货对方科目设置

【实验资料】

将收发类别为"采购入库"的存货对方科目设置为"在途物资"。

在菜单栏单击"核算"→"科目设置"→"存货对方科目设置",进入"对方科目设置"界面,输入实验资料,如图9.6.3所示。

图9.6.3 "对方科目设置"界面

在用友软件中,以"101 李婷"的身份登录系统,密码为1,进行以下操作:

1. 按照表 9.6.1 提供的参数设置存货分类。

表 9.6.1 存货分类

分类编码	分类名称
1	原料
2	材料
3	成品

2. 按照表 9.6.2 提供的参数设置仓库档案。

表 9.6.2 仓库分类

仓库编码	仓库名称	计价方式
01	原料库	全月平均法
02	材料库	全月平均法
03	成品库	全月平均法

项目十 捂好你的钱袋——用友采购业务处理

 任务书

任务名称	用友采购业务处理	任务编号	012	时间要求	8课时
要 求	1.了解采购系统管理流程； 2.掌握填制采购订单、采购入库单和采购发票的方法				
培养目标	掌握采购系统管理的操作流程,掌握采购订单、入库单和购货发票的操作				
教学地点	教室				
教学设备	投影设备、投影幕布、电脑、KIS专业版10.0和用友标准版10.8财务软件				
训练内容					
用友标准版10.8采购业务的单货同到业务、暂估采购业务、在途采购业务和其他业务的操作					
训练要求					
掌握采购业务的单货同到业务、暂估采购业务、在途采购业务和其他业务的操作					
成果要求及评价标准					
1.能熟练操作采购业务的单货同到业务(30分) 2.能熟练操作采购业务的暂估采购业务(30分) 3.能熟练操作采购业务的在途采购业务(30分) 4.能熟练操作采购业务的其他业务(10分)					

任务产出一	成员姓名与分工	组长	学号		分工
		成员1	学号		
		成员2	学号		
		成员3	学号		
		成员4	学号		
		成员5	学号		
		成员6	学号		

任务产出二	1. 采购业务的单货同到业务(30分) 2. 采购业务的暂估采购业务(30分) 3. 采购业务的在途采购业务(30分) 4. 采购业务的其他业务(10分)		
项目组评价			总分
教师评价			

任务一　什么是采购订单？

 情景导入

沫沫到税务局办事,刚好经过笑笑公司。

沫沫:"笑笑,我觉得你们的工作量太大了,所有的凭证都要你们来录入,财务部就这么几个人,你们平时是不是经常要加班啊?"

笑笑:"其实也不是的,你别看我们公司的业务确实很多,但有些单证的录入可以交给其他部门去做。"

沫沫:"其他部门也可以使用财务软件吗?他们不是没学过会计吗?"

张会计:"我们可以设置他们的权限,让其他部门录入一些原始单证。比如说购销存的原始单证,就是采购部、销售部和仓储部自己录入的。"

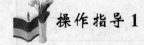 操作指导1

采购订单录入

【实验资料】

2014年1月10日,采购部向深圳华安贸易公司订购了绿茶共100公斤,每公

斤 50 元,总价 5 000 元;增值税税率为 17%,税额为 850 元。

① 以"105 刘庆辉"的身份登录主页面,在"主页面"左侧菜单中单击"采购管理",进入"采购管理"主界面,如图 10.1.1 所示。

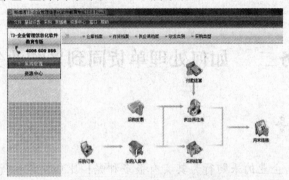

图 10.1.1　"采购管理"主界面

② 单击"采购订单"图标,进入界面,单击"增加"按钮,增加一张空白采购订单,系统将自动填入编号,如图 10.1.2 所示。

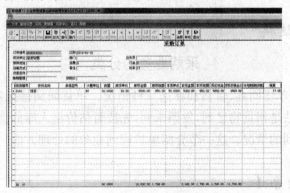

图 10.1.2　"采购订单"界面

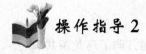

采购订单审核

【实验资料】

审核在上例中录入的采购订单。

在"采购管理"主界面上单击"采购订单"图标,进入界面,根据需要单击"首张"、"上张"、"下张"、"末张"等按钮找到需要的订单进行审核,点击工具栏上"审核"按钮完成审核,单击"退出"返回。

任务二 如何处理单货同到采购业务?

笑笑:"沫沫,企业的采购行为其实有很多种呢!比如发票和货物同时到的,或者发票到了货还没到的。我们的步骤都是不一样的。"

沫沫:"怎么这么复杂?那不同情况下都要怎么处理啊?"

笑笑:"我给你讲讲这三种情况吧。"

采购业务的分类

采购业务分单货同到、暂估和在途三种情况。单货同到是指发票和货物同时收到的情况;暂估是指货物已到,发票未到,先按暂估价格入库的情况;在途是指发票已到,货物未到的情况。这一节介绍单货同到业务的处理方法。

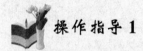

录入采购入库单

【实验资料】

据上例,2014年1月10日,采购部向深圳华安贸易公司订购了乌龙茶共50公斤,每公斤500元,增值税税率为17%。若货和发票都已收到,请录入采购入库单。

步骤

在"主页面"单击"采购入库单"→"增加",按照相关资料录入业务类型、入库类别、入库单号、入库时间、仓库、采购类型等数据,如图 10.2.1 所示。

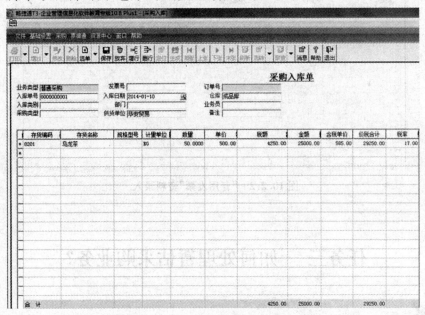

图 10.2.1 "采购入库单"相关资料录入

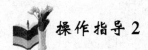 操作指导 2

录入采购专用发票

【实验资料】

据上例,完成采购发票的录入,发票号 0021。

 步骤

① 在"主界面"上单击"采购发票"图标,打开"采购发票"对话框。

② 单击"增加"按钮右侧的下箭头,选择"专用发票"按资料输入发票信息,单击"保存"完成,如图 10.2.2 所示。

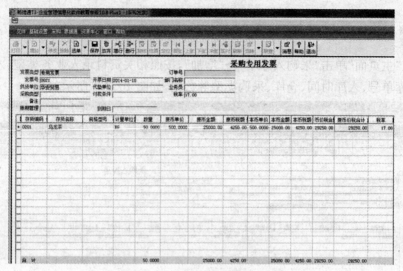

图 10.2.2 "专用发票"资料录入

任务三　如何处理暂估采购业务？

录入采购入库单

【实验资料】

2014年1月11日,采购部向深圳华安贸易公司订购了普洱,共计60公斤,不含税单价每公斤400元;增值税税率为17%。若货已入库,但采购发票未到,公司将货物做暂估入库处理,请录入采购入库单。

① 在"主页面"单击"采购入库单"→"增加",按照相关资料录入业务类型、入库类别、入库单号、入库时间、仓库、采购类型等数据,但由于是暂估入库业务,货物的单价暂时不录入,如图10.3.1所示。

图 10.3.1 "采购入库单"相关资料录入

② 由于未收到采购发票,要等到收到采购发票的当月才能在采购管理系统中填制采购发票并做相应的采购结算。

任务四　处理在途采购业务的秘诀

录入采购订单

【实验资料】

2014年1月12日,采购部向深圳华安贸易公司订购了绿茶,共计100公斤,不含税单价每公斤50元,总价5 000元;增值税税率为17%,税额为850元。若货未到,但采购发票已到,请录入采购订单相关数据。

以采购主任"刘庆辉"的身份登录,在"主页面"单击"采购订单"→"增加",按照相关资料录入数据,如图10.4.1所示。

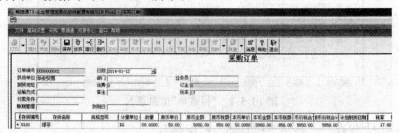

图 10.4.1 "采购订单"相关资料录入

由于票到货未到,不能填写采购入库单。等货到填写完采购入库单的当月,才可以与采购发票一起进行采购结算。

任务五　采购子系统的其他功能

沫沫:"原来采购的业务有这么多种,不听你讲我还真不会处理呢。还没付钱的商品,等到付钱以后,是不是编制一张付款凭证就可以了?"

笑笑:"除了付款,还有作其他处理哦。"

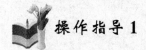

付 款 结 算

① 单击"采购管理"→选择付款的"供应商"→"增加"→选择"日期"、"结算方式"、"结算科目"、"结算金额"、"票据号"、"部门"、"摘要"等,录入相关信息,如图 10.5.1 所示。

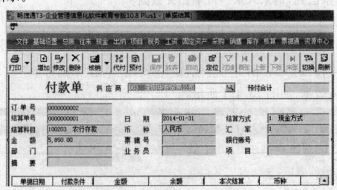

图 10.5.1 "付款单"信息录入

② 单击"保存"→"核销"→"自动"→"保存"。

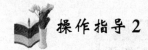操作指导 2

采 购 结 算

步骤

① 单击"采购"→"采购结算"→"自动结算",如图 10.5.2 所示。

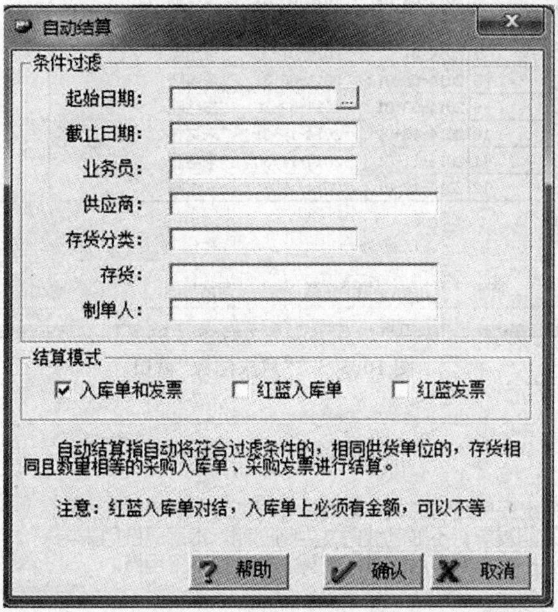

图 10.5.2 "自动结算"窗口

② 选择"起始日期"、"截止日期"→选择"供应商"等条件→选择"结算模式"→单击"确认"。

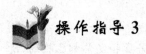操作指导 3

月 末 结 账

步骤

选择"采购管理"→"月末结账"→选中待结账月份→"结账",如图 10.5.3

所示。

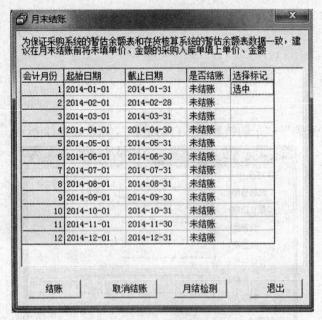

图 10.5.3 "月末结账"窗口

你知道吗?

系统支持跨月结算,采购结算只能选择未结算的入库单和采购发票,不限制业务发生的日期。本月已做月末结账后,不能再做本月的采购结算,只能在下个月做。

实战演练

在用友系统中,进行以下业务的处理:

1. 4月10日,采购部向汕头大元商行订购了龙井茶,共300公斤,每公斤50元,总价15 000元;增值税税率为17%,税额为2 550元。若货和发票都已收到,请录入采购入库单和采购发票。

2. 4月18日,企业通过银行向大元商行支付4月10日购买的300公斤龙井茶的茶款,共支付17 550元。请进行付款结算。

项目十一　你的企业,离不开销售
——用友销售业务处理

任务书

任务名称	用友销售业务处理		任务编号	013	时间要求	8课时
要　求	1. 了解销售系统管理流程; 2. 掌握销售订单管理、销售发货单、销售发票、销售收款等业务的操作					
培养目标	掌握采购系统管理的操作流程,掌握销售订单管理、销售发货单、销售发票、销售收款等业务的操作					
教学地点	教室					
教学设备	投影设备、投影幕布、电脑、KIS专业版10.0和用友标准版10.8财务软件					
训　练　内　容							
用友标准版10.8销售业务的销售订单处理、货款两清、赊销与应收款和其他功能							
训　练　要　求							
掌握销售业务的销售订单处理、货款两清、赊销与应收款和其他功能							
成果要求及评价标准							
1. 能熟练操作销售业务的销售订单处理(30分) 2. 能熟练操作销售业务的货款两清处理(30分) 3. 能熟练操作销售业务的赊销与应收款处理(20分) 4. 能熟练操作销售业务的其他业务(20分)							
任务产出一	成员姓名与分工	组长		学号		分工	
		成员1		学号			
		成员2		学号			
		成员3		学号			
		成员4		学号			
		成员5		学号			
		成员6		学号			

任务产出二	1. 销售业务的销售订单处理(30分) 2. 销售业务的货款两清处理(30分) 3. 销售业务的赊销与应收款处理(20分) 4. 销售业务的其他业务(20分)		
项目组评价		总分	
教师评价			

任务一 盈利的关键:销售订单

沫沫:"笑笑,企业的采购行为有那么多种情况,那销售是不是也一样啊?站在其他企业的角度,他们也是在采购呢。"

笑笑:"对呀,我们把产品卖出去的时候,实际上是其他企业在采购。所以,销售业务的程序跟采购是基本一致的。只不过是两种不同的企业行为。"

沫沫:"那我能不能试试怎么录入销售订单啊?"沫沫知道企业的信息是不能随便由权限外的人员录入的,她故意开玩笑地说。

笑笑:"你忘了,这些原始单证要由相关部门录入呢。不过,我可以拿试用版给你练习练习。"

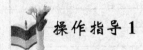

录入销售订单

【实验资料】

2014年1月11日,某公司销售给福建荣华贸易公司绿茶共120公斤,每公斤100元,预发货日期为1月20日,税率17%,款项到期日为1月21日,开具专用发票。请录入销售订单。

① 以"106 程晓云"的身份登录主页面,单击左侧主菜单上"销售管理",进入销售处理子系统,如图 11.1.1 所示。

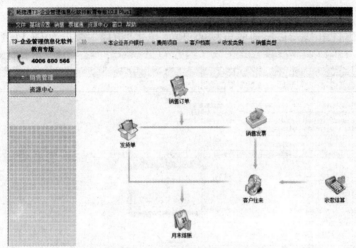

图 11.1.1 "销售管理"界面

② 单击"销售订单",进入界面,单击"增加",录入实验资料,如图 11.1.2 所示。

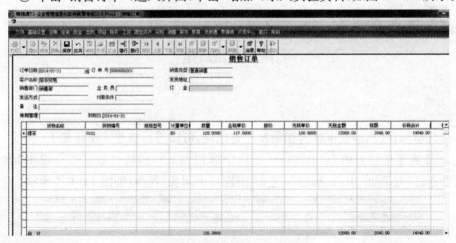

图 11.1.2 "销售订单"界面

③ 单击"保存"→"退出"完成。

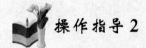

审核销售订单

在"销售订单"界面，找到要审核的订单，单击"审核"按钮，如图 11.1.3 所示。

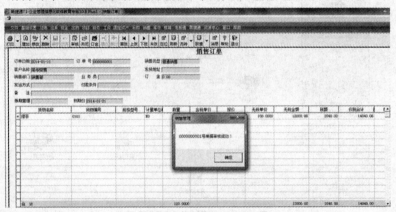

图 11.1.3　销售订单审核

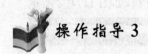

修改销售订单

订单保存以后，在审核前如果发现有错误，可以进行修改。操作如下：

① 在菜单栏上单击"销售"→"销售单据列表"→"销售订单列表"，弹出"单据过滤条件"对话框，单击"确定"，进入"销售订单列表"界面，如图 11.1.4 所示。

图 11.1.4　"销售订单列表"界面

② 双击需要修改的订单记录行展示这张订单,在订单界面上单击工具栏上"修改",对错误的数据进行修改,修改完毕后,单击"保存"→"退出"完成。

一般情况下,只有填制人本人才能修改他所填制的订单哦!订单审核以后或者和其他单据建立关联后,就不能修改了。

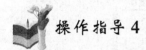

删除销售订单

① 在菜单栏上单击"销售"→"销售单据列表"→"销售订单列表",弹出"单据过滤条件"对话框,单击"确定",进入"销售订单列表"界面,如图11.1.5所示。

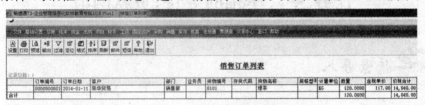

图11.1.5 "销售订单列表"界面

② 双击需要修改的订单记录行展示这张订单,在订单界面上单击工具栏上"删除",删除后,单击"退出"完成。

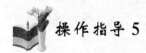

打印销售订单

在"销售管理"界面,可以选择需要打印的订单,单击工具栏上的"打印"按钮,可以打印当前显示的订单,如图11.1.6所示。

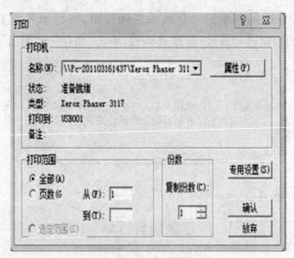

图 11.1.6 订单打印

任务二　幸福的等待：货款两清

 情景导入

沫沫："笑笑，采购的业务我了解了有三种，那销售的业务也是三种吗？"

笑笑："销售的业务我们分为货款两清和赊销。我们公司销售的业务量是非常大的。所以工作任务也很重。"

沫沫："那说明你们公司效益好呀！能不能教教我怎么处理这两种情况啊？"

笑笑："当然没问题啊。好在今天上班事情不多，不然，才不理你呢。嘿嘿。"

 操作指导

货款两清业务的处理

【实验资料】

2014年1月31日，福建荣华贸易公司（税号：40025996，开户银行：工商银行，银行账号：62222000666）前来提货，销售部依据订单开出销售专用发票一张，并同时发货。同日，收到一张荣华贸易公司开具的 14 040 元工商银行的现金支票。

步骤

① 单击"销售管理"→"销售发票"→"增加"右侧下拉按钮,单击"专用发票"。

在录入客户名称时,要先检查客户档案是否完整,如果该客户的资料不完整,将无法录入。应先补充客户档案的资料,再开具销售专用发票。

② 选择"选单"右侧下拉按钮,单击"销售订单",出现"选择订单"窗口,选择订单日期后单击"显示",选择需要的销售订单,如图 11.2.1 所示。

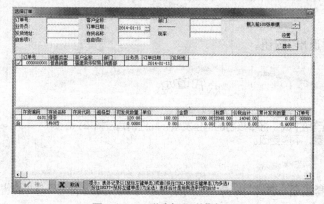

图 11.2.1 "选择订单"窗口

③ 单击"确认",根据实验资料填制专业发票,单击"确认",如图 11.2.2 所示。

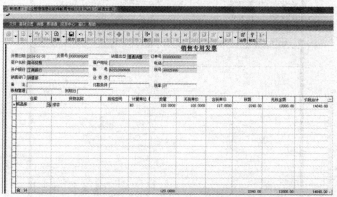

图 11.2.2 专业发票填制

④ 单击"复核"后,单击"退出",退出"专用发票"窗口。

⑤ 执行"销售"→"销售发货单",打开"一般发货"对话框,查看根据销售发票生成的发货单,如图 11.2.3 所示。

图 11.2.3 "一般发货"对话框

⑥ 单击"退出"按钮。

你知道吗?

该笔业务为销售直接发货模式,销售发票审核后,系统自动生成一张审核后的销售发票,此处销售发货单只能查看,不能更改。

⑦ 以账套主管"李婷"的身份登录系统,单击"销售管理"→"销售发票"→打开之前的销售专用发票,单击"现结",输入实验资料,如图 11.2.4 所示。

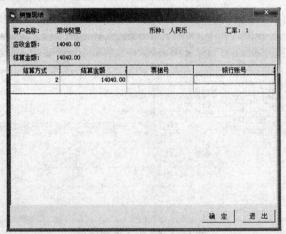

图 11.2.4 "销售现结"界面

⑧ 单击"确定",系统提示"现结成功!"

你知道吗?

如果采用现结的方式进行核算,则应在销售发票填制完成尚未审核时进行现结的操作。

任务三　有借有还:赊销与应收款

操作指导

赊销业务处理

【实验资料】

2014年1月31日,赊销给福建荣华贸易公司龙井茶共50公斤,不含税单价每公斤100元,当天销售部依据订单开出销售专用发票一张,并从成品库同时发货。

步骤

① 以销售主任"106 程晓云"的身份登录系统,单击"销售管理"→"销售发货单"→"增加",根据实验资料填制"发货单",如图11.3.1所示。

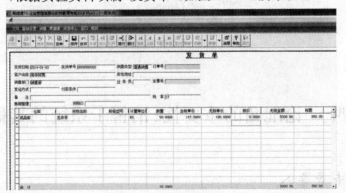

图 11.3.1　填制"发货单"

② 单击"保存"→"审核"→"流转",选择生成"销售专用发票",单击"保存",如

图 11.3.2 所示。

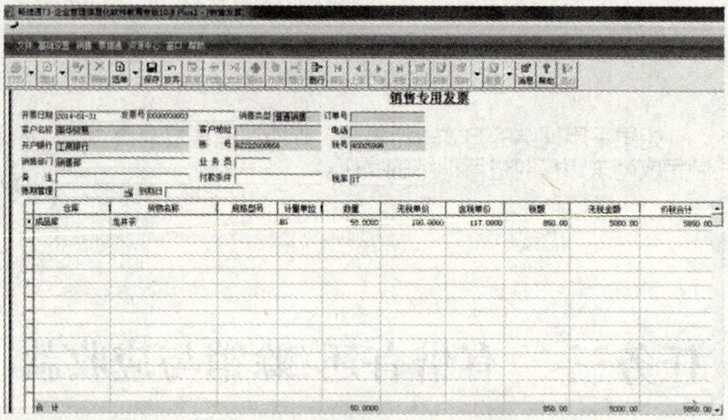

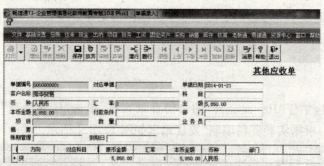

图 11.3.2 生成"销售专用发票"

③ 单击"保存"→"复核"→"退出"。

④ 以账套主管"李婷"的身份登录系统,单击"销售管理"→"客户往来"→"应收单",打开"单据结算"对话框,根据实验资料填制好之后单击"保存"按钮,再单击"审核",如图 11.3.3 所示。

图 11.3.3 "单据结算"对话框

任务四 论配角的重要性:销售子系统的其他功能

情景导入

沫沫:"哇,如果是企业业务量大的话,确实有很多单证要录入哦。不过也是一

些重复性的工作。"

笑笑:"是的。这个模块的内容也不能太难,毕竟很多处理需要销售人员来操作。"

沫沫:"那如果想了解这个月销售的具体情况要怎么办啊?"

查询销售账表

① 以销售主任"106 程晓云"的身份登录系统,单击"销售"→"销售明细表"→"销售明细表",打开"销售明细表(部门)"对话框,输入过滤条件,如图 11.4.1 所示。

图 11.4.1 "销售明细表(部门)"对话框

② 单击"确认"按钮,打开"销售明细表",如图 11.4.2 所示。

图 11.4.2 销售明细表

③ 单击"销售"→"销售明细表"→"发货明细表",选择过滤条件,点击"确认"后打开"发货明细表",如图11.4.3所示。

图11.4.3　发货明细表

④ 单击"销售"→"销售明细账"→"销售明细账",选择过滤条件,点击"确认"后打开"销售明细账",如图11.4.4所示。

图11.4.4　销售明细账

实战演练

在用友系统中,进行以下操作:

1. 2014年4月15日,销售给福建荣华贸易公司绿茶共60公斤,每公斤100元,预发货日期为4月28日,税率17%,款项到期日为4月28日,开具专用发票。请录入销售订单。

2. 审核该订单。

3. 删除该订单。

项目十二 "公司大管家"——用友库存业务及核算处理

任务书

任务名称	用友库存业务处理	任务编号	014	时间要求	8课时
要　　求	1.了解库存系统管理流程； 2.掌握出入库单据的生成及出入库业务的操作方法； 3.掌握与存货相关业务的账务处理				
培养目标	掌握库存系统管理流程、出入库单据的生成及出入库业务的出入库业务的操作方法、有关业务的账务处理				
教学地点	教室				
教学设备	投影设备、投影幕布、电脑、KIS 专业版 10.0 和用友标准版 10.8 财务软件				
训 练 内 容					
用友标准版 10.8 库存业务出入库业务、盘点、其他出入库业务、库存单据和账表					
训 练 要 求					
掌握作用友标准版 10.8 库存业务出入库业务、盘点、其他出入库业务、库存单据和账表的操作					
成果要求及评价标准					
1.能熟练操作库存业务的出入库业务(20 分) 2.能熟练操作库存业务的盘点(20 分) 3.能熟练操作库存业务其他出入库业务(20 分) 4.能熟练操作库存业务的库存单据和账表(20 分) 5.能熟练操作库存工具(10 分) 6.能熟练操作子系统的其他功能(10 分)					

续表

任务产出一	成员姓名与分工	组长	学号	分工
		成员1	学号	
		成员2	学号	
		成员3	学号	
		成员4	学号	
		成员5	学号	
		成员6	学号	
任务产出二	1. 库存业务的出入库业务(20分) 2. 库存业务的盘点(20分) 3. 库存业务其他出入库业务(20分) 4. 库存业务的库存单据和账表(20分) 5. 库存工具(10分) 6. 其他功能(查询单据、账表查询)(10分)			
项目组评价				总分
教师评价				

任务一　验货:商品入库业务

 情景导入

沫沫:"笑笑,来你这里真好,我又学到很多东西。整个企业的核心环节全部都被我学走了。哈哈!"

笑笑:"嘿嘿,骄傲使人退步,谦虚点。不过你还真别着急,你只会采购和销售业务的处理,还有一个很重要的环节呢。"

沫沫:"啊?还有什么?"

笑笑:"你买来的商品不用存放吗?难道要老板搬回家啊?"

沫沫:"啊哦?对哦。"

笑笑:"所以啊,在企业购销存是属于同胞兄弟,谁都缺不了谁的。"

沫沫:"那还等什么,我们赶快去仓库啊!"

笑笑:"傻妹妹,暂时还不用亲自去仓库的。"

操作指导

审核采购入库单

【实验资料】

2014年1月10日,收到向深圳华安贸易公司订购的乌龙茶共100公斤,验收入库,已办理入库手续。请审核采购入库单。

① 以仓库管理员"107 乔飞宇"的身份登录主页面,选择"库存管理",进入库存管理系统,如图12.1.1所示。

图 12.1.1　库存管理系统

② 选择"库存管理"→"采购入库单审核",打开"采购入库单"对话框,单击"审核"按钮,对采购入库单进行审核,如图12.1.2所示。

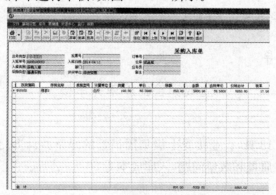

图 12.1.2　审核采购入库单

③ 单击"上张"、"下张"按钮,继续对其他采购入库单执行审核。

④ 选择"库存"→"库存单据列表"→"采购入库单",打开"单据过滤条件"界面,单击"确认"按钮,查看采购入库单列表,如图 12.1.3 所示。

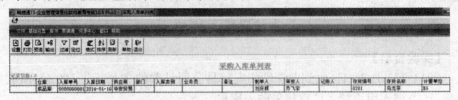

图 12.1.3　采购入库单列表

你知道吗?
库存管理与采购管理结合使用时,库存管理中不能增加采购入库单。

任务二　　出货:商品出库业务

情景导入

沫沫:"哦,我知道了。入库商品就是前面采购的业务,入库以后,这笔采购业务才算完成了。"

笑笑:"对的。你终于开窍了。哈哈!"

沫沫:"那销售就要出库,也是一样处理吗?"

操作指导

生成销售出库单并审核

【实验资料】

2014 年 1 月 13 日,企业接受上级集团捐赠的绿茶共计 80 公斤,在成品库入库,检验之后没有质量和数量问题,入库成本为 50 元/公斤。

① 选择"库存管理"→"销售出库单生成/审核",打开"销售出库单"界面,如图 12.2.1 所示。

图 12.2.1 "销售出库单"界面

② 单击"生成"按钮,打开"请选择发货单或发票"窗口,单击"刷新"按钮,显示待生成销售出库单的单据,如图 12.2.2 所示。

图 12.2.2 "请选择发货单或发票"窗口

③ 单击"全选"按钮,选中所有待生成销售的出库单的单据,单击"确定",系统显示"操作完毕",如图 12.2.3 所示。

图 12.2.3 "操作完毕"提示框

④ 单击"确定"按钮,生成销售出库单,如图 12.2.4 所示。

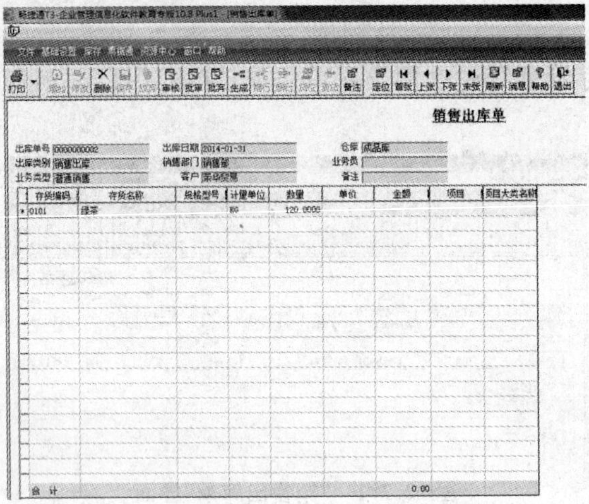

图 12.2.4　销售出库单

⑤ 单击"批审"按钮,打开"批量审核"对话框,单击"刷新"按钮,显示待审核的销售出库单,如图 12.2.5 所示。

图 12.2.5　待审核的销售出库单

⑥ 单击"全选"按钮,再单击"确认"按钮,审核所有的销售出库单。

任务三　定期摸"家底":盘点

盘点的概述

企业的存货品种多,收发频繁。在日常存货收发和保管过程中,由于计量错误、检验疏忽、管理不善、自然损耗、核算错误,以及偷窃、贪污等原因,有时会发生存货的盘盈、盘亏和损毁现象,从而造成存货账实不相符。为了保护企业流动资产的安全和完整,做到账实相符,企业必须对存货进行定期或不定期的清查,以确定企业各种存货的实际库存量,并与账面记录相核对,查明存货盘盈、盘亏和毁损的数量以及造成的原因,并据以编制存货盘点报告表,按规定程序报有关部门审批。

笑笑:"沫沫,存货的管理是跟现金、银行存款一样哦,是需要盘点的。老板也不可能天天去守着存货,所以我们定时不定时地都要对存货进行清点。上个月清查的时候就出现问题呢,有个工作人员把存货私自拿出去,被查出来了。最后被老板开除了。"

沫沫:"我们学基础会计的时候学过,期末要对存货盘点,是你说的清查这个意思吗?"

笑笑:"是的。盘点的时候,要将系统的数据跟实际数据核对。所以,系统的操作还得学会哦。"

对存货的盘点进行处理

① 选择"库存"→"库存其他业务"→"盘点单",打开"盘点单"对话框,如图12.3.1所示。

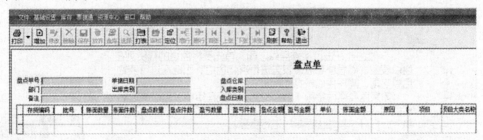

图12.3.1 "盘点单"对话框

② 单击"增加"按钮,录入盘点仓库为"成品库",单击"盘库",系统弹出提示框,如图12.3.2所示。

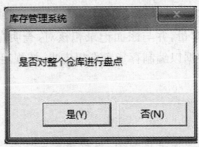

图 12.3.2 提示框

③ 单击"是"按钮,系统自动显示该存货的当前账面数和默认的盘点数量,如图12.3.3所示。

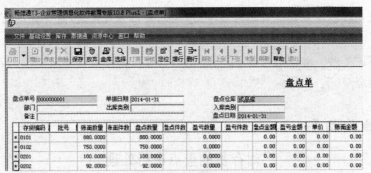

图 12.3.3 盘点单

④ 盘点结束之后,根据盘点结果修改各存货的实际盘点数,系统自动计算盘盈、盘亏数量;然后单击"保存"按钮,再单击"审核"按钮;审核后,盈亏系统将自动生成其他出/入库单。

你知道吗?

一般企业在进行实物盘点之前,首先要将盘点的存货列在盘点表上,然后拿着盘点表去进行实物盘点,因此在进行实物盘点之前,需将盘点表打印出来。

如果盘盈盘亏金额不为零的话,系统在审核了盘点单之后将会自动生成其他出/入库单,可以选择"库存"→"其他出库单",打开"其他出库单"进行查看。

任务四 "不走寻常路":其他入库/出库业务

沫沫:"那企业除了采购和销售的入库与出库,还有别的吗?"

笑笑:"当然有啊,我们企业上个月捐了一批物资给灾区呢,跟采购和销售的入库和出库的处理还是有一些区别的。"

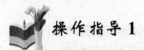

对接受捐赠的商品进行入库处理

【实验资料】

2014年1月13日,企业接受上级集团捐赠的绿茶共计80公斤,在成品库入库并检验之后没有质量和数量问题,入库成本为50元/公斤。

① 选择"库存"→"其他入库单",打开"其他入库单"对话框,单击"增加"按钮,根据实验资料录入"其他入库单",如图12.4.1所示。

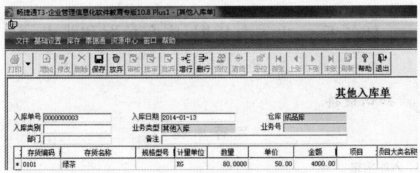

图12.4.1 "其他入库单"对话框

② 单击"保存",然后再进行审核。

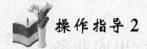

对捐赠产品进行出库处理

【实验资料】

2014年1月15日,企业向其他企业捐赠绿茶共计80公斤,从成品库发出,已办理出库手续。

① 选择"库存"→"其他出库单",打开"其他出库单"对话框,单击"增加"按钮,根据实验资料录入"其他出库单",如图12.4.2所示。

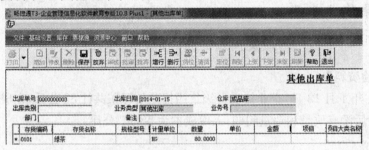

图12.4.2 "其他出库单"对话框

② 单击"保存",然后再进行审核。

任务五　出入有凭据:库存单据和账表

库 存 单 据

1. 入库单据

1)采购入库单

对于工业企业,采购入库单一般指采购原材料验收入库时所填制的入库单据;对于商业企业,一般指商品进货入库时填制的入库单。

2）产成品入库单

对于工业企业，产成品入库单一般是指在产成品验收入库时所填制的入库单据。产成品入库单是工业企业入库单据的主要部分，只有工业企业才有产成品入库单，商业企业没有此单据。

3）其他入库单

其他入库单是指除采购入库、产成品入库之外的其他入库业务，主要包括调拨入库、盘盈入库、组装/拆卸入库、形态转换入库等业务形成的入库单。其他入库单一般由系统根据其他业务单据自动生成，也可以手工填制。

2．出库单据

1）销售出库单

对于工业企业，销售出库单一般指产成品销售出库时所填制的出库单据；对于商业企业，一般指商品销售（包括受托代销商品）出库时所填制的出库单。

2）材料出库单

材料出库单是工业企业领用材料时所填制的出库单据。材料出库单是工业企业出库单据的主要组成部分，只有工业企业才有材料出库单，商业企业没有此单据。

3）其他出库单

其他出库单是指除销售出库、材料出库之外的其他入库业务，主要包括调拨出库、盘亏入库、组装/拆卸出库、形态转换出库等业务形成的出库单。其他出库单一般由系统根据其他业务单据自动生成，也可以手工填制。

生成库存单据的操作步骤在本章前四节均有介绍，本节不再赘述。

查询库存账表

① 选择"库存"→"库存账簿查询"→"出入库流水账"，单击"全部仓库"前的复选框，如图 12.5.1 所示。

② 单击"确认"按钮，进入"出入库流水账"窗口，如图 12.5.2 所示。

③ 按照相同步骤，查询成品库的"库存台账"的结果，如图 12.5.3 所示。

图 12.5.1 “出入库流水账”复选框

日期	单据号	仓库	存货编码	存货名称	规格型号	计量单位	收发类别	入库数量	出库数量
2014.01.10	0000000001	成品库	0201	乌龙茶		KG		50.0000	0.0000
2014.01.11	0000000002	成品库	0202	普洱茶		KG		60.0000	0.0000
2014.01.13	0000000003	成品库	0101	绿茶		KG		80.0000	0.0000
2014.01.15	0000000003	成品库	0101	绿茶		KG		0.0000	80.0000
2014.01.31	0000000001	成品库	0102	龙井茶		KG	销售出库	0.0000	50.0000
2014.01.31	0000000002	成品库	0101	绿茶		KG	销售出库	0.0000	120.0000
			合计					190.0000	250.0000

图 12.5.2 “出入库流水账”窗口

日期	单据号	摘要	收入数量	发出数量	结存数量
		期初结存			1,000.0000
2014.01.13	0000000003	成品库	80.0000		1,080.0000
2014.01.15	0000000003	成品库		80.0000	1,000.0000
2014.01.31	0000000002	成品库		120.0000	880.0000
		本月合计	80.0000	200.0000	880.0000
		本年累计	80.0000	200.0000	880.0000

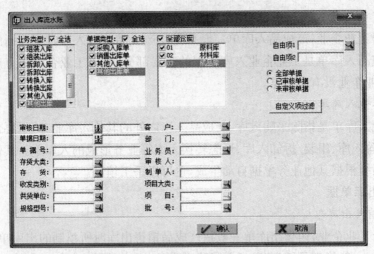

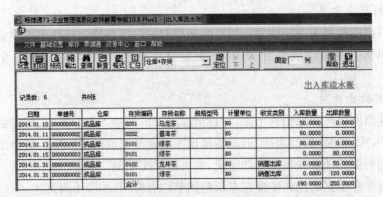

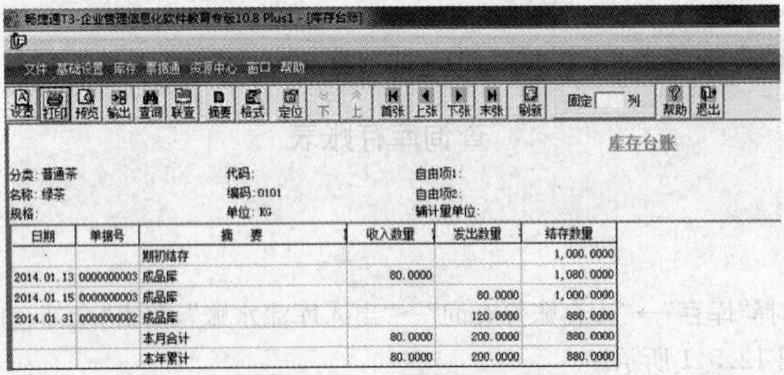

图 12.5.3 库存分账

任务六　神器在手,天下我有:库存工具

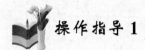

整理现存量

选择"库存"→"库存工具"→"整理现存量",系统自动进行库存量整理,完成以后,系统会有提示,如图 12.6.1 所示。

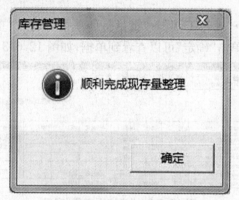

图 12.6.1　提示框

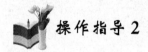

查询现存量

选择"库存"→"库存工具"→"查询现存量",进入"查询现存量"窗口,输入完"成品库"的筛选条件以后,单击"查询"可以查看到现存量,如图 12.6.2 所示。

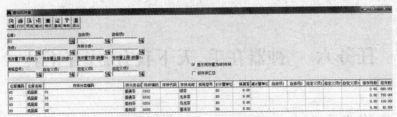

图 12.6.2 “查询现存量”窗口

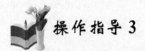

操作指导 3

批量打印单据

步骤

① 选择“库存”→“库存工具”→“批量打印单据”,进入“查询现存量”窗口,输入完筛选条件以后,单击“确定”可以查看到单据,如图 12.6.3 所示。

选择	单据类型	单据号	日期	仓库	业务号	来源	收发类别	部门	业务员	供货单位	客户	审核人
	采购入库单	0000000001	2014-01-10	成品库		采购				深圳华安贸		乔飞宇
	采购入库单	0000000002	2014-01-11	成品库		采购				深圳华安贸		乔飞宇
	其他入库单	0000000003	2014-01-13	成品库		库存						乔飞宇
	其他出库单	0000000003	2014-01-15	成品库		库存						乔飞宇
	销售出库单	0000000001	2014-01-31	成品库	0000000002	发货单	销售出库	销售部			福建荣华贸	乔飞宇
	销售出库单	0000000002	2014-01-31	成品库	0000000002	专用发票	销售出库	销售部			福建荣华贸	乔飞宇

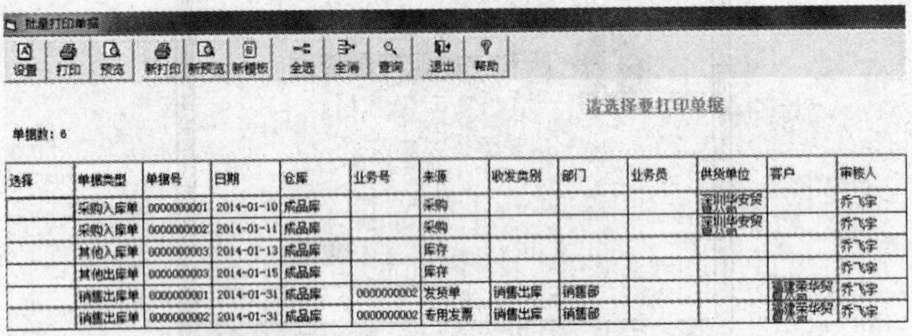

图 12.6.3 “查询现存量”窗口

② 选择要打印的单据,单击“打印”即可。

任务七　沧海遗珠:核算子系统的其他功能

操作指导 1

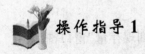

查 询 单 据

核算系统的单据列表包括采购入库单、产成品入库单、其他入库单、销售出库单、材料出库单、其他出库单、入库调整单和出库调整单,各种单据的查询操作和操作界面都大致相同。下面以采购入库单为例,说明具体步骤。

① 以核算管理员"104 孙晓伟"的身份登录主页面,选择"核算管理",进入核算管理系统,如图 12.7.1 所示。

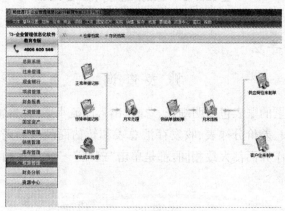

图 12.7.1 核算管理系统

② 选择"核算"→"单据列表"→"采购入库单",弹出"单据过滤条件"窗口,选择需要的单据的过滤条件,如图 12.7.2 所示。

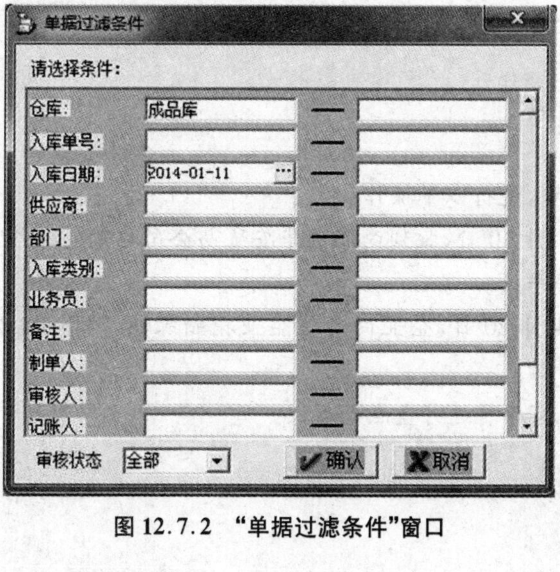

图 12.7.2 "单据过滤条件"窗口

③ 选择"确认",进入"采购入库单列表"窗口,如图12.7.3所示。

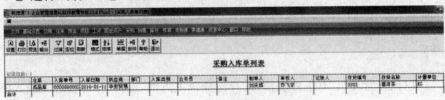

图12.7.3 "采购入库单列表"窗口

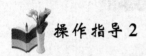

账 表 查 询

核算子系统里的账表包括明细账、总账、出入库流水账、计价辅助数据、入库汇总表、出库汇总表、差价分摊表、收发存汇总表和暂估商品余额表九种。各种账表的查询操作和操作界面都大致相同,都是单击"核算"→"账表",再选择所需查询的账表。

你知道吗?

核算子系统里的各种账表,集中反映了采购、销售、库存三方面业务的数据。熟练地掌握这些账表的使用,对于全面了解企业的经营情况,为领导层提供科学决策的依据是十分重要的。

实战演练

在用友系统中,进行以下操作:

1. 2014年4月10日,收到向深圳华安贸易公司订购的绿茶,共50公斤,验收入库,已办理入库手续。

2. 2014年4月20日,企业向其他企业捐赠绿茶,共计40公斤,从成品库发出,已办理出库手续。

3. 对企业现有存货进行盘点处理。

项目十三 再也不怕"期末"——用友多模块电算化系统的期末处理

任务书

任务名称	用友多模块电算化系统的期末处理	任务编号	015	时间要求	8课时
要　　求	1.了解多模块电算化系统的期末处理的流程； 2.掌握工资系统的年末结转操作步骤； 3.掌握购销存和核算系统的月末处理操作步骤				
培养目标	掌握多模块电算化系统的期末处理流程、年末结转和月末处理操作步骤				
教学地点	教室				
教学设备	投影设备、投影幕布、电脑、KIS专业版10.0和用友标准版10.8财务软件				
训练内容					
掌握用友标准版10.8多模块电算化期末处理、工资管理系统的年末结转、购销存、核算系统的月末处理和年终大盘点					
训练要求					
用友标准版10.8多模块电算化期末处理、工资管理系统的年末结转、购销存核算系统的月末处理和年终大盘点					
成果要求及评价标准					
1.能熟练操作多模块电算化期末处理(20分) 2.能熟练操作工资管理系统的年末结转(20分) 3.能熟练操作购销存、核算系统的月末处理(50分) 4.能熟练操作年终大盘点(10分)					

续表

任务产出一	成员姓名与分工	组长	学号	分工
		成员1	学号	
		成员2	学号	
		成员3	学号	
		成员4	学号	
		成员5	学号	
		成员6	学号	
任务产出二	1. 多模块电算化期末处理(20分) 2. 工资管理系统的年末结转(20分) 3. 采购管理系统的月末处理(10分) 4. 销售管理系统的月末处理(10分) 5. 库存管理系统的月末处理(10分) 6. 核算管理系统的月末处理(10分) 7. 总账系统的月末处理(10分) 8. 年终结转(10分)			
项目组评价				总分
教师评价				

任务一　手工月结的福音：多模块电算化系统期末处理

情景导入

沫沫今天在笑笑公司学了购销存模块的处理，非常开心。

她说："笑笑，我觉得你讲得比我们老师还好呢，既形象又具体，而且结合实际，很容易理解。"

笑笑："你是一直在学校学习，企业的很多情况你还不是很清楚，所以学的理论

知识没法付诸实践。"

沫沫:"对呀,我们公司是用金蝶,不过我现在知道了,金蝶和用友还是有些不一样。"

笑笑:"对了,忘记告诉你,虽然我们把购销存模块平时的业务处理好了,但是到了月末相关部门还是要做期末处理哦。与工资、固定资产等模块是一样的,要期末处理的。"

沫沫:"期末处理是不是就是月结啊?我们以前学手工账的时候,月结可麻烦了。"

笑笑:"是的,不过财务管理系统可以把我们很多手工账的复杂程序变得简单。"

 知识链接

多模块电算化系统期末处理操作流程

与单模块环境下的期末处理相比,多模块电算化系统的期末处理有更严格的要求。这种要求主要体现在各个模块进行期末处理的操作流程上。

(1)采购、销售、库存、核算四个子系统中,核算子系统必须是最后结账的;库存子系统的结账要在采购和销售两个子系统结账以后进行;采购、销售两个子系统的结账没有先后顺序的限制。

(2)工资和固定资产两个子系统的结账操作可以独立进行,建议在采购、销售、库存、核算四个子系统结账之前完成。

(3)总账子系统的结账必须放在最后进行。只有在所有子系统结完账以后,总账子系统才能结账。

综上所述,除报表模块没有月末结账这项操作以外,其余七个模块的结账操作顺序是工资—固定资产—采购—销售—库存—核算—总账。

总账、工资、固定资产三个模块的月末处理,已经分别在项目三、项目五、项目六作了详细讲解,此处不再赘述。本章主要讲解采购、销售、库存和核算四个模块的月末处理,以及全系统的年末结转;另外,介绍了总账子系统在多模块环境下的期末处理。

各模块月末处理的工作内容如下:

采购子系统月末处理的工作内容包括月末结账;

销售子系统月末处理的工作内容包括月末结账;

库存子系统月末处理的工作内容包括月末结账;

核算子系统月末处理的工作内容包括期末处理,月末结账;

工资子系统12月份的月末结转包含在年末结转操作中。

总账子系统在多模块环境下月末处理的工作内容包括其他模块生成凭证的处理、自动转账凭证的生成(月末结转)、对账、结账。

> **你知道吗？**
> 多模块条件下的期末处理，必须把总账系统放在最后，采购、销售、库存和核算四个子系统，必须按照先采购、再销售、第三库存、最后核算的顺序进行。

任务二　工资管理系统的年末结转

工资管理系统的年末结转

① 以账套主管"101 李婷"的身份注册登录"系统管理"，如图13.2.1所示。

图13.2.1　系统管理登录窗口

② 单击"确定"，选择"年度账"→"建立"→"确定"，完成年度账的建立。

③ 选择"年度账"→"结转上年数据"→"工资管理结转"→"确认"。

工资结转以后，系统会按照用户的设置把清零项目的数据清空，其他项目继承前一年最后一个月的数据。

若使用的是用友教学版软件，建立年度账功能不可用。

任务三　购销存和核算系统的月末处理

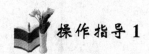

采购管理系统的月末处理

① 以采购管理员"105 刘庆辉"的身份登录系统，选择"采购"→"月末结账"，进入"月末结账"对话框，如图 13.3.1 所示。

图 13.3.1　"月末结账"对话框

② 选择需要结账的月份，单击"结账"，系统提示结账完毕，如图 13.3.2 所示。

图 13.3.2　提示框

你知道吗？

采购管理系统如果没有进行期初记账，系统不允许做月末结账。如果在结账以后发现错误，可以取消结账，恢复到结账以前的状态，但不允许跨月取消月末结账，只能从最后一个月逐个月地往前取消月末结账。

 操作指导 2

销售管理系统的月末处理

① 以销售管理员"106 程晓云"的身份登录系统，选择"销售"→"月末结账"，进入"月末结账"对话框，如图 13.3.3 所示。

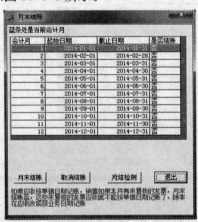

图 13.3.3　"月末结账"对话框

② 单击"月末结账",然后"退出"。

> **你知道吗?**
> 销售管理系统在上月没有结账的情况下,本月不能结帐;结账每月只能进行一次,一般在当前会计期间终了时进行;本月还有未审核单据的情况下,结账时系统会提示尚有哪些单据还没有审核;已经结账的月份不能再录入单据。

操作指导 3

库存管理系统的月末处理

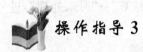

① 以库存管理员"106 乔飞宇"的身份登录系统,选择"库存"→"月末结账",进入"结账处理"对话框,如图 13.3.4 所示。

图 13.3.4 "结账处理"对话框

② 单击"结账",然后"退出"。

> **你知道吗?**
> 库存管理系统必须在采购子系统和销售子系统结账以后,才能够做库存子系统的结账;不能跨越进行结账,只能连续结账,就是只能对最后一个已经结账月份的下一个会计月进行结账。

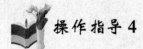

操作指导 4

核算管理系统的月末处理

① 以核算管理员"104 孙晓伟"的身份登录系统,选择"核算"→"月末处理",进入"期末处理"对话框,单击"全选",如图 13.3.5 所示。

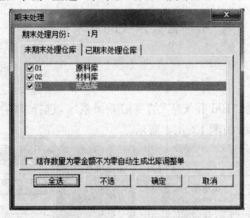

图 13.3.5 "期末处理"对话框

② 单击"确定",系统提示"期末处理完毕!",如图 13.3.6 所示。

图 13.3.6 提示框

③ 选择"核算"→"月末结账",进入"月末结账"对话框,如图13.3.7所示。

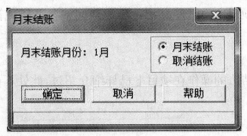

图13.3.7 "月末结账"对话框

④ 单击"确定",系统提示结账完成,如图13.3.8所示。

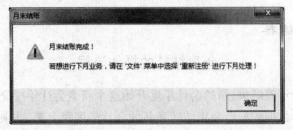

图13.3.8 提示框

你知道吗?

进行核算管理系统的期末处理之前,应该仔细检查本月业务中是不是还有未记账的单据,应该在处理完本会计月的全部日常业务之后,再做期末处理工作。

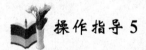

操作指导5

总账系统的月末处理

1. 其他子系统生成凭证的处理

在总账子系统进入月末处理程序之前,首先要把所有其他子系统传递过来的凭证审核完,并进行记账。凭证的审核、记账已在项目三中详细介绍过,此处不再赘述。

2. 月末结转

用友T3中的自动转账凭证有六种,它们分别是自定义转账凭证、对应结转凭证、销售成本结转凭证、售价(计划价)销售成本结转凭证、汇兑损益结转凭证和期间损益结转凭证。项目六中已经介绍过生成期间损益结转凭证的操作步骤,此处不再赘述。

3. 月末结账

总账系统月末结账的操作在项目七已详细介绍过,此处不再赘述。

任务四　年终大"盘点":年度结转

年度结转的操作流程

在一个会计年度结束、新的会计年度开始这个新老会计年度交接之际,需要把上年度各项会计数据的最后余额结转到新的会计年度账上来,这项工作叫作"年度结转",年度结转的操作流程如图 13.4.1 所示。

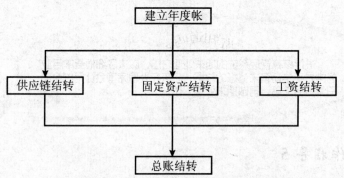

图 13.4.1　年度结转的操作流程

供应链结转包括采购、销售、库存和核算四个子系统的结转。总账系统必须在所有其他子系统都完成了结转之后,最后才能结转。

结转上年数据

年度结转分为建立年度账和结转上年数据两大步骤。建立年度账的方法已经在本项目任务二中介绍过,这里着重介绍结转上年数据的操作方法。

 步骤

① 以账套主管"101 李婷"的身份,并且选择新的年度登录系统。

② 选择"年度账"→"结转上年数据",按照供销链(含采购、销售、库存、核算)、固定资产系统、工资系统的顺序,依次分别单击相应的命令项,完成各个子系统的年度结转,最后完成总账系统的年度结转。

你知道吗?
一定要按照规定的顺序进行年度数据的结转,如果在使用总账系统时使用了工资系统、固定资产系统、购销系统和核算系统,那么只有在这些系统全部执行完年度帐的结转工作以后,才能执行总账系统的年度账结转工作。

 实战演练

在用友系统中,进行以下操作:
1. 对本月的采购管理系统进行月末处理。
2. 对本月的销售管理系统进行月末处理。
3. 对本月的库存管理系统进行月末处理。
4. 对本月的核算管理系统进行月末处理。